Friedrich Benninghoven

UNTER KREUZ UND ADLER

Der Deutsche Orden im Mittelalter

Ausstellung des Geheimen Staatsarchivs Preußischer Kulturbesitz
anläßlich des 800jährigen Bestehens des Deutschen Ordens

1990

Die Herausgabe dieses Katalogs wurde mit Mitteln aus den Schenkungen Dr. Kurt Forstreuter und Dr. Helmuth Leusch ermöglicht.

Planung und Leitung der Ausstellung:
Friedrich Benninghoven

Assistenz:
Ursula Benninghoven, Elke Prinz und Christel Wegeleben

Katalog:
Friedrich Benninghoven

Beschreibung der Stücke D 1—14, E 35, G 68:
Ursula Benninghoven

Graphik, Gestaltung und Aufbau in Berlin:
Ralf Karsten Jürgensen, Luboš Tauchman; Friedrich Benninghoven, Iselin Gundermann, Werner Jäkel, Dagmar Jankewitz, Elke Prinz, Jürgen Wodtke, Gerhard Ziemann

Restaurierungsarbeiten in den Werkstätten des Geheimen Staatsarchivs:
Gisela May, Werner Jäkel, Dagmar Jankewitz, Jürgen Wodtke, Gerhard Ziemann

Fotoarbeiten in der Bildstelle des Geheimen Staatsarchivs:
Susanne Titzmann

Faksimiles:
Susanne Titzmann und Jürgen Wodtke

Siegelabgüsse:
Gisela May

Reinschrift der Vitrinenlegenden:
Ingrid Kepper

© Geheimes Staatsarchiv Preußischer Kulturbesitz
Berlin 1990

Gesamtherstellung: Buch- und Offsetdruckerei H. Heenemann GmbH & Co, Berlin

Umschlag: Titelseite Kat. Nr. G 68 a
         Rückseite Kat. Nr. D 3 b

Vertrieb über den Buchhandel:
v. Hase & Koehler Verlag, Mainz

ISBN: 3-7758-1241-5

Unter Kreuz und Adler — Der Deutsche Orden im Mittelalter

Inhaltsverzeichnis

Zum Geleit 7

Herkunft der Ausstellungsstücke 8

Zeittafel 10

Die Hochmeister des Deutschen Ordens im Mittelalter 13

Die Ausstellung 14

    A. Gründung und Ausbreitung im Mittelmeerraum 15

    B. Die deutschen Balleien 39

    C. Die Staatsgründung in Preußen und Livland 51

    D. Verfassungs- und Verwaltungsaufbau in Preußen und Livland ... 72

    E. Leistungen des Deutschordensstaates 85

    F. Die Außenpolitik — Konflikte und Friedensschlüsse 136

    G. Niedergang und Ende des Deutschordensstaates in Preußen und Livland ... 157

Auswahl aus der wissenschaftlichen Literatur 208

Zum Geleit

Vor 800 Jahren, 1190, wurde im Verlauf des Dritten Kreuzzuges vor Akkon der Deutsche Orden ins Leben gerufen. Er hat im Lauf der Geschichte mehrere Wandlungen erfahren, besteht auch heute in mehreren Ländern Europas und widmet sich in der Gegenwart der Seelsorge und karitativen Aufgaben.

Seine größten geschichtlichen Leistungen vollbrachte der Orden im Mittelalter, in dem er einen großen eigenen Staat schuf, der vom Finnischen Meerbusen bis dicht vor Freienwalde, 55 Kilometer vor den Toren Berlins, reichte.

Der Orden ging aus der echten christlichen Frömmigkeit der Mönchsorden und der Bewegung der Kreuzzüge hervor. Beides entstammt der Vorstellungswelt des Mittelalters und muß aus ihr verstanden werden. Das fällt dem modernen Menschen vor allem deshalb schwer, weil die Aufklärung des 18. und des 20. Jahrhunderts ihm den unmittelbaren inneren Zugang dazu erschwert haben. Mönche und ihnen folgend geistliche Ritterorden sahen als ihr Ziel den Einsatz für das christliche Gottesreich an, die Mönche mit den geistlichen Waffen des Glaubens, die Ritter auch mit dem weltlichen Schwert zur Verteidigung gegen die Ungläubigen.

Gefördert und aufgerufen von den beiden höchsten Mächten der mittelalterlichen Welt, Papst und Kaiser, trat der Deutsche Orden spät neben den beiden älteren großen Ritterorden, Johannitern und Templern, in seine Aufgabe im Heiligen Lande und an den Grenzen der Christenheit ein. Diese Förderung spricht auch ebenso wie seine innere Haltung aus seinen Abzeichen, dem christlichen Kreuz und dem Adler des mittelalterlichen Reiches. Von Jerusalem bis Spanien, von Sizilien bis Schweden reichen die Spuren seines mittelalterlichen Wirkens. Der Betrachtung seiner Tätigkeit vom Aufstieg seines Staatswesens bis zu dessen Untergang 1561 ist diese Ausstellung gewidmet.

Herkunft der Ausstellungsstücke

Altena
   Museum der Grafschaft Mark

Berlin
   Staatliche Museen Preußischer Kulturbesitz (SMPK)
      Gipsformerei
      Kunstgewerbemuseum
      Kupferstichkabinett
   Staatsbibliothek Preußischer Kulturbesitz (SBPK)
      Benutzerabteilung
      Handschriftenabteilung
      Kartenabteilung
   Geheimes Staatsarchiv Preußischer Kulturbesitz (GStA PK)
   Bildarchiv Preußischer Kulturbesitz
   Evangelische Kirche der Union
   Evangelisches Zentralarchiv in Berlin

Bern
   Bürgerbibliothek

Cambridge
   The Master and Fellows of Corpus Christi College

Eisenberg
   Dr. Niels von Holst

Florenz
   Biblioteca Medicea Laurenziana

Hannover
   Kestner-Museum

Heilsbronn
   Evangelisch-Lutherisches Pfarramt

Ingolstadt
   Bayerisches Armeemuseum

Jerusalem
   The Israel Museum

Koblenz
   Bundesarchiv, Revaler Stadtarchiv (RStA)

Köln
   Kölnisches Stadtmuseum

Kopenhagen
   Nationalmuseet

London
   The British Library

Mainz
   Naturhistorisches Museum der Stadt Mainz
   Römisch-Germanisches Zentralmuseum

Marburg an der Lahn
   Bildarchiv Foto Marburg
   Johann-Gottfried-Herder-Institut
   Hessisches Staatsarchiv Marburg

München
   Bayerische Staatsbibliothek

New York
   The Metropolitan Museum of Art

Nürnberg
   Stadtbibliothek

Oxford
   Bodleian Library

Rom
   Biblioteca Casanatense

Soest
    Burghofmuseum

Ulm
    Stadtarchiv

Wien
    Kunsthistorisches Museum

Zürich
    Zentralbibliothek Zürich

Bad Mergentheim
    Deutschordensmuseum
    Katholisches Münsterpfarramt St. Johannes

Allen, die Leihgaben und Photographien zur Verfügung stellten, wird herzlich gedankt; ebenso für Ratschläge, Anregungen und Hinweise Herrn Prof. Dr. Peter Bloch, Frau Prof. Dr. Dagmar Droysen-Reber und Herrn Dr. Norbert Böker-Heil in Berlin, Herrn Dr. Joachim Kruse und Herrn Dr. Alfred Geibig in Coburg, den Herren Dr. Paul Heinsius, Werner Dammann, Horst Menzel und Dr. Peter Wüst in Hamburg, Herrn Prof. Dr. Helmut Maurer in Konstanz, Herrn Dr. Helmut Nickel in Marco Island, USA, Herrn Prälat Prof. Dr. Johannes Neuhardt in Salzburg und Herrn Günter Quasigroch in Vechta.

Für folgende Bildvorlagen wird den Leihgebern gedankt: A 7, 24 a, b; B 10 a, B 12, C 6 a, E 10, 25, 35, 55, 61; G 7 Kunstsammlungen der Veste Coburg; G 40 b.

Zeittafel

1095	Aufruf Papst Urbans II. zum Ersten Kreuzzug
1096—1099	Erster Kreuzzug
1113	Bestätigung des Johanniterordens im Heiligen Lande
Um 1128	Gründung des Marienspitals der Deutschen in Jerusalem
1128	Bestätigung des Templerordens
Um 1180	Beginn der Mission bei den Liven
1187	Sultan Saladin erobert Jerusalem und Akkon
1189—1192	Dritter Kreuzzug unter Kaiser Friedrich Barbarossa
1190	Deutsches Feldhospital vor Akkon gegründet
1197	Durch Schenkungen Kaiser Heinrichs VI. an das Spital erster Besitz der Hospitalbruderschaft in Italien, Beginn der Ausbreitung im Mittelmeerraum
1198	Umwandlung der Hospitalbruderschaft in einen geistlichen Ritterorden „Orden vom Hause St. Mariens der Deutschen in Jerusalem" (Deutscher Orden)
1200	Erster Besitz des Deutschen Ordens in Deutschland, bei Halle
1201	Gründung von Riga durch Bischof Albert von Livland
1202	Gründung des livländischen Schwertbrüderordens
1201—1232	Errichtung der livländischen Staatenkonföderation vom Finnischen Meerbusen bis Kurland
1211—1225	Vorübergehender Einsatz des Deutschen Ordens in Siebenbürgen
1225/1226	Der polnische Herzog Konrad von Masowien ruft den Deutschen Orden zu Hilfe gegen die heidnischen Prußen
1226	Kaiser Friedrich II. bestätigt dem Deutschen Orden das Kulmerland, bevollmächtigt ihn zur Eroberung Preußens und setzt ihn dort als Landesherrn ein
1230	Konrad von Masowien schenkt dem Orden das Kulmerland
1231	Erster Besitz in Spanien, Teilnahme am Kampf gegen die Mauren
1231	Erster Einsatz des Ordens in Preußen, Gründung von Thorn
1233	Gründung von Kulm, Kulmer Handfeste
1234	Gründung von Marienwerder
1234	Papst Gregor IX. nimmt Preußen ins Eigentum des heiligen Petrus und übergibt es dem Deutschen Orden
1237	Einverleibung des Schwertbrüderordens in den Deutschen Orden
	Gründung von Elbing
1243	Gründung und Einteilung der vier preußischen Bistümer Kulm, Pomesanien, Ermland und Samland
1249	Friede von Christburg mit den abgefallenen Prußen
1255	Erste Gründung Königsbergs
1260	Zweiter großer Aufstand der Prußen
	Große Teile Preußens, Kurland, Semgallen und Ösel gehen dem Orden vorübergehend verloren
13. und 14. Jh.	Der deutsche und europäische Adel unterstützt den Heidenkampf des Ordens durch Kreuzzüge
Um 1280	Beginn planmäßiger deutscher Bauernsiedlung, meist auf Rodungsland, und der Gründung von Kleinstädten in Preußen
1282	Erwerb von Mewe westlich der Weichsel

1283	Abschluß der Eroberung Preußens, Fortdauer des Heidenkampfes gegen Litauen	1398—1408	Gotland unter dem Deutschen Orden
1291	Fall Akkons, neuer Hochmeistersitz Venedig	1402	Kauf der Neumark
1294	Aussterben des pommerellischen Herzogshauses, Erbstreit zwischen Böhmen, Rügen, Brandenburg und polnischen Teilfürsten	1409	Nach litauischer Unterstützung der aufständischen Samaiten Angriff des Ordens auf Polen-Litauen
1297—1330	Kampf des Ordens mit der Stadt Riga und den Erzbischöfen	1410	Schlacht bei Tannenberg, schwere Niederlage des Ordens
1308	Auf des polnischen Königs Hilferuf vertreibt der Orden die Askanier aus der deutschen Kaufmannsstadt Danzig und verdrängt anschließend auch die polnische Besatzung aus der Burg	1411	Erster Thorner Friede
		1422	Friede vom Melnosee
		1435	Friede von Brest
		1440	Gründung des Preußischen Bundes von Städten und Adligen
1309	Der Orden besetzt ganz Pommerellen; nach Ablehnung des Kostenersatzes durch den polnischen König nimmt er das Land in Besitz und kauft den Brandenburgern ihre Erbansprüche ab	1454—1466	Aufstand der Stände und 13jähriger Krieg
		1455	Verkauf der Neumark
		1466	Zweiter Thorner Friede, westliches Preußen tritt autonom als Ständestaat unter die Krone Polens, Eidesleistung des Hochmeisters an den Polenkönig
	Verlegung des Hochmeistersitzes in die Marienburg	1502	Schlacht am Smolina-See bei Pleskau Rettung Livlands für ein halbes Jahrhundert
14. Jh.	Fortsetzung der deutschen Einwanderung und Binnenwanderung (insgesamt 1400 Zinsdörfer und 94 Städte)	1520/1521	„Reiterkrieg". Versuch des Hochmeisters Albrecht von Brandenburg, die Unabhängigkeit gegenüber Polen wiederzugewinnen
1343	Friede von Kalisch, König Kasimir von Polen verzichtet auf Ansprüche auf Pommerellen und Kulmerland	1522—1524	Beginn der Reformation in Livland und Preußen
1343	Aufstand im dänischen Nordestland und auf Ösel, Eingreifen des Ordens	1525	Auflösung des Ordens in Preußen, das Land wird unter Albrecht von Brandenburg-Ansbach autonomes weltliches Herzogtum unter Lehnsabhängigkeit von der polnischen Krone
1346	König Waldemar von Dänemark verkauft Nordestland an den Deutschen Orden	1558	Russischer Angriff auf Livland
1386	Heirat des litauischen Großfürsten mit der polnischen Thronerbin, Taufe der Litauer, polnisch-litauisches Großreich	1560	Schlacht bei Ermes, Fall Fellins
		1561	Gotthard Kettler, letzter livländischer Meister, übergibt Livland an Polen und nimmt Kurland vom polnischen König als Lehnsherzogtum an
1398	Vertrag von Sallinwerder mit Polen-Litauen; der Orden erhält Samaiten		

Die Hochmeister des Deutschen Ordens im Mittelalter

Heinrich Walpot	1198—1200
Otto von Kerpen	1200—1208
Heinrich von Tunna gen. Bart	1208—1209
Hermann von Salza	1209—1239
Konrad von Thüringen	1239—1240
Gerhard von Malberg	1240—1244
Heinrich von Hohenlohe	1244—1249
Gunther von Wüllersleben	1250—1252
Poppo von Osterna	1252—1256
Anno von Sangerhausen	1256—1273
Hartmann von Heldrungen	1273—1282
Burchard von Schwanden	1283—1290
Konrad von Feuchtwangen	1291—1296
Gottfried von Hohenlohe	1297—1303
Siegfried von Feuchtwangen	1303—1311
Karl von Trier	1311—1324
Werner von Orseln	1324—1330
Luther von Braunschweig	1331—1335
Dietrich von Altenburg	1335—1341
Ludolf König	(1341) 1342—1345
Heinrich Dusemer	1345—1351
Winrich von Kniprode	1352—1382
Konrad Zöllner von Rotenstein	1382—1390
Konrad von Wallenrode	1391—1393
Konrad von Jungingen	1393—1407
Ulrich von Jungingen	1407—1410
Heinrich von Plauen	1410—1413
Michael Küchmeister	1414—1422
Paul von Rusdorf	1422—1441
Konrad von Erlichshausen	1441—1449
Ludwig von Erlichshausen	1449—1467
Heinrich Reuß von Plauen	(1467) 1469—1470
Heinrich Reffle von Richtenberg	1470—1477
Martin Truchseß von Wetzhausen	1477—1489
Johann von Tiefen	1489—1497
Friedrich von Sachsen	1498—1510
Albrecht von Brandenburg-Ansbach	1511—1525

Dar an gedenket, ritter:
ez ist iuwer dinc
ir traget die liehten helme
und manegen herten rinc,
dar zuo die vesten schilte
und diu gewîhten swert.
wolte got, wan waere ich
der segenunge wert.

Daran gedenket, Ritter:
es ist euer Ding!
Ihr tragt die lichten Helme
und manchen harten Ring,
dazu die festen Schilde
Und die geweihten Schwert'.
O wollte Gott, ich wäre
der großen Segnung wert.

Aus dem Aufruf Walters von der Vogelweide zum Kreuzzug

A. Gründung und Ausbreitung im Mittelmeerraum

Im 11. und 12. Jahrhundert bewegte der Gedanke des Kreuzzuges das europäische Abendland. Seit 1095 Papst Urban II. die Christenheit zum Schutz der heiligen Stätten und der Christen dort aufgerufen hatte, waren als Ergebnis des Ersten Kreuzzuges von Antiochia bis Jerusalem vier Kreuzfahrerstaaten errichtet worden. Ihre Führungsschicht stellte der west- und südeuropäische Adel. Aus einer Hospitalgemeinschaft entstand zur militärischen Stütze der „fränkischen" Herrschaft der große Ritterorden der Johanniter, unter Mitwirkung des hervorragenden Zisterziensers Bernhard von Clairvaux erhielt 1128 der Orden der Templer seine Regel. In Spanien und Portugal, wo der Kampf zwischen Christen und Mohammedanern ebenfalls im Gange war, wurden spanische und portugiesische Orden ins Leben gerufen.

Ein von Deutschen geprägter Ritterorden fehlte. Erst als 1187 nach den Siegen Sultan Saladins die Kreuzfahrerstaaten auf einen engen Küstensaum zurückgedrängt waren, Jerusalem verlorenging und Kaiser Friedrich Barbarossa den Dritten Kreuzzug unternahm, änderte sich das. Der Überlieferung nach errichteten Lübecker und Bremer Kaufleute unter einem Koggensegel 1190 vor dem von den Christen belagerten Akkon ein Feldhospital für kranke und verwundete Deutsche. Es knüpfte mit seinem Namen an ein deutsches Marienspital in Jerusalem an, das um 1128 gegründet und 1187 beim Fall Jerusalems nicht untergegangen war. Nach dem Fall Akkons wurde die Hospitalbruderschaft 1198 unter Beteiligung anwesender deutscher Fürsten in einen Ritterorden umgewandelt, der den Namen „Brüder vom Hause St. Mariens der Deutschen in Jerusalem" erhielt.

Die Anweisungen für seine Regel und Tracht — auf weißem Mantel ein schwarzes Kreuz — wurden von Papst Innozenz III. bestätigt; der neue Orden sollte nach der Templer- und Johanniterregel leben. Die Stauferkaiser förderten den neuen Orden seit Heinrich VI. durch Privilegien und reiche Güterschenkungen, besonders in Unteritalien. Vor allem Kaiser Friedrich II. erweiterte die Rechte und Besitzungen des Deutschen Ordens, wie man ihn auch nannte, und setzte ihn so für seine Ziele ein, daß man auch von einem „staufischen Hausorden" gesprochen hat.

Im Schutz der damals führenden Mächte des Abendlandes, Kaiser und Papst, erstarkte der Orden besonders unter seinem vierten Hochmeister, Hermann von Salza (1209—1239), der als geschickter Diplomat bei beiden höchsten Gewalten in hohem Ansehen stand und in ihrem Konflikt zu vermitteln wußte. Er begleitete den gebannten Kaiser, als dieser Jerusalem 1228/1229 zurückgewann, und ist wohl damals mit dem Adlerschild des Reiches bewidmet worden, der seitdem das Hochmeisterwappen als Herzschild schmückte. Damals auch erwarb der Orden die Burg Starkenberg oder Montfort nordöstlich von Akkon und baute sie neben seinem Quartier in Akkon zu seiner Hauptfestung aus. Auch in anderen Orten Palästinas gewann er Besitz. Er nahm auch am Glaubenskampf in Spanien teil und erwarb Stützpunkte in Armenien, Griechenland, Südfrankreich und auf Zypern.

Starkenberg kapitulierte 1271 vor dem Mamelucken-Sultan Baibars, Akkon fiel 1291 erneut in mohammedanische Hand. Der Orden mußte den Hochmeistersitz nach Venedig zurückverlegen. Der meiste übrige Besitz im Mittelmeerraum ging dem Orden erst im 15. Jahrhundert nach seinem Machtverlust in Preußen verloren.

A 1

A 1 Jerusalem, Kirche zum Heiligen Grabe

Ansicht des südlichen Querhauses
Holzschnitt, 1486
Photographie

Bildarchiv Foto Marburg 230 291

A 2 Jerusalem, Kirche zum Heiligen Grabe

Ansicht des südlichen Querhauses
Photographie

Bildarchiv Foto Marburg 95 369

Pilgerreisen aus dem Abendland zu den heiligen Stätten in Jerusalem hatte es seit der Zeit Karls des Großen gegeben. Während der Kämpfe gegen die Araber in Spanien und Sizilien gewann im Laufe des 11. Jahrhunderts der Gedanke des Kampfes der Ritter gegen die Ungläubigen als Idee des heiligen Krieges an Boden. Die Päpste stellten diese Idee gern in den Dienst der Kirche. Einmal galt es, das Denken des neuen kämpferischen Ritterstandes geistig zu veredeln und für ein großes Ziel zu begeistern, zum andern wuchs hier der päpstlichen Orientpolitik eine neue Kraft zu. Ohne die Welle religiöser Begeisterung sind die folgenden Kreuzzüge großer Heere über Tausende von Kilometern unter großen körperlichen und gesundheitlichen Belastungen nicht vorstellbar. Daß einem Teil der Kreuzfahrer dabei auch die Gewinnung eigener Herrschaftsgebiete, den Kaufleuten der italienischen Seestädte auch Handelsvorteile als Ziel vorschwebten, ist unbestreitbar, ändert aber an der Kraft der auslösenden Idee nichts.
Ziel des Ersten Kreuzzuges, zu dem Papst Urban II. 1095 aufgerufen hatte, war die Befreiung der heiligen Stätten aus der Hand der seldschukischen Türken, die 1076 Jerusalem eingenommen hatten. Der byzantinische Kaiser Alexios, selbst nach dem Verlust Kleinasiens in seiner Hauptstadt Byzanz (Konstantinopel) von den Türken bedroht, hatte um Hilfe gebeten.
Zentrum der heiligen Stätten war die Grabeskirche in Jerusalem, die zuerst von Konstantin dem Großen errichtet worden war.

A 3 Betender Kreuzfahrer

Psalter in Westminster, 13. Jahrhundert
Schule von St. Alban
Photographie
British Museum, London, Royal 2 A XXII, Fol. 220a

Die Ritterheere bildeten den Kern der Kreuzfahrerscharen, die das Heilige Land von Syrien bis hinab nach Askalon seit 1099 eroberten. Der hier gezeigte Kreuzfahrer ist in der Rüstung des 13. Jahrhunderts dargestellt. Möglicherweise handelt es sich um einen Johanniter. Der Ritter kniet vor dem Auszug in betender Haltung. Es war zunächst vor allem die west- und südeuropäische Ritterschaft, die die vier ersten Kreuzfahrerstaaten einrichtete, in denen das Französische die Amtssprache neben dem Lateinischen wurde; es galt unter den Christen auch als Umgangssprache. Die Bevölkerung der Kreuzfahrerstaaten zur Zeit ihrer größten Ausdehnung wird auf 500 000 einheimische Einwohner geschätzt, die Zahl der zuwandernden „Franken", Adlige, Kaufleute, Handwerker, die sich vor allem in den Städten niederließen,

A 3

A 5 b

dessen Seetransporte in den Händen vor allem der Venezianer, Genuesen und Pisaner lagen, verstärkte sich die „fränkische" Bevölkerung. Viele Reisende kamen jedoch nur als bewaffnete oder unbewaffnete Pilger zu den heiligen Stätten. Nach dem Fall Edessas in mohammedanische Hand kam es 1147 zum Zweiten Kreuzzug, an dem zum ersten Mal auch ein größeres deutsches Heer unter König Konrad III. teilnahm.

A 4   Ritter des Templerordens

Marmorgrabmal, zwischen 1225 und 1270
London, Temple Church
Photographie

Bildarchiv Foto Marburg 50 775

Der Gedanke des Gotteskämpfers, des „miles Christi", ist in der mittelalterlichen Kirche ursprünglich ein rein geistliches Ideal: abgewandt von der Welt den geistigen Kampf des Herrn gegen die Dämonen in der menschlichen Seele auszufechten. Der Dienst mit dem weltlichen Schwert hatte damit nichts zu tun, galt sogar als verwerflich. Als reinste Verkörperung dieses Gotteskämpfertums durften sich die Mönchsorden ansehen. Angriffe der Ungläubigen an den Grenzen der Christenheit und das Heranwachsen einer neuen, bestimmenden gesellschaftlichen Schicht, des Rittertums mit seinem Lehns- und Fehdewesen, setzten die Kirche Gefahren aus; sie bedurfte des weltlichen Schutzes. So suchte sie, unter Mitwirkung des cluniazensischen Reformgeistes, die religiöse Gesinnung der Ritter zu verinnerlichen, anderseits erkannte auch der Adel einen neuen Aufgabenkreis im Dienst für die geistliche Gewalt. So gelangte der Gedanke des Ritters Christi, des Kreuzfahrers mit dem Schwert, zum Durchbruch. Er wurde für mehrere Jahrhunderte das von geistlicher und weltlicher Autorität sanktionierte Leitbild einer ganzen Epoche, Vorbild sogar auch für das Bürgertum. Der Ritter dient Gott, und dieser verbürgt ihm dafür Sieg und himmlischen Lohn.

Als sich bald nach dem Ersten Kreuzzug eine Schar von Rittern zusammenschloß, um nach mönchischer Art der Welt zu entsagen und sich zugleich dem Schutz wallfahrender Pilger zu widmen, erfuhr das Gottesrittertum neuer Art seine reinste Ausprägung. So entstand 1118 der Templerorden, ein Vorbild für alle anderen Ritterorden. An deren

auf 140 000. Die Einwohnerzahl der drei großen Städte, Jerusalem, Akkon, Tyrus, wird auf je 30 000 beziffert, Askalon auf 10 000, die anderen Städte unter 10 000. Die drei größten Städte waren also Großstädte im mittelalterlichen Sinne und hatten Bewohnerzahlen wie die damals größte deutsche Stadt, Köln am Rhein. Die fränkischen Ritter erhielten große Lehen und bildeten unter dem Grafen von Edessa, dem Fürsten von Antiochia, dem Grafen von Tripolis und dem König von Jerusalem die staatstragende Oberschicht der vier Lehnsstaaten. Durch laufenden Zuzug,

Gründung waren oft Zisterzienser beteiligt, so bei den Templern Bernhard von Clairvaux, führender Geist seines Ordens und seiner Epoche. Seine Schrift „Vom Lobe der neuen Ritterschaft" enthielt im vierten Abschnitt die der Zisterzienserregel entnommenen Vorschriften auch für die Templer. Zugleich sprach sie aber auch die Rechtfertigung des Heidenkampfes aus. „Wahrhaft unerschrocken und allseitig gesichert ist der Ritter, welcher so, wie er sich den Leib mit Eisen, den Geist mit dem Glauben panzert. Denn mit beiderlei Waffen gerüstet, fürchtet er weder Dämon noch Mensch. Was soll auch im Leben und Sterben derjenige fürchten, dem Christus das Leben, und Sterben einen Gewinn bedeutet? Greift also unbesorgt an, ihr Ritter, und vertreibt furchtlosen Mutes die Feinde des Kreuzes Christi, in der Gewißheit, daß weder Tod noch Leben euch von der Gnade Gottes scheiden können, die in Jesus Christus liegt."

Im Gedanken des Schutzes für die Christen geht die ritterliche Idee ihre engste Verbindung mit dem Gedanken dienender Nächstenliebe ein. Angeregt von den Templern, aber aus einer älteren weitverzweigten Hospitalorganisation entwickelt, griff 1137 auch der Johanniterorden in die Kämpfe im Heiligen Lande ein.

Mit den Ritterorden erhielt das Heilige Land etwas wie ein stehendes Heer. 1128 auf dem Konzil von Troyes wirkte Bernhard von Clairvaux auch an der genaueren Textfassung der Templerregel mit.

A 5 Marienspital vom Hause der Deutschen in Jerusalem

Überreste aus dem 12. Jahrhundert, freigelegt durch israelische Ausgrabungen nach 1967

a) Kirche, b) Hospital

Photographien

Privatbesitz

Zur Pflege kranker und zur Beherbergung reisender Pilger aus Deutschland, die der Landessprachen in den Kreuzfahrerstaaten nicht mächtig waren, gründete bald nach dem Ersten Kreuzzug, als die Deutschen häufiger ins Heilige Land kamen, ein vornehmer Deutscher ein Hospital nahe dem Tempelberg, das bald auch über ein Hospiz und eine Marienkirche verfügte und von einer Hospitalbruderschaft betrieben wurde. Fundamente und Reste der ausgedehnten Anlage, die nach den Kreuzzügen verfallen, abgetragen oder überbaut worden war, wurden nach 1967 von israelischen Forschern freigelegt. Sie zeugen von einer stattlichen Einrichtung, die durch größere Zuwendungen unterhalten worden sein muß. 1187, bei der Eroberung Jerusalems durch Sultan Saladin, ging das Hospital nicht unter, doch verlieren sich die Spuren der dort tätigen Personen. Von diesem Hospital hat später der Deutsche Orden seinen Namen abgeleitet. Doch ist in der Forschung umstritten, wie weit eine unmittelbare personelle Verbindung zwischen der alten Einrichtung und dem neuen Ritterorden bestand.

Die Bilder zeigen den ehemaligen Innenraum der Kirche mit drei Apsiden und das Innere eines Stockwerks des ehemaligen Hospitalbaus.

A 6 Der Deutsche Orden in Europa und im Nahen Osten

Übersichtskarte der Besitzungen des Deutschen Ordens im Mittelalter

Entwurf: Friedrich Benninghoven
Ausführung: Stefan Mielke

Die Karte zeigt den Besitz des Ordens, dargestellt an den Haupthäusern oder Komtureien, im gesamten Mittelalter. Die Besitzungen in Italien und im Heiligen Lande waren die ältesten, Estland und einige deutsche Besitzungen die jüngsten längerfristigen. Das Heilige Land ging 1291 in demselben Augenblick verloren, als in Livland und dem östlichen Preußen ein gewisser Abschluß der Erwerbungen erreicht war. Zwar traten 1398 und 1402 noch für begrenzte Frist Gotland und die Neumark hinzu, aber zugleich begannen die ersten Abtretungen in Livland und Preußen. Die Zeit nach 1422 war ein langsamer, seit 1466 beschleunigter Schrumpfungsprozeß. 1561 war der Orden im wesentlichen auf Altdeutschland einschließlich Österreich, Meißen und Schlesien beschränkt.

A 7   **Stehende Muttergottes**

Franken, um 1280
Sandstein, H 120 cm

Hospitalstiftung Bad Mergentheim

Die schon im frühen Mittelalter vorhandene Marienverehrung erreichte im 11. Jahrhundert eine reiche Ausbildung. Marienhymnen und -lieder entstanden, viele Klöster wurden ihr geweiht. Besonders Prämonstratenser und Zisterzienser haben zur Verbreitung beigetragen. Solchen geistigen und religiösen Strömungen ist es wohl zuzuschreiben, daß auch das deutsche Spital in Jerusalem im 12. Jahrhundert der Gottesmutter geweiht wurde, die als Inbegriff mütterlicher Barmherzigkeit galt. So wurde sie Patronin des Deutschen Ordens. Das gezeigte Bildnis stammt aus dem Mergentheimer Hospital.

Das in schweren Faltenbahnen zu Boden fallende Gewand und der schulterlange Schleier, den ein verlorengegangener Kronreif zierte, prägen das schlichte Erscheinungsbild der Mergentheimer Spitalmadonna. Auf dem linken Arm hält sie das Kind, auf dessen Brust die Finger ihrer Rechten bedeutungsvoll hinweisend gelegt sind. Der Jesusknabe, der lächelnd aufblickt, greift nach ihrer Schulter und legt in zarter Gebärde seine Hand auf die der Mutter. So weisen Mutter und Kind einander in symbolischem Gestus ihre Bedeutung als Erlöser der Welt und als Gottesgebärerin zu. Auch das Vorzeigen der Fußsohle durch das Kind ist — charakteristisch für frühe Darstellungen des Jesusknaben — als sinnbildliches Zeichen von Inbesitznahme und Herrschaft zu verstehen.

Im 11. und 12. Jahrhundert war Maria nach dem byzantinischen Vorbild der Nikopoia frontal sitzend mit dem Kind in der Mitte auf den Knien dargestellt worden. Dieser als „sedes sapientiae" aufgefaßte majestätische Typus wich im Verlauf des 13. Jahrhunderts unter dem Einfluß der Mystik einer neuen Auffassung in Gestalt der stehenden Muttergottes mit dem Kind auf dem Arm. Als großformatige Skulptur war sie in Frankreich mit dem Bau der hochgotischen Kathedralen und der plastischen Ausstattung ihrer Marienportale aufgekommen. Der Typus verbindet eine der menschlichen Beziehung zwischen Mutter und Kind zugewandte Gestaltungsweise mit dem von Rittertum und Minnedienst geprägten Ideal der hohen und edlen Frau. In dieser Zeit dürfte die Mergentheimer Madonna entstanden sein. Auch die mandelförmig geschnittenen Augen und die hoch aufsteigenden gratigen Brauen, das „gotische" Lächeln (vor allem des Kindes), und die weiche Schwingung der ganzen Figur ordnen sie der Frühgotik zu. Sie zählt damit zu den ältesten und zugleich besterhaltenen Marienbildern in Franken.

Monika Kopplin

A 7

A 8 Ansicht der Stadt Akkon von Norden

Steindruck nach einer Zeichnung von David Roberts, um 1840
Photographie

Privatbesitz

Die Ansicht von Akkon zeigt die Stadt noch ganz im mittelalterlichen Umfang, wie sie sich den Blicken der Kreuzfahrer dargeboten haben mag. Sie war zur Kreuzzugszeit der bedeutendste Naturhafen an der Küste des Heiligen Landes und mit etwa 30 000 Einwohnern eine Großstadt im damaligen Sinne. Zum Mittelpunkt der Kreuzzugskämpfe wurde Akkon 1189—1191. Vorangegangen war die Schwächung der fränkischen Kreuzfahrerstaaten durch ihren Zwist untereinander, das Erstarken des Lehnsadels und die Schwächung der königlichen Gewalten. Dem stand die Erstarkung der gegnerischen mohammedanischen Welt unter Sultan Saladin und der Ajjubiden-Dynastie gegenüber. 1187 schlug Saladin das vereinigte christliche Heer bei Hattin und eroberte anschließend nicht nur Jerusalem, sondern auch die meisten anderen wichtigen Städte des Heiligen Landes, dar-

A 8

unter auch Akkon, das er stärker befestigen ließ. Auf die schreckensvolle Nachricht hin rief Papst Clemens III. die Könige des Abendlandes zum Kreuzzug auf. 1189 forderte Kaiser Friedrich Barbarossa von Saladin die Herausgabe der Eroberungen und kündigte ihm andernfalls einen Heereszug an. Das deutsche Heer, nach Finanzkraft und Waffentüchtigkeit der Teilnehmer ausgewählt und mit für die Zeit ungewöhnlicher Disziplin geführt (so das Urteil der Zeitgenossen), zog über Kleinasien und zum Teil in drei Flottenabteilungen von Apulien, Bremen und dem Niederrhein über See nach Akkon. Während die etwa 85 Schiffe im September und Oktober 1189 Akkon erreichten, wurde Barbarossas Heer aus etwa 3000 Rittern und etwa doppelt so vielen Knappen und Troßleuten durch Kämpfe auf dem Balkan und in Kleinasien, Strapazen, Entbehrungen und Seuchen dezimiert und durch den Tod des Kaisers entmutigt. Am 10. Juni 1190 ertrank Friedrich Barbarossa im Saleph in Kleinasien. Sein Sohn Friedrich von Schwaben führte die Reste der Truppe bis nach Akkon. Im Lager dieses Heeres begann die Geschichte des Deutschen Ordens.

A 9

A 9 Lübecker und Bremer Kaufleute gründen vor Akkon ein deutsches Feldhospital 1190

Zweitältestes Siegel der Stadt Lübeck mit Koggendarstellung, Mitte 13. Jahrhundert
Wachs, Nachbildung von einem vergrößerten Abguß
Nachbildung: Jürgen Wodtke
GStA PK

Zwei Jahre lang wurde Akkon Brennpunkt der Kämpfe, denn auch Saladin kam seiner belagerten Garnison mit einem großen Heer aus Nordafrika, Ägypten und Vorderasien zu Hilfe, um das Einfallstor ins Land zu sperren. Auf christlicher Seite griffen die Könige von Frankreich und England in den Kampf ein. „So standen", wie der Fortsetzer des Chronisten Wilhelm von Tyrus urteilte, „zwei Teile der Welt (Asien und Afrika) dem dritten gegenüber, und Europa hatte gegen zwei Weltteile zu kämpfen".
Der Überlieferung nach haben Lübecker und Bremer Kaufleute, die mit einer der Flotten gekommen waren, 1190 unter dem großen Segel einer Kogge ein Feldspital für verwundete und kranke Deutsche im christlichen Lager errichtet. Das Spital wurde von einer Hospitalbruderschaft betrieben und erhielt nach dem Fall Akkons 1191 in der Stadt ein festes Quartier.
Das hier gezeigte zweitälteste Siegel der Stadt Lübeck hat ein Koggenbild. Das Schiff ist der Typ des damaligen großen Seeschiffs mit einem Mast und Rahsegel, wie es vor 1200 auf den nördlichen Meeren als modernste Bauart aufkam. Der Koggen bedienten sich auch die Fernhändler der damals entstehenden Hanse für ihre Unternehmungen in Nord- und Ostsee.

A 10 Krankenpflege in einem mittelalterlichen Hospital

Illustration aus: Avicenna, Canon Medicinae.
Übersetzung von Gerhard von Cremona, 15. Jahrhundert
Photographie

Biblioteca Medicea Laurenziana, Florenz, Ms. Gaddi 24, fol. 247v.

Das Bild vermittelt einen Einblick in den Krankensaal eines spätmittelalterlichen Spitals im Mittelmeergebiet.
Im Hintergrund sieht man drei stationär behandelte Patienten bei einer ärztlichen Visite. Rechts bringt ein Diener einen medizinischen Trank. An der Wand in einem Tragekorb hängt ein Uringlas. Im Vordergrund links berät ein Arzt einen ambulanten Patienten, der den Arm in der Schlinge trägt. Vorn rechts behandelt ein Arzt eine Wunde am Bein.
Der Deutsche Orden war als Hospitalbruderschaft gegründet worden und widmete sich auch später der Krankenpflege. So gründete oder übernahm er Hospitäler im Heiligen Land, in Italien und Deutschland wie auch in seiner späteren Staatsgründung in Preußen. Doch trat seit dem Ende des 13. Jahrhunderts die Krankenpflege, obwohl sie erhalten blieb, immer mehr hinter die Aufgabe des Ritterdienstes zurück.

A 11 Kaiser Heinrich VI.

Darstellung im Codex Manesse, Heidelberg, Universitätsbibliothek, Cod. Pal. Germ. 848, fol. 6
Faksimiledruck

DOM Bad Mergentheim Inv. Nr. 4806

Heinrich VI., der Sohn Friedrich Barbarossas, vereinigte mit der Macht des römisch-deutschen Imperiums die Kraft des normannischen Königreiches Sizilien, eine Machtkonzentration, die für den Papst eine territoriale Umklammerung bedeutete. Heinrich erreichte die Reichslehnschaft über die auf seinen Rückhalt angewiesenen Königreiche Zypern und Armenien und erzwang auch von dem englischen König Richard Löwenherz den Lehnseid. In Deutschland suchte er aus dem Wahlkönigtum ein Erbreich zu machen. So erreichte unter ihm die mittelalterliche Kaiserherrschaft einen Höhepunkt. Auch den Kreuzzugsgedanken stellte er auf eine neue Grundlage: er rüstete ein 6000 Mann starkes Söldnerheer aus Rittern und Sergeanten aus, dem geworbene Kreuzritter als Verstärkung zur Seite traten. Im Zusammenhang mit den Plänen des Kaisers im Orient erhielt das Hospital der Deutschen in Akkon nun auch die ersten Schenkungen in Sizilien, Stützpunkte am Wege von Deutschland ins Heilige Land.

Der Kreuzzug wurde vom Kaiser, auch dies war neu, noch vor der gewünschten päpstlichen Unterstützung in die Wege geleitet. Das Unternehmen wurde nur ein begrenzter Erfolg, da Heinrich vor seiner Einschiffung unerwartet im Alter von 32 Jahren am 28. September 1197 starb. So eroberte das Heer, das in Palästina auch auf den Widerstand der dort angesiedelten französischen Ritterschaft stieß, zwar Sidon und Beirut, schiffte sich dann aber angesichts des in Deutschland ausbrechenden Bürgerkrieges fluchtartig ein. Doch hatte der Kreuzzug für die Hospitalbruderschaft des Deutschen Hauses in Akkon noch ein bedeutendes Ereignis zur Folge. Die Führer des Heeres versammelten sich am 5. März 1198 in Akkon mit den bedeutendsten Persönlichkeiten des Heiligen Landes und erhoben die Spitalbruderschaft zu einem Ritterorden. Damit trat der Deutsche Orden als geistlicher Ritterorden, zugleich auch als politisch-militärischer Machtfaktor, ins Leben.

A 12 Papst Clemens III. nimmt die deutschen Brüder der Marienkirche in Jerusalem mit ihren Besitzungen in den Schutz des päpstlichen Stuhls auf

1191 Februar 6, Lateran
Urkunde auf Pergament, Ausfertigung, Siegel verloren, 16,5 × 21 cm
Schaden durch chemische Versuche im 19. Jh.

GStA PK XX. HA Perg.Urk. Schiebl. 1 n. 1

Noch bevor die Hospitalbruderschaft zum Ritterorden erhoben wurde, ist offenbar die Tradition zur Marienkirche der Deutschen in Jerusalem vorbereitet worden. Obgleich die neugegründete Hospitalbruderschaft in Akkon saß und Jerusalem sich nicht mehr im christlichen Besitz

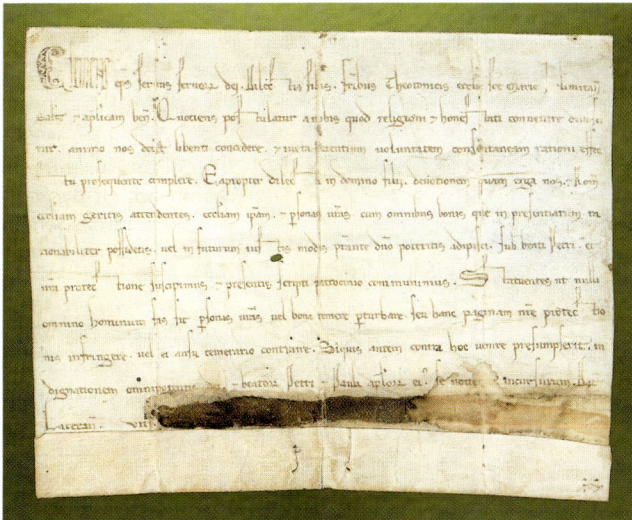

A 12

befand, wurde die Urkunde für die Brüder der Marienkirche in Jerusalem ausgestellt und befand sich im Archiv des Deutschen Ordens. Die Tradition des alten Spitals aus dem frühen 12. Jahrhundert wurde also von der neuen Gründung in Anspruch genommen. Der Papst bestätigte die neue Bruderschaft von Anbeginn. Es ist dies die älteste erhaltene Urkunde aus dem Hochmeisterarchiv in Preußen.

A 13 Papst Innozenz III. 1198—1216

Bildnis auf einem Fresco in der Kirche in Subiaco, 13. Jahrhundert
Photographie

Privatbesitz

Im Jahr des Zusammenbruchs der staufischen Machtstellung nach dem Tode Heinrichs VI., als es in Deutschland zu einer Doppelwahl kam, bestieg einer der bedeutendsten Päpste des Mittelalters den Stuhl Petri. Innozenz III., der Sohn eines Grafen von Segni, war 1198 erst 37 Jahre alt. Mit Energie wandte er sich gegen den Staufer Philipp, nach dessen Tode aber gegen den welfischen Gegenkönig Otto IV., sobald dieser anfing, in Italien die vormalige Machtstellung der Staufer anzustreben. Nun begünstigte Innozenz den jungen Sohn Heinrichs VI. als Gegenkönig, der 1220 als Friedrich II. die Kaiserwürde errang. Wiederum wurde der Staufer als Herrscher in Deutschland, Oberitalien und Sizilien der päpstlichen Macht zu gefährlich.

Papst Innozenz III. war auch der Schöpfer einer rein kirchlichen neuen Kreuzzugsorganisation, die auf der Basis des Geldes und eines neuen Steuersystems errichtet wurde, über ein weitverzweigtes Netz von Werbungsstationen und Kreuzzugspredigern in den Diözesen verfügte und nicht mehr Könige und den höheren Adel, sondern in erster Linie ärmere Ritter, Ministerialen und Bürgerliche ansprach. Es war eine Zeit der „Demokratisierung des Kreuzzugsgedankens", wie sie auch genannt worden ist.

In die Auseinandersetzungen zwischen Kaiser und Papst sah sich auch der soeben geschaffene Deutsche Orden hineingezogen. Unter staufischer Beteiligung zum Ritterorden erhoben und von den Staufern privilegiert, trat er als geistlicher Ritterorden unter den Papst und erhielt von Innozenz auf Antrag seiner fürstlichen Gründer die Bestätigung. Sie umschloß auch die Anweisung, daß der neue Orden für die Kranken- und Armenfürsorge die Regel der Johanniter, für die geistlichen und ritterlichen Belange die Regel der Templer befolgen sollte.

A 14 Plan von Akkon

Um 1250
Aus: Itinerary from London to Jerusalem, zugeschrieben dem Mönch Matthäus Paris
Photographie

Corpus Christi College, Cambridge, MS 26

Auf diesem ältesten Plan von Akkon ist links neben dem obersten Schiff das „hospital des alemans" zu sehen.
Wie die Johanniter und Templer, die Venezianer, Genuesen und Pisaner richteten sich auch die Ritter des Deutschen Ordens in einem eigenen „Quartier" ein. Es lag hinter dem Nikolaus- und dem Brückentor, und den Deutschen fiel die Verteidigung der dort liegenden drei Mauertürme zu. Neben dem Hospital wurde eine Kirche errichtet. Da die Bevölkerung sich nach 1191 sehr vermehrte, entstand außerhalb der alten Mauer die Vorstadt Montmusard.
In Akkon und anderen Orten des Heiligen Landes, wo er bald Besitz erwarb, lernte der neue Orden von Anbeginn die

reiche Kulturwelt des Orients kennen. Die Architektur, die in Kirchen und Burgen bald vom romanisch-gotischen Übergangsstil zur Frühgotik überging, bot Anregungen für die späteren eigenen Wehrbauten. In der orientalischen Kriegstechnik lernten die Kreuzfahrer Europas neue Waffen und Kampfarten kennen. Kleidung, Küche und Wohnkultur boten manchem daheim ungewohnten Luxus. Schließlich brachte aber auch das Zusammenleben von Angehörigen so vieler Völker mit seinem Sprachgewirr, von Menschen unterschiedlichsten Standes, verschiedener Religionen, Kulturkreise und Zielsetzungen ethische, rechtliche und ganz alltägliche Probleme mit sich, denen sich auch die Angehörigen der Orden ausgesetzt sehen konnten.

A 15   Stadtplan von Akkon

Um 1320
Aus: Marino Sanudo, Liber Secretorum Fidelium Crucis
Photographie

Bodleian Library, Oxford, MS Tanner 190, fol. 207 r.

Ein genaueres Straßennetz als der in A 14 gezeigte Plan von Akkon weist nicht lange nach dem Ende der Kreuzfahrerstaaten der Plan von Marino Sanudo auf. Auch auf ihm erblicken wir links neben der Meeresbucht den „turris alamanorum" und die „alamani" an der doppelten Mauer. Ganz rechts unten am Meer erscheint als „templum" das Quartier der Templer, in deren Haus die Hospitalbruderschaft der Deutschen 1198 zum Ritterorden erhoben worden war. Zum Meere hin grenzte an das Gebiet der Deutschen der Sitz des Patriarchen und daran anschließend das Arsenal. Am Hafen erblicken wir die Quartiere der Venezianer und Pisaner und etwas zurückgesetzt der Genuesen („Ianuenses"). Ganz in der Mitte findet sich das „hospitale" der Johanniter.

A 16   Akkon

Erhaltene Bausubstanz aus der Kreuzfahrerzeit
Photographie aus: A. Kesten, The old city of Acre. Crusader remains. In: B. Dichter, The Maps of Acre, 1973

SBPK Kartenabteilung 4° Kart 13308

Rot: Lage der Grundstücke des Deutschen Ordens. Das Gelände wurde durch die Befestigungsanlagen des 19. Jahrhunderts überbaut und daher von den bisherigen Ausgrabungen nicht erfaßt. Aus dem Plan ist ersichtlich, wie zahlreich die Überreste des Akkon der Kreuzfahrerzeit heute noch sind. Viele Einzelheiten sind noch unerforscht.

A 17   Starkenberg (Montfort), die Hauptburg des Deutschen Ordens im Heiligen Lande

Zustand um 1850, Ansicht von Nordwest
Steindruck nach einer Zeichnung von Charles W. M. van de Velde
Photographie

Privatbesitz

Vom Haupthause Akkon aus, dessen Besitz in der Stadt der Orden durch Erwerbung verstreut liegender Häuser und Grundstücke ständig vermehrte, gewann er weitere Stützpunkte an der ganzen Küste von Antiochia bis Askalon. Dichter lagen die Besitzungen um Akkon und Beirut. Die Ritterorden haben gerade im 13. Jahrhundert, als nach dem Schock von Hattin viele Adlige dazu übergingen, ihre Besitzungen wegen der Gefährdung zu veräußern, ihre Liegenschaften sehr erweitert und vermehrt. Sie waren nun die militärische Hauptstütze der Kreuzfahrerstaaten geworden. Wichtige Schwerpunkte des Deutschen Ordens waren Tyrus, Sidon, Tripolis und Askalon. Schon 1244 gingen jedoch durch erneute Siege der Muslime im Süden die ersten Besitzungen wieder verloren.

Unter dem gesamten Besitzkomplex ragt nun von den Burgen eine besonders hervor, die der Orden 1229 ausbaute und zu seiner Hauptfestung erhob. Dies war Montfort, oder wie es dann übersetzt genannt wurde, Starkenberg, 20 km nordöstlich von Akkon. Die gewaltige Anlage erstreckte sich in west-östlicher Richtung 135 m lang auf einem Bergrücken in Spornlage, 180 m über dem Flußtal des Wadi Karn. Der Umfang der Außenmauer betrug 450 m. Eine weitere Umfassungsmauer, die vermutet wird, hätte eine Länge von 1350 m gehabt. Die größte Burg des Deutschen Ordens, die Marienburg in Preußen, hatte einen Gesamtumfang von 1400 m. Die Festung bildete einen Schutz für das dahinter liegende Akkon und war zugleich der Aufbewahrungsort für Archiv und Schatz des Deutschen Ordens. Hier fanden auch Generalkapitel statt.

Das Gelände mit der älteren kleinen Burg hatte der Orden 1220 gekauft. Starkenberg wurde im frühgotischen Stil gebaut. Die Anlage stand im Zusammenhang mit dem Kreuzzug des vom Papst gebannten Kaisers Friedrich II. zur Wiedergewinnung Jerusalems. Von hohem Interesse ist, daß der Kaiser 1226 gerade dem Orden das Privileg zur Eroberung Preußens ausgestellt und Lübeck die Reichsfreiheit verliehen hatte. Das zeigt, daß für den unter Hochmeister Hermann von Salza personell und materiell erstarkten Orden eine Doppeloperation gleichzeitig vorgesehen war, im Nordosten an der Ostsee und im Süden im Mittelmeerraum. Als treuer Freund des Staufers begleitete der Hochmeister den Kaiser, traf schon im Oktober 1227 vor ihm in Akkon ein, nahm an den Operationen des Heeres teil und begleitete ihn 1229 zur Krönung nach Jerusalem.

Jerusalem ist dann bereits 1244 wieder verloren gegangen. Starkenberg trotzte nach dem Wiedererstarken der mohammedanischen Macht unter den Mamelucken 1266 einer ersten Belagerung, mußte aber bei der zweiten im Juni 1271 kapitulieren. Der Befehlshaber, Johann von Sachsen, durfte mit der Besatzung nach Akkon abziehen. Akkon fiel 1291, als letzte Bastion der Kreuzfahrer wie des Deutschen Ordens im Heiligen Land.

A 17a Lageplan von Starkenberg

Längsschnitt und Grundriß in Ost-West-Richtung
Photographie

Aus: Bashford Dean, A Crusaders' Fortress in Palestine. In: Bulletin of the Metropolitan Museum of Art. New York 1927.

Auf Grund amerikanischer Ausgrabungen im Jahre 1926 sind wir über die Anlage von Starkenberg und viele Einzelheiten besser als zuvor unterrichtet. Am Abschnitt des Bergrückens im Osten war die Burg durch einen gemauerten Graben und den Bergfried am stärksten befestigt. Sie verfügte über einen Kapitelsaal von 400 qm Größe mit 2 m dicken Mauern, eine Kirche, Gemächer des Kastellans, große Zisternen, Küchenräume und Keller. Farbige Glasfenster erinnern an gleichzeitige französische Arbeiten in der Ile de France. Zur Beleuchtung wurden Fackeln, Kerzen, kleine Öllampen und Hängelampen aus farblosem und kobaltblauem Glas verwendet. Die Kapitelle und Kreuzgewölbe zeigten in behauenem Stein ausgeführte Blumenornamente, Rosetten und figürliche Darstellungen. Ein Weinkrug der römischen Kaiserzeit war ebenso im Gebrauch wie steinerne Mörser und irdene Krüge. Zu den Waffen zählten, wie zu erwarten, Armbruste, Kettenpanzer, Lanzen, Helme und die größten Schleudergeschütze der Zeit, deren Kugeln, z.T. noch unfertig bearbeitet, mit Gewichten bis zu 60 kg und einem Kaliber von 34 cm, gefunden worden sind. Ärztliche Instrumente zeigen, daß der Orden auch in seinem Haupthause der Pflege der Kranken oblag.

A 18 Kopf eines Ritters aus Starkenberg (Montfort)

Um 1250
Bodenfund der amerikanischen Ausgrabungen 1926
Gipsabguß, bemalt, hergestellt 1989 für das GStA PK

The Israel Museum, Jerusalem

Einer der eindrucksvollsten Bodenfunde war der offenbar als Schmuck einer Konsole dienende Kopf eines Ritters. Der Gesichtsausdruck verrät gesammelte kämpferische Entschlossenheit; aus ihm scheint etwas vom Geist der Zeit zu sprechen, und sicher paßt er zum Zweck und der Aufgabe der Burg. Die Vorstellung, daß er zur alltäglichen, prägenden Umgebung der Burgbesatzung gehörte, vermittelt etwas vom Leben in dieser Festung in den Bergen. Die Besatzung unterstand übrigens dem Kastellan (ein im Orden sonst ungebräuchlicher Titel). Der Kastellan, dessen Amt nach dem Verlust Starkenbergs im Orden erlosch, gehörte mit den fünf Großgebietigern zu den sechs hervorragendsten und ranghöchsten Beamten unter dem Hochmeister. Unter den Kastellanen von Starkenberg war der interessanteste und historisch auch am besten überlieferte Johannes Selich (auch Salinger, der Selige). Er stammte vermutlich aus dem Stadtbürgertum im Raum Magdeburg-Braunschweig, trat in den livländischen Schwertbrüderorden ein und brachte es dort bis 1233 zum Meister in Reval. In diesem Jahr schlug er auf dem Revaler Domberg die Streitmacht des päpstlichen Legaten Balduin von Alna, der den Orden vernichten wollte, wurde dafür zeitweise exkommuniziert, nahm aber nach Ostern 1236 schon in Marburg an den Verhandlungen der Schwertbrüder mit dem Deutschen Orden über die Vereinigung beider Orden teil, wo er für die Livländer Sonderrechte forderte. Sein Eigenwille hinderte nicht, daß er 1240

A 18

A 19 Prägeform mit Adlerschild und Lilie aus Starkenberg (Montfort)

Um 1230
Bodenfund der Ausgrabungen von 1926, lithographischer Stein
Gipsabguß für das GStA PK 1989

The Israel Museum, Jerusalem

Auch die hier gezeigte Prägeform ist von historischer Bedeutung. Sie überliefert zum erstenmal bildlich den kaiser-

schon Kastellan in Montfort war, der Deutsche Orden schätzte also seine Tüchtigkeit, wollte ihn vielleicht auch durch Beförderung aus Livland forthaben. Noch 1244 war er Kastellan, danach wurde er zu unbekannter Zeit Marschall im Heiligen Lande und starb dort mit unbekanntem Todesdatum.
Aus Männern dieses Schlages und aus der Skulptur des hier vorgestellten Ritters spricht zu uns die gleiche Art.

A 19

A 17

lichen Adlerschild und die Lilie des Hochmeisterwappens. Über den Adler wußte man bis vor kurzem sicher nur, daß er um 1300 in Marburg im Hochmeisterschild nachweisbar war, von Peter von Dusburg auch dem Zeitraum um 1226 zugeschrieben wurde. Helmut Nickel hat wahrscheinlich gemacht, daß diese Form dazu gedient hat, die Lederprägungen auf Hermann von Salzas Hochmeisterschild auszuführen, also bald nach 1229. Mit Sicherheit war die Form schon um 1250 vorhanden. Danach ist die Lilie aus dem Hochmeisterwappen wieder bis zum ausgehenden 15. Jahrhundert verschwunden. Auch in einem Saalgewölbe in Starkenberg war das Hochmeisterwappen als Malerei vorhanden, wie aus Bodenfunden hervorgeht. Hierdurch wird gesichert, daß der Adler tatsächlich von Kaiser Friedrich II. dem Hochmeister verliehen wurde, und das konnte nur im Zusammenhang mit den großen kaiserlichen Planungen für Preußen und Jerusalem in den Jahren 1226 bis 1229 geschehen sein.

A 20 Schwert

Eisen, 13. Jahrhundert
Länge 100 cm, Klinge 84 cm
Bayerisches Armeemuseum, Ingolstadt Inv.Nr. A 3617

Wird Ende 1990 ersetzt durch:
Schwert der Kreuzfahrerzeit
Eisen, um 1200
Länge 89 cm
Kopie eines Originals aus Schweizer Museumsbesitz
DOM Bad Mergentheim Inv.Nr. 3596

Das Schwert war als Stoß- und Hiebwaffe die wichtigste Waffe im Ritterkampf. Das Alter dieser Waffenart reicht in vorgeschichtliche Zeit zurück. Der Hohlschliff sollte die Klinge im Gewicht erleichtern. In den Sagen des Mittelalters sind Schwerter auch Gegenstand der Verehrung und tragen Namen wie Lebewesen.

A 21 Bolzenspitze für Armbrustbolzen aus Starkenberg (Montfort)

13. Jahrhundert
Bodenfund der amerikanischen Ausgrabungen 1926
Eisen, europäisch oder syrisch, Länge 8 cm
Geschenk von Clarence Mackay, Archer M. Huntington, Stephen H. P. Pell und Bashford Dean, 1928, Inv.Nr. 28.99.30
The Metropolitan Museum of Art, New York

Es handelt sich hier um die älteste bekannte Bolzenspitze aus Deutschordensbesitz. Das Geschoß ist vierkantig mit eisernem Schaft, der in den zylindrischen Hohlraum des langen, hier nicht mehr vorhandenen Holzschaftes eingesetzt wurde. Der Holzschaft war am Ende gefiedert oder mit vier Flügeln versehen, um die Schußbahn zu stabilisieren. Ein Armbrustschütze trug, ganz wie der Infanterist in den Heeren des 18. bis 20. Jahrhunderts, sechzig Geschosse Bereitschaftsmunition bei sich.

A 22 Armbrust

Horn, Holz und Bein, 14. Jahrhundert,
Länge der Säule 88 cm
Kölnisches Stadtmuseum, Köln, Inv.Nr. W 1109
(Nachbildung für das GStA PK)

Die Armbrust war die panzerbrechende Waffe des Mittelalters. Vereinzelt scheint sie im 10. Jahrhundert nachgewiesen, kam aber erst im 12. Jahrhundert zu allgemeinem Gebrauch und setzte sich trotz päpstlicher Verbote durch. Die Ritterwelt sah sie zunächst als heimtückisch an, sie war auch vor allem Waffe des Fußvolks und zugleich des Bürgertums. Zu Ende des 12. Jahrhunderts wurden die ersten Armbrustschützenkompanien zu Fuß in Frankreich aufgestellt. Der Deutsche Orden hat diese Waffe seit seiner Gründung und bis zum 16. Jahrhundert eingesetzt, erst um 1500 wurde sie allmählich von den Feuerwaffen verdrängt. Im Ordensheer um 1400 dienten diese Schützen um Sold; es wurde Wert darauf gelegt, daß sie unbescholten waren.
Die hier gezeigte Armbrust ist ein Modell des 14. Jahrhunderts, das technische Prinzip war aber schon 100 Jahre früher das gleiche. Die gespannte Sehne wurde durch Hebelwirkung freigesetzt und gab dem Geschoß den Katapultantrieb. Die gewöhnliche treffsichere Schußentfernung reichte bis zu etwa 100 m, doch sollen die Geschosse eine absolute Reichweite bis zu 300 m gehabt haben. Verschossen wurden Pfeile oder Bolzen.

A 23 Speerspitze aus Starkenberg (Montfort)

Eisen, europäisch oder syrisch, 13. Jahrhundert,
Länge 11,5 cm
Geschenk von Clarence Mackay, Archer M. Huntington, Stephen H. P. Pell und Bashford Dean, 1928
The Metropolitan Museum of Art, New York

Die geflügelte Spitze stammt wohl von einem Wurfspeer und ist das älteste bekannte derartige Stück aus Deutschordensbesitz.

A 24 Öllampe und medizinische Sonde aus Starkenberg (Montfort)

a) Öllampe
Irdene Töpferware, glasiert, syrisch, 13. Jahrhundert
Höhe: 5,4 cm, Breite: 11 cm, Inv.Nr. 28.99.15

b) Sonde
Bronze, europäisch oder syrisch, 13. Jahrhundert
Länge: 12,4 cm, Inv.Nr. 28.99.44

a) und b) Geschenke von Clarence Mackay, Archer M. Huntington, Stephen H. P. Pell und Bashford Dean, 1928

The Metropolitan Museum of Art, New York

A 24 a

A 24 b

A 25 Goldbyzantiner

Akkon 1251

DOM Bad Mergentheim, Inv.Nr. 2135

In den ersten anderthalb Jahrhunderten der Kreuzfahrerstaaten wurden die Goldprägungen der Araber nachgeahmt, mit Inschriften in arabischer Schrift. Erst als ein den Kreuzzug Ludwigs IX. von Frankreich 1250 begleitender päpstlicher Legat daran Anstoß nahm, veranlaßte der Papst eine Änderung. Die Byzantiner wurden nun mit dem christlichen Kreuz und einer christlichen Legende in arabischer Schrift geprägt. Ein solches Stück, am Rande stark abgenutzt, wird hier gezeigt. Es entstammt der Zeit, als Ludwig in Akkon die Herrschaft ausübte, und solche Münzen wurden auch vom Deutschen Orden verwendet.

Die grün glasierte Öllampe geht auf eine schon in der Antike gebräuchliche Form zurück. Ein aus ihrem Schnabel ragender ölgetränkter Docht war die Lichtquelle. — Die Sonde ist ein Gerät aus der mittelalterlichen ärztlichen Praxis. Ein eigentliches Spital in Starkenberg ist nicht belegt; man muß eher an eine Art Krankenrevier für die Besatzung denken. Das Hauptspital lag in Akkon. Ob das im Tal am Fuß der Burg gelegene Gebäude Mühle oder Hospital war, ist bisher ungeklärt. Das abendländische Medizinalwesen hat durch die entwickelteren Verhältnisse auf diesem Gebiet bei den Arabern viele Anregungen und Erkenntnisse erhalten. Dazu gehörte auch die planmäßige Anstellung besoldeter ausgebildeter Ärzte.

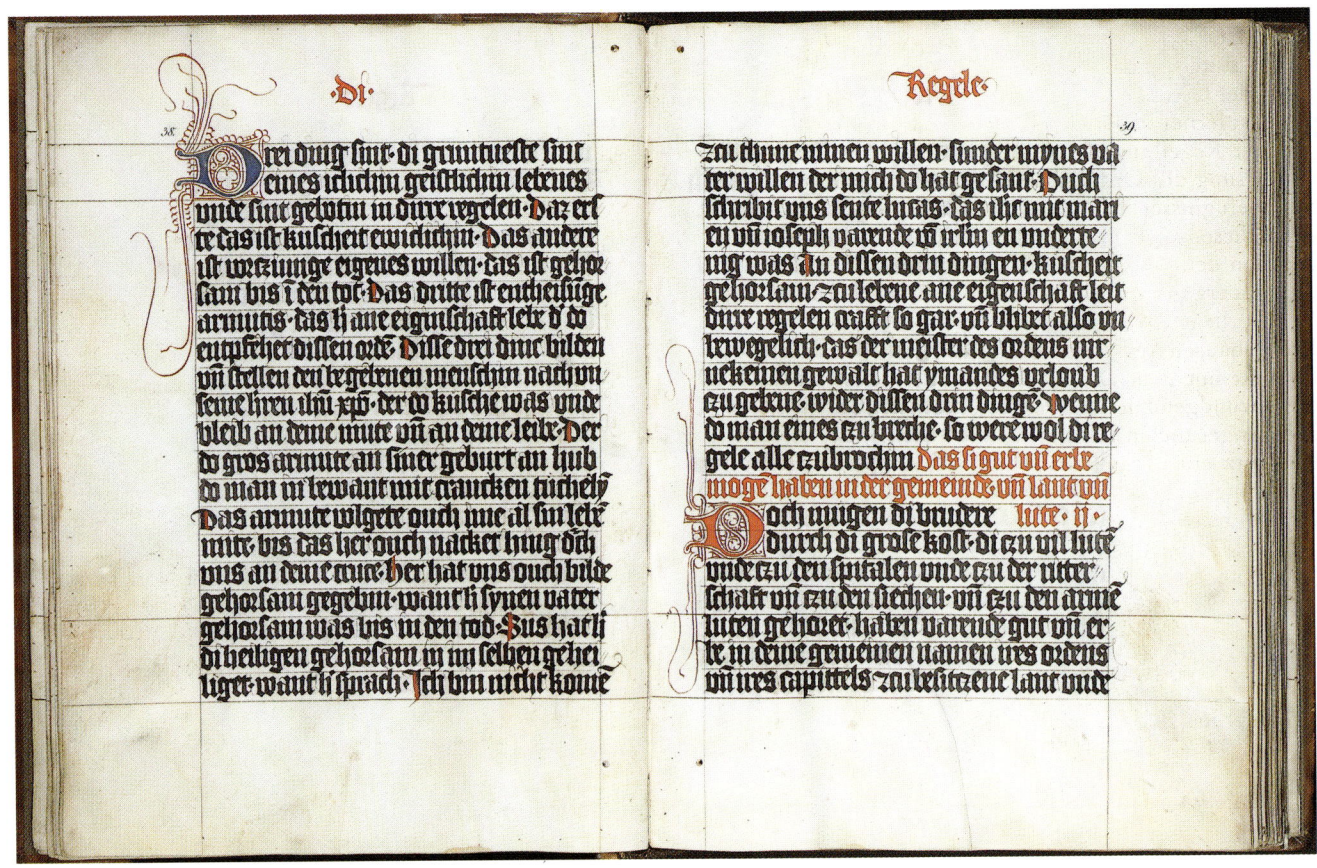

A 26 Statuten des Deutschen Ordens

Bald nach 1442 August 26
Handschrift auf Pergament, in Leder gebunden, mit zwei Schließen, 320 Seiten
Größe 38,5 × 60 cm (aufgeschlagen)

GStA PK XX. HA OF 60

1199 hatte Papst Innozenz III. dem neuen Ritterorden den Gebrauch der Templer- und der Johanniterstatuten bestätigt. Die Statuten des Deutschen Ordens beruhten in der Folge weit überwiegend auf der Templerregel, in wenigen Fällen auf dem Vorbild der Johanniter. Die Statuten sind in lateinischer, mittelhochdeutscher, mittelniederdeutscher, niederländischer und altfranzösischer Fassung (aus dem lothringisch-burgundischen Raum) überliefert. Die früheste

Kodifizierung stammt aus der Mitte des 13. Jahrhunderts.
Die Statuten gliederten sich in die Regel mit den Grundlagen der Gelübde und den Bestimmungen des gemeinsamen Lebens; ferner in die Gesetze, die die einzelnen Bestimmungen der Regel ausführten, und die Gewohnheiten, die der Verfassung des Ordens, der Gliederung und den Aufgaben und Befugnissen der einzelnen Beamten gewidmet waren. Allen diesen vorangestellt war der Prolog. Die Gesetze wurden von den verschiedenen Hochmeistern bis ins 15. Jahrhundert ergänzt.

Das vorliegende Exemplar enthält die unter Konrad von Erlichshausen redigierte Fassung nach dem Verfassungskonflikt mit dem Deutschmeister. Aufgeschlagen sind die drei Grundgelübde: „Drei ding sint, di gruntueste sint eines iclichin geistlichin lebenes, vnde sint gebotin in dirre regelen: Daz erste, das ist kuscheit ewiclichin. Das andere ist vorczinunge eigenes willen, das ist gehorsam bis in den tot. Das dritte ist entheisunge armutis, das her ane eigenschaft lebe, der do entpfehet dissen orden." Ewige Keuschheit, Verzicht auf eigenen Willen und Leben in Armut ohne Eigentum, diese Grundgebote stammten schon aus der Benediktinerregel.

A 27 Idealbild eines Herrschers (Kaiser Friedrich II.?)

Nach dem Marmorbildnis der Skulpturengalerie Preußischer Kulturbesitz
Süditalien, 1. Hälfte des 13. Jahrhunderts
Gipsabguß, ergänzt

SMPK Gipsformerei Inv.Nr. 2456

Der Kopf wurde früher als Bildnis Friedrichs II. gedeutet, doch wird dies auch bestritten. Der Kronreif zeigt einen Herrscher, die Anordnung der Locken lehnt sich an antike Vorbilder an. Diese Anlehnung an antike Formen wurde am Hof des Stauferkaisers bewußt gefördert, um die Geltung des Imperiums auch künstlerisch sichtbar zu machen. So darf man in dem Bildnis ein Symbol imperialen Anspruchs erblicken.

Friedrich II. bevollmächtigte den Hochmeister des Deutschen Ordens zu seiner Staatsgründung in Preußen, förderte ihn in Deutschland und Italien durch Privilegien und Schenkungen und sorgte auch für seine Stärkung im Heiligen Land. Der Hochmeister Hermann von Salza wurde mit seinem Orden als Freund des Kaisers ebenso zur Stütze der Reichspolitik, wie er umgekehrt auch dem Orden eine bis dahin nicht gekannte Ausbreitung, Besitzvermehrung und personelle Stärke zu verschaffen wußte.

A 27

A 28 Kaiser Friedrich II. nimmt das Haus des Deutschen Ordens in Jerusalem, alle Brüder und alle seine Besitzungen im Königreich Jerusalem in seinen Schutz

1226 Januar
Transsumpt von 1393 Februar 5 aus Wien von Johann Hübner, Domherr zu Regensburg und Passau auf Ansuchen des Deutschordenskomturs Michael zu Wien, Pergament mit Siegel, Größe 56 × 49 cm
GStA PK XX. HA Urk. Schiebl. 20 n. 1

Im Jahre 1228 unternahm der gebannte Kaiser seinen Kreuzzug ins Heilige Land. Hermann von Salza war schon 1227 dort eingetroffen und begleitete den Kaiser. Er war anwesend, als am 11. Februar 1229 der Vertrag zwischen dem Staufer und dem ägyptischen Sultan Al-Malik Al-Kamil abgeschlossen wurde, durch den Jerusalem und einige Landstriche den Christen übergeben wurden. Mit dieser diplomatischen Glanzleistung hatte der Kaiser ohne Blutvergießen, anders als der Erste Kreuzzug, die Rückgewinnung der Heiligen Stätten erreicht. Der Hochmeister war auch anwesend, als der noch immer gebannte Kaiser am 17. März 1229 in Jerusalem einritt und am 18. März die Krönung in der Gra-

A 29 b

beskirche stattfand. Hierbei verlas der Hochmeister in deutscher, italienischer und französischer Sprache eine Proklamation des neuen Königs von Jerusalem. In den Zusammenhang dieser politischen Ereignisse gehört nicht nur die Errichtung der Burg Starkenberg (A 17), sondern auch die durch das hier gezeigte Transsumpt beglaubigte Schenkung, durch die der Orden das Marienhospital und ein Haus in der Straße der Armenier zugesprochen erhielt.

Während der Kaiser die Al-Aqsa-Moschee und den Felsendom besuchte, verschanzte sich der Deutsche Orden in Jerusalem im alten Königspalast südlich des Davidsturms. Obwohl Jerusalem wieder befestigt werden sollte, erlebte es damals keine neue Blüte, die Bewohnerzahl kam nicht über 5000 hinaus. 1244 ging die Stadt den Kreuzfahrern endgültig wieder verloren.

A 29 Auf den Spuren des Deutschen Ordens in Italien

a) Hauptportal der ehemaligen Deutschordenskirche in Barletta
Errichtet um 1240
Photographie aus Privatbesitz

b) Kirche von San Leonardo di Siponto
Ehemalige Augustinerabtei, seit 1260 Besitz des Deutschen Ordens, seit um 1350 Sitz des Landkomturs der Ballei Apulien
Photographie
DOM Bad Mergentheim Inv.Nr. 3527

c) Staufischer Adler über dem Nordportal der Kirche in Andria
Um 1230
Photographie aus Privatbesitz

Der Besitz, den der Deutsche Orden in Italien erwarb, läßt sich in vier große Gruppen einteilen, die Balleien Sizilien, Apulien, Lombardei und den Besitz in Mittelitalien, der keine Ballei (Landkomturei) darstellte, sondern dem Ordensprokurator in Rom zugeordnet war. Die drei Balleien traten später unter den Meister in Deutschen und Welschen Landen. Es ist kennzeichnend, daß die ältesten Ansätze in den Hafenstädten Palermo, Messina und Brindisi noch in den Jahren bis 1197 liegen, in den Häfen, die für den Nachschub nach Akkon wichtig waren. Auch in Barletta saß der Orden in dieser frühen Zeit. Vielfach betrieb er hier Hospitäler. Zum Besitz in Sizilien gehörten noch 15 Kirchen, unter denen die in Margana, Agrigent und Gela hervorzuheben sind. Aus dem umfangreichen Streubesitz, dessen wichtigste Orte auf den Karten A 6 und B 1 eingetragen sind und der aus Häusern, Kirchen, Spitälern, Türmen, Grundstücken und Einkunftsquellen bestand, werden als Beispiele hier das Kirchenportal in Barletta und die romanische Kirche San Leonardo di Siponto gezeigt. Ob die Kirche in Andria, deren staufischer Adler hier zu sehen ist, dem Orden gehörte, ist noch nicht abschließend geklärt. Den Besitz verdankte der Orden den Staufern. Nach den Rückschlägen in Preußen gingen auch in Italien, meist zu Ende des 15. Jahrhunderts, diese Güter dem Orden verloren. Nur in Mittelitalien erhielt sich von den Besitzungen in Rom, Orvieto, Montefiascone und Viterbo das Haus des Prokurators in Rom bis 1828.

A 30 Der Deutsche Orden auf Zypern

a) Eine der älteren Übersichtskarten von Zypern
Abraham Ortelius, Theatrvm orbis terrarvm, op. 3, 1584
Photographie
SBPK Kartenabteilung Fol. Kart. B 131 a

b) Skizze der Deutschordensbesitzungen auf Zypern
Photographie
Nach W. Hubatsch, Der Deutsche Orden und die Reichslehnschaft über Cypern, 1955

c) Kato Dhrys, die frühere Curia Sancti Georgii des Deutschen Ordens bei Lefkara
Photographie
Nach W. Hubatsch, wie b)

Auf Zypern erwarb der Deutsche Orden an einer wichtigen Etappenstation ins Heilige Land schon um 1205 und 1209 durch Schenkungen einen Hof bei Lefkara und Häuser in Nikosia. Die Hoffnungen, die er an die Reichslehnschaft über die Insel geknüpft haben mag, besonders beim Besuch des Hochmeisters mit dem Kaiser 1229 auf der Insel, erfüllten sich nicht. Im 14. Jahrhundert scheint der Besitz schon verloren. Ob 1300 ein Hospital der Deutschherren in Famagusta bestanden hat, ist umstritten. Zypern war zeitweise mit der Ballei Armenien zusammengefaßt. In dieser besaß der Orden Besitz in Amuda seit 1212 und die Stadt Harunia mit einem größeren Gebiet seit 1236. Beide werden 1271 zum letzten Mal erwähnt. Vor 1319 waren sie, wie auch Zypern, vom Orden abgeschrieben. Sie teilten das Geschick des Verlustes mit Akkon.

A 31 Aus den Besitzungen des Deutschen Ordens in Griechenland: Methone (Modon)

Holzschnitt aus: Bernard von Breydenbach, Reisen nach Jerusalem und zum heiligen Grab, Mainz, gedruckt durch Rewich 1486

SBPK Handschriftenabteilung Inc. 1565^a 4°

Nach der Gründung des französischen Fürstentums Achaja 1209 erhielt der Deutsche Orden in Messenien bei Kalamata eine Baronie. Auch in den an Venedig gefallenen Städten Methone und Korone erhielt der Orden Häuser und Grundbesitz. Schon 1236 bestand eine Landkomturei. Der Name der Ballei war „Romania" im Anklang an das Oströmische Reich. Hinzu trat 1246 das St. Jakobs-Hospital in Andravida. Hauptsitz der Ballei wurde Mosteniza. Die Ballei hielt sich länger als der Besitz im östlichen Mittelmeerraum. Ihre Geschichte ist gekennzeichnet von Auseinandersetzungen mit Griechen und Venezianern, von der Entfernung von der Ordenszentrale und einem lockereren Leben. Nach der Niederlage von Tannenberg 1410 setzte auch hier der Niedergang ein, Besitzungen gingen verloren, und mit dem Fall von Methone 1500 endete das Dasein der Ballei Romania.

A 32 Auf den Spuren des Deutschen Ordens in Spanien: Turmburg und Kirche in La Mota

a) Kirche am Fuße der Burg in La Mota

b) Ruine der Burg La Mota aus der Vogelschau

Photographien

Privatbesitz

In Spanien, wo die Kämpfe zwischen Christen und Mohammedanern schon jahrhundertelang vor dem Ersten Kreuzzug im Gange waren, faßte der Deutsche Orden 1231 durch eine Schenkung des Königs Ferdinand III. von Kastilien und seiner staufischen Gemahlin Beatrix in Higares bei Toledo Fuß. Der Besitz wurde schon 1355 wieder veräußert. Der Orden stand hier neben Templern und Johannitern, sowie den spanischen Orden von Calatrava, Santiago und Alcantara im Glaubenskampf. Für eine Staatsbildung wie zur gleichen Zeit in Preußen waren die Bedingungen weder hier noch im Heiligen Land vorhanden. Doch noch vor 1258 erhielt der Orden auch Besitzungen in und um La Mota in der Provinz Valladolid. An der großen Reconquista dieser Jahre nahm er teil und wurde mit Erwerbungen in Sevilla, Cordoba und Carmona belohnt. Im 15. Jahrhundert setzte der Rückgang ein, 1478 entglitt die Ballei dem Orden. Sie war immer nur ein kleiner Außenposten gewesen. Zur Ballei Spanien sind wohl auch die Besitzungen des Deutschen Ordens in Montpellier (damals aragonesisch) und Arles (damals im Königreich Arelat dem römisch-deutschen Reich zugehörig) zu zählen. Das St. Martins-Spital in Montpellier war 1228 bis 1343, das Hospital in Arles vor 1312 und noch 1365 im Besitz des Ordens.

A 33 Venedig, Sitz des Hochmeisters 1291—1309

a) Venecie aus der Weltchronik des Hartmann Schedel, Nürnberg 1493

Photographie SBPK

b) Haus des Deutschen Ordens in Venedig mit der Trinitatiskirche

Ausschnitt aus einem Holzschnitt.
Aus: Bernard von Breydenbach, Reisen nach Jerusalem und zum heiligen Grab. Mainz, gedruckt durch Rewich, 1486.

Photographie

Auch in der Lombardei erwarb der Orden früh Güter, so in Precenico (Brixeney) 1232, Bologna 1221, Padua 1240 und Stigliano 1282. Padua war auch Sitz des Landkomturs der Ballei Lombardei. Das wichtigste Haus aber war in Venedig, seit 1208. Es lag auf der Zollinsel an der Mündung des Canale Grande und hatte seit 1258 auch die Kirche St.

Trinitatis. Hierher verlegte der Orden den Hochmeistersitz im Jahre 1291, als Akkon gefallen war. Damals war die Eroberung Preußens und Livlands gerade abgeschlossen, und eine Verlegung dorthin in den eigenen Staat hätte nahegelegen. Aber im Abendland war der Kreuzzugsgedanke um der heiligen Stätten willen noch nicht erloschen, und es gab Pläne zur Wiedereroberung des Heiligen Landes. Als die Aussichten dafür schwanden, setzten Richtungskämpfe im Deutschen Orden um die Option Mittelmeer oder Preußen als Schwerpunkt der Ordensführung ein. Sie endeten 1309 mit der Verlegung des Hochmeistersitzes in die preußische Marienburg. Der eigene Staat bot besseren Schutz gegen das Schicksal der Auflösung, wie sie den Templerorden getroffen hatte. Dort gingen auch die Kreuzfahrten weiter. Venedig wurde zur Station von Pilgern auf der Reise nach Jerusalem. Im Beginn des 16. Jahrhunderts gingen die meisten lombardischen Besitzungen und auch Venedig dem Orden verloren.

A 34 Ausrüstung eines Deutschordensritters des 13. Jahrhunderts (Nachbildungen)

a) Topfhelm
Plattnerarbeit nach dem Helm von Dargen mit Lederfütterung

Entwurf: Günter Quasigroch, Vechta
Ausführung: Walter Suckert, Ludwigsburg

b) Schwert

Herstellung: Johann Schmidberger, Molln

c) Schwertscheide mit Gürtel, Sattel
Holz und Leder

Herstellung: Werkstatt für Theaterplastik Hans-Georg Karsdorf
Peter Joachim Hoffmann, Madeleine Juraschek

d) Speer
Eisen und Holz

Herstellung: Toni Feldon, München

e) Schild
Lindenholz bespannt
Deutschordenswappen auf Kreidegrund

Herstellung: Werner Wormuth, Berlin

A 34 a

f) Waffenrock
Leinen weiß, mit aufgenähtem Ordenskreuz

Herstellung: Werkstatt für Theaterplastik Hans-Georg Karsdorf
Jasmin Jereczek, Berlin

g) Kettenrüstung
Haubert und Beinrüstung

Herstellung: Toni Feldon, München

h) Ritterpferd

Präparierung: Naturhistorisches Museum, Mainz

i) Figur

Herstellung: Werkstatt für Theaterplastik Hans-Georg Karsdorf
Bernd Hobohm

Die Ausrüstung wurde auf Grund von zeitgenössischen Abbildungen und Fundstücken nachgebildet. Da die Rasse der im Mittelalter verwendeten Ritterpferde nicht mehr existiert, wurde eine verwandte Pferderasse gewählt. Form und Material des Schildes richten sich nach erhaltenen Fundstükken. Der Topfhelm ist nach dem ältesten aus Norddeutschland erhaltenen Fundstück dieser Art, dem Helm aus Dargen auf Usedom (im Zeughaus Berlin) nachgeschlagen. Die Vorlage entstammt der zweiten Hälfte des 13. Jahrhunderts. Der Helm besteht aus fünf gebogenen, miteinander vernieteten Eisenplatten. Die Metallstärke betrug bis 2,5 mm. Auf der Wangenplatte befinden sich beidseitig je 20 Atemlöcher.

Die 11 cm langen Sehschlitze sind 7 mm breit. Das im Fund nicht mehr vorhandene Lederfutter wurde ergänzt. Der etwa 3,5 kg schwere Helm wurde nicht auf den Schultern, sondern auf dem Kopf aufsitzend getragen. Der Topfhelm war von etwa 1230 bis etwa 1360 im Gebrauch. Der verbesserte Kopfschutz verdankt seine Entstehung wohl dem Gebrauch der eingelegten Lanze. Diese Helmform wurde von leichteren Helmen mit Klappvisier um 1360 verdrängt.

B. Die deutschen Balleien

Früh erwarb der Orden auch in Deutschland und Norditalien durch Schenkungen der Staufer, ihnen nahestehender Fürsten und Herren sowie aus Bürgerhand einen bis ins 14. Jahrhundert stets wachsenden Güterbesitz. Dabei handelte es sich um sehr verschiedenartiges Gut. So gab es entsprechend der Aufgabe der Krankenpflege Hospitäler, z. B. in Sachsenhausen bei Frankfurt, Altenburg, Nürnberg, Donauwörth, besonders aber in Marburg an der Lahn, wo der Orden nach dem Tode der nachmals heiliggesprochenen Elisabeth von Thüringen das von ihr unterhaltene Hospital übernahm. Doch ist das Netz der Krankenpflegeeinrichtungen nach dem 13. Jahrhundert nicht ausgebaut worden, während die militärischen und politischen Aufgaben stärker in den Vordergrund traten. Neben Hospitälern gab es dem Charakter mittelalterlicher Grundherrschaften entsprechend, Streubesitz an Burgen, Gerichts- und Vogteirechten, Kirchenpatronaten, Wirtschaftshöfen, Weinbergen, Mühlen, Waldungen, Fischereirechte und Zehnteinkünfte. Beispiele der räumlichen Verteilung zeigen die Karten B 13 a—c. Auch eine Stadt wie Mergentheim konnte dazugehören.

Der älteste Besitz in Deutschland war St. Kunigunden bei Halle, 1200 erworben. Die älteste heute noch erhaltene Kirche steht in Reichenbach (B 2) in Nordhessen. Seit 1216 war der Orden durch päpstliches Privileg exemt von Belehnungen, er konnte also nicht Lehnsträger sein, was ihm eine sehr viel unabhängigere Stellung in der Zeit des Lehnsstaates gab. Der Kaiser gewährte ihm weiteren Schutz für seinen Besitz und Erwerb (B 3).

Die Güter wurden gebietsweise in Balleien oder Landkomtureien zusammengefaßt, von denen es im Gebiet des Römisch-Deutschen Reiches 14, in Frankreich eine und in Italien drei gab. Eine Ballei umfaßte mehrere Kommenden oder Komtureien, in denen kleinere oder größere Ordenskonvente saßen. Die Balleien Böhmen, Koblenz, Elsaß-Burgund, Etsch und Österreich waren die Kammerballeien des Hochmeisters, die deutschen und italienischen Balleien unterstanden dem „Meister in Deutschen und Welschen Landen", dem Deutschmeister.

Von der mustergültigen, für ihre Zeit modernen schriftlichen Verwaltung mit Buchführung und Rechnungslegung geben die ausgestellten Amtsbücher aus Böhmen und Österreich Zeugnis (B 4,5). Die Figur des Evangelisten Johannes von Tilman Riemenschneider (B 12) aus der Deutschordenskirche in Münnerstadt gibt einen kleinen Eindruck von der reichen Ausstattung, die die Kirchen in den deutschen Balleien haben konnten. Der vom Generalkapitel gewählte Hochmeister als oberster Gebietiger des Gesamtordens ließ die Kommenden zu bestimmten Anlässen allgemein visitieren, wobei das Leben nach den Vorschriften der Statuten, der Zustand der Häuser und Einkünfte, der Personalstand und das Kassenwesen geprüft wurden. Aus einer solchen Visitation stammt die Liste B 1 a, aus der die Karten B 1 erarbeitet sind.

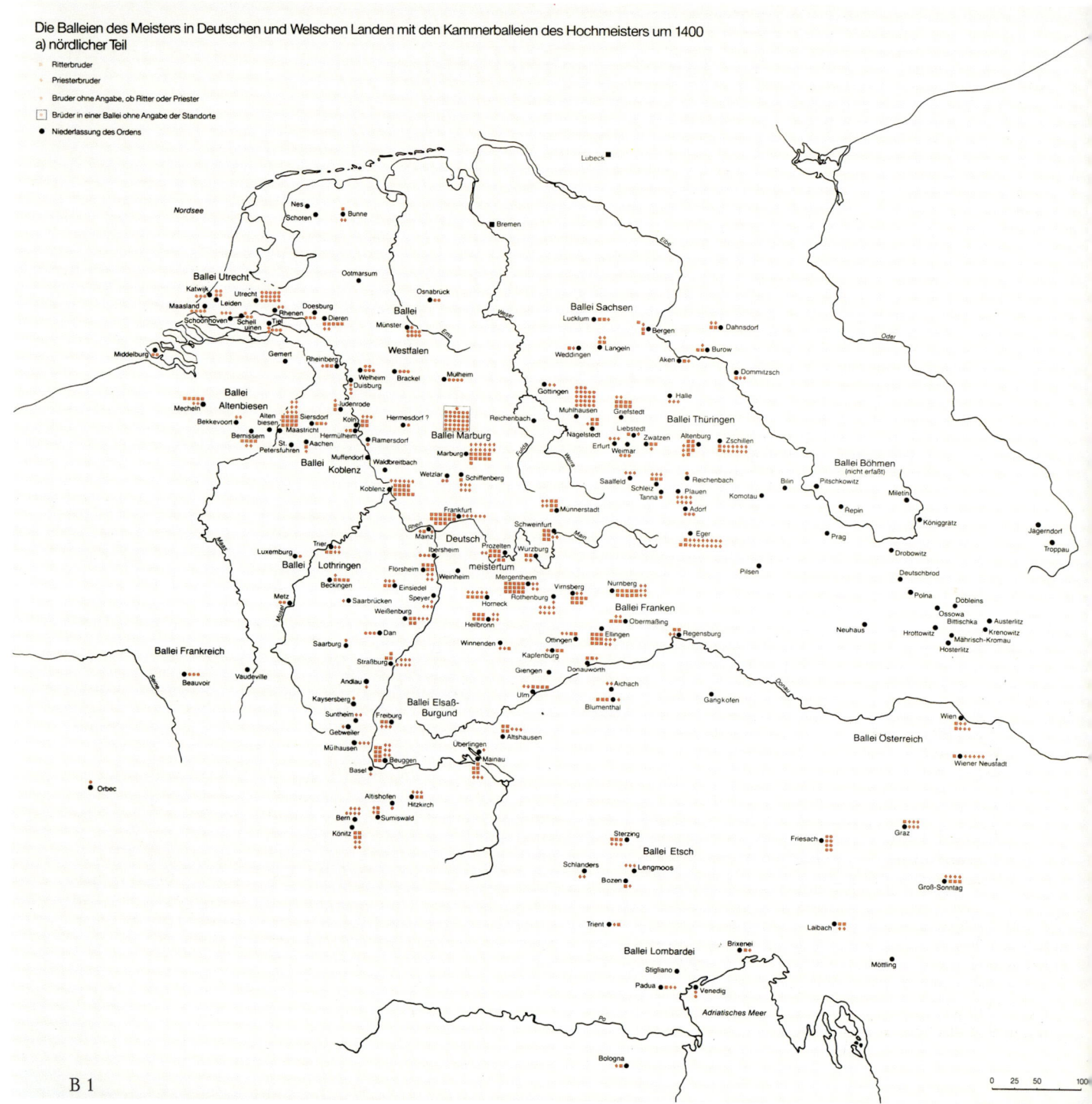

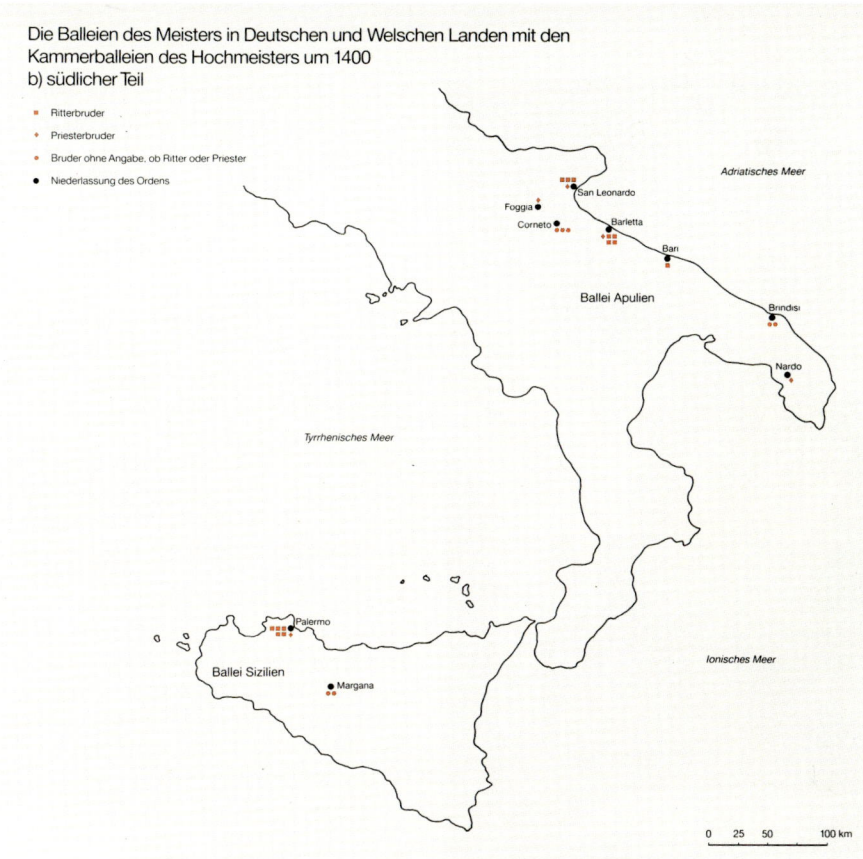

B 1

B 1 Die Balleien des Meisters in Deutschen und Welschen Landen mit den Kammerballeien um 1400

Zwei historische Karten mit Angabe der Zahl und Verteilung der Deutschordensbrüder

Entwurf: Friedrich Benninghoven
Herstellung: Stefan Mielke

Die Karten beruhen auf dem Ergebnis einer um 1400 durchgeführten Visitation der Ordenshäuser. Dabei wurden die Häuser nach Balleien mit der jeweiligen Anzahl der Brüder in einer Liste aufgezeichnet. Diese Liste ist unter B 1 a ausgestellt. Danach lebten in den Balleien des Meisters in Deutschen und Welschen Landen einschließlich der Kammerballeien des Hochmeisters, aber ohne Böhmen, 758 Brüder, von denen vier Siebentel Ritterbrüder, drei Siebentel Priesterbrüder waren. Deutlich ist die Schwerpunktbildung im fränkischen, thüringischen und schwäbischen Raum, wo (einschließlich Hessen) 402 der 758 Brüder saßen. 1383 hatte die Gesamtzahl 785 betragen, 1394 nur 706. Im Lauf des 15. Jahrhunderts sank sie ab und erreichte 1451 die Ziffer 660. Die Verluste trafen überwiegend die wirtschaftlich stark belasteten Kammerballeien des Hochmeisters. Die schon im 13. Jahrhundert beginnenden Visitationen, eine Einrichtung der Kirche und der Mönchsorden, hatten den Zweck, die Lebensführung der Brüder, den Zustand der Häuser und das Kassenwesen zu beaufsichtigen und Mängel abzustellen.

B 2

B 1 a Verzeichnis der Deutschordenshäuser im Gebiet des Meisters in Deutschen und Welschen Landen um 1400

Vgl. dazu die Karte B 1
Aufzeichnung aus einer Visitation
Heft in Libellform, auf Papier

GStA PK XX. HA OBA 28 715

Die Liste ist die Quellengrundlage für die Karten unter B 1, dort findet sich auch die Erläuterung. Es ist das älteste erhaltene Verzeichnis dieser Art für die deutschen und italienischen Balleien.

B 2 Reichenbach, älteste erhaltene Kirche des Deutschen Ordens in Deutschland

Vor 1207
Photographien des Portals und des Innenraums

Bildarchiv Foto Marburg 205073, 811984-987

Der älteste Besitz des Deutschen Ordens auf deutschem Boden war St. Kunigunden bei Halle an der Saale. Von ihm sind keine Abbildungen oder Baureste erhalten.
1207 schenkten die Grafen von Reichenbach, in Hessen sö. Lichtenau, dem Deutschen Orden auf einem Hoftag in Nordhausen in Anwesenheit des staufischen Königs Philipp die Kirche in Reichenbach. Die 1140 erbaute romanische Basilika mit drei Schiffen und doppeltem Stützenwechsel mit reizvoll verzierten Würfelkapitellen gehörte zuvor einem eingegangenen Nonnenkloster. Nach weiteren Landschenkungen war hier seit 1221 der Sitz einer Kommende, die später zur Ballei Hessen trat und im ausgehenden Mittelalter mit der Kommende Marburg zusammengelegt wurde. Die Grafen von Reichenbach waren ein Zweig der Grafen von Ziegenhain. Sie hatten den Deutschen Orden wohl bei einer Pilgerfahrt ins Heilige Land kennengelernt. Kirchliche Rechte verschiedener Art erwarb der Orden bald an vielen Orten des Reichsgebiets.

B 3 Kaiserliches Schutzprivileg Friedrichs II. für den Deutschen Orden mit Bestätigung seiner Besitzungen, Privilegien, der Freiheit von Steuern und Abgaben, der Bewilligung von freiem Gebrauch von Wasser, Weide und Holz im Reich und der Annahme ihm verliehener reichslehnbarer Güter

1221 April 10
Notarielles Vidimus von 1356 Februar 1, darin enthalten auch die Bestätigung Kaiser Karls IV. von 1354

GStA PK XX. HA Urk. Schieblade 20 n. 50

Der Stauferkaiser privilegierte den Orden umfassend auch im Reich. Da der Orden in einer ganzen Anzahl von Privilegien der Päpste, namentlich durch Honorius III., in seinen Rechten den großen Orden der Johanniter und Templer gleichgestellt und dabei auch von Lehnsbindungen freigestellt worden war (Lehnsexemtion), bedeutete die kaiserliche Ermächtigung zur Annahme reichslehnbarer Güter für den Deutschen Orden einen wichtigen Rechtstitel. Kaiserlichen Schenkungen folgten auch solche der Anhänger des Staufers, und zahlreiche Angehörige von Ministerialengeschlechtern namentlich aus dem fränkischen, schwäbischen und thüringischen Raum traten in den Orden ein. Zu ihnen gehörte z. B. auch der bedeutende Hochmeister Hermann von Salza. So erklärt sich auch die starke Schwerpunktbildung des Ordensbesitzes in Altdeutschland gerade im Bereich der staufischen Hausmacht, in Schwaben, Franken und bis nach Thüringen und Meißen sowie ins Egerland (s. Karte B 1). Es ist dies auch die nach dem Sturz der Staufer entstehende territoriale Bruchzone, in der Deutschland in kleinste Territorialherrschaften zersplittert wurde. Große geschlossene Territorien dagegen wie das Herzogtum Bayern, die Mark Brandenburg oder Pommern und fast ganz Schlesien zeigen so gut wie keinen Ordensbesitz.

B 4 Zinsregister der Deutschordenshäuser Wien, Graz und Sonntag

Amtsbuch, 15. Jahrhundert
Papier, neu gebunden 1956, 18 Blätter
Größe aufgeschlagen: 30 × 24 cm

GStA PK XX. HA OF 200 c

Der Ordensbesitz im Reich, hier gezeigt am Beispiel der Ballei Österreich, erfuhr im Mittelalter eine mustergültige schriftliche Verwaltung. Auf der rechten aufgeschlagenen Seite des Amtsbuchs beginnt die Verzeichnung der Einkünfte — „zinns, nucz vnd gult" — des Deutschen Hauses zu Wien, darunter aus bekannten Orten der Wiener Umgebung wie Praitenlee (Breitenlee), Swechent (Schwechat), Hoflein (Höflein) und Nusdorf (Nußdorf) auf beiden Seiten der Donau. Die Ballei Österreich umfaßte außer der Kommende Wien solche in Wiener Neustadt, Graz, Groß-Sonntag, Friesach und Laibach.

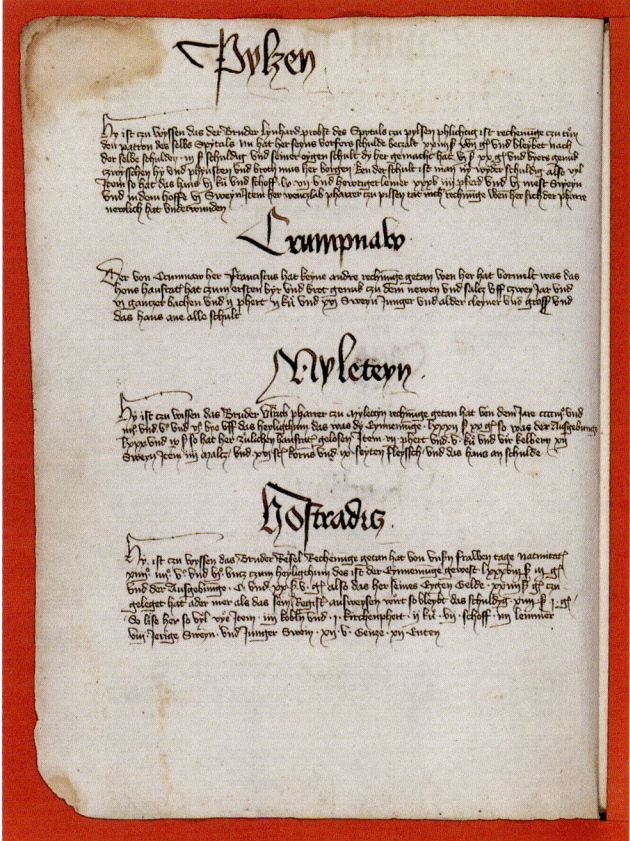

B 5

B 5 Amtsbuch der Landkomturei Böhmen

1402—1411
Papier in Pergament gebunden mit lederverstärktem Rücken, 68 Blätter
Größe aufgeschlagen: 29,5 × 47,5 cm

GStA PK XX. HA OF 372

Die Anfänge der böhmischen Besitzungen des Deutschen Ordens lassen sich bis 1204 zurückverfolgen, am frühesten in Troppau und Prag. Schon seit 1233 scheint der böhmische Besitz zur Unterstützung Preußens eng an das Landmeister-

amt in Preußen gebunden worden zu sein, später war Böhmen Kammerballei des Hochmeisters und gehörte nicht zum Amtsbereich des Deutschmeisters.
Von den erhaltenen Rechnungsbüchern der Ballei Böhmen ist dies das bedeutendste. Es zeigt bereits den Niedergang des Ordensbesitzes in Böhmen durch die Machenschaften des böhmischen Königs Wenzel. Auf den aufgeschlagenen Seiten sind von den 21 Kommenden fünf namentlich erwähnt, Pylzen (Pilsen) mit seinem seit 1224 bezeugten Spital, Krumpnaw (Mährisch-Kromau), Myleteyn (Miletin), Hostradicz (Hosterlitz) und Newenhaws (Neuhaus). Aufgezeichnet sind in dem Buch Abrechnungen und Inventare der Häuser. Die Sprache ist die ostmitteldeutsche Form des Mittelhochdeutschen, wie sie in der preußischen Hochmeisterkanzlei überwiegend üblich war. Die Anzahl der Brüder in der Landkomturei Böhmen-Mähren betrug im Jahre 1382 insgesamt 113, dazu 7 Kapläne. Damals hatte der Orden außerhalb Preußens und Livlands und ohne die wenigen in Spanien, Griechenland und Schweden anzunehmenden Brüder also 898 Brüder, so daß seine Gesamtzahl zu dieser Zeit nicht viel mehr als 1700 betragen haben wird, keinesfalls über 2000.

B 6 b

B 7

B 6 Hospital des Deutschen Ordens in Donauwörth

a) Statt Thonauwerd. Ansicht aus dem ersten Drittel des 17. Jahrhunderts
Größe: 35 × 84 cm
Kupferstich, Stecher unbekannt

b) Vergrößerung des Deutschordenshauses aus a)
Photographien

Stadtarchiv Ulm

Zu den ursprünglichen Zielsetzungen des Deutschen Ordens gehörte seit seiner Gründung die Kranken- und Armenpflege. Zu den Hospitälern in Akkon und Jerusalem, die 1291 und 1244 wieder verloren waren, und einigen süditalienischen Hospitälern traten bald auch solche in Altdeutschland. Dort hat der Orden aber nur selten eigene Häuser dieser Art gegründet, wie überhaupt die Mehrzahl der entstehenden Kommenden nicht über Spitäler verfügte. Dennoch erhielt oder übernahm der Orden eine Anzahl Spitäler, vor allem in den Jahren vor dem Beginn der Eroberung Preußens. Danach tritt die Erwerbung zurück, die ritterliche Aufgabe, die schon in der in der Mitte des 13. Jahrhunderts

vorgenommenen Kodifizierung der Statuten weitaus bestimmend war, wurde es seit dem Ausgang des 13. Jahrhunderts erst recht. Spitäler des Deutschen Ordens gab es in Halle seit 1200, Sachsenhausen bei Frankfurt a. M. vor 1212, Friesach in Kärnten vor 1213, Lengmoos 1214, Altenburg in Thüringen 1214, Ellingen 1216, Koblenz 1216, Nürnberg 1209/1216, Wiesbaden und Köln 1218, Speyer 1220, Saarburg 1222, Sumiswald 1225, Goslar 1227, Donauwörth vor 1229, Bozen und Marburg 1234, Bremen vor 1236, Vilvorden in den Niederlanden vor 1238, Sterzing 1253, Saalfeld 1324 und Aken 1355.
Von diesen wird als Beispiel hier in einer älteren Ansicht Donauwörth gezeigt; das Hospital entstand vor 1229 in Anlehnung an eine Kapelle bei der Donaubrücke, die 1214 König Friedrich II. dem Orden übertragen hatte. Die bedeutendsten Spitäler, die der Orden in Altdeutschland unterhielt, waren Marburg und Nürnberg.
Um die Mitte des 14. Jahrhunderts setzte bereits der Verfall der Deutschordens-Hospitäler in den deutschen Balleien ein.

B 7   Mergentheim, Deutschordensschloß und -stadt

Ansicht von Merian, Kupferstich von 1644
aus Topographia Franconiae
Größe: 39 × 53 cm
Photographie
DOM Bad Mergentheim

Nach der Teilnahme an einem Kreuzzug 1217 traten die Herren Andreas, Heinrich und Friedrich von Hohenlohe in den Deutschen Orden ein und schenkten dem Orden 1219 fast ihren gesamten Besitz in Mergentheim. Der Ort wuchs im 13. Jahrhundert zu einer noch unbefestigten Stadtsiedlung heran, auf der Burg wurde der Sitz einer Kommende schon 1221 eingerichtet. 1330 begann der Orden den Bau der Stadtmauer, 1340 erhielt er für die Stadt das Gelnhäuser Stadtrecht. Schon um 1400 — der Besitz um die Stadt war inzwischen stark erweitert worden — zählt die Komturei in Franken außer Sachsenhausen den größten Konvent, nämlich 19 Brüder. Doch erst als Horneck am Neckar 1525 im Bauernkrieg zerstört wurde, siedelte der Deutschmeister nach Mergentheim über, und nach dem Verlust Preußens wurde das Hochmeisteramt mit dem des Deutschmeisters vereinigt und erhielt seit 1527 so ebenfalls seinen Sitz in Mergentheim. Hier lebte er nicht in einer der Streubesitzungen, sondern wurde Landesherr in einem, wenngleich winzigen, Territorium.

B 8   Siegel des Deutschmeisters

a) Siegel des Deutschmeisters und Stellvertreters des Hochmeisters in Preußen und Livland, Eberhard von Sayn
1252
Nachbildung, Wachs
D.: 36 mm

Legende: + S'PRECEPTORIS : ALLEMANNIE
Siegelbild: Halbfigur der Maria, in der Linken das Kind, in der Rechten ein Lilienszepter

GStA PK XX. HA Schiebl. LS 52 n. 2

b) Siegel des Deutschmeisters Jost von Venningen
1450
Nachbildung, Wachs
D.: ohne Schüssel 40 mm

Legende: s iodoci de vennyngen pceptoris alamanie
Siegelbild: Thronende gekrönte Maria in einem gotischen Tabernakel, rechts und links von ihr je ein Stuhl. Im rechten Arm hält sie das Kind, in der linken Hand ein Szepter. Zu ihren Füßen zwei Wappenschilde: rechts das Ordenskreuz, links zwei ins Andreaskreuz gelegte Lilienstäbe, das Wappen der Venningen

GStA PK XX. HA Schiebl. 98 n. 8

Die Siegel waren rechtliche Beglaubigungsmittel und Zeichen der Amtsgewalt des Trägers, hier des Deutschmeisters. Ein solcher begegnet zuerst namentlich in königlichen Urkunden von 1216. Er beaufsichtigte offenbar alle Ordensbesitzungen im Gebiet „Theutonia" oder „Alemania", worunter das deutsche Königreich zu verstehen ist. Aber erst als ihm eigene Ordensprovinzen, Balleien, unterstellt waren, die der Orden aus seinem anwachsenden Besitz als Verwaltungseinheiten bildete, wuchs das Amt des Deutschmeisters in seiner Bedeutung zum eigentlich ranghöheren Meisteramt. Das geschah seit 1236, seit der Bildung der Landkomturei Thüringen-Sachsen. Später wurde dem Deutschmei-

ster auch die Aufsicht über die lombardischen und unteritalienischen Besitzungen übertragen, so daß er zum Meister in Deutschen und Welschen Landen aufstieg.
Im Siegel des Deutschmeisters erscheint, wie im Siegel des Hochmeisters, die Gottesmutter Maria mit dem Jesuskind, die Schutzheilige des Ordens. Die Darstellung als thronende Maria in der späteren Zeit spricht für eine Erhöhung des Geltungsanspruchs des Deutschmeisters. Im ausgehenden 14. Jahrhundert hatte sich eine Sonderung des deutschmeisterlichen Gebiets angebahnt. Sie beruhte einmal auf dem Unwillen gegen finanzielle Lasten zugunsten Preußens. Aber darin kam auch ein beginnendes egozentrisches Denken zum Ausdruck. Das Gebot unbedingten Gehorsams und völliger Besitzlosigkeit wurde modifiziert. In Siegelbildern und Malereien traten nun auch die Familienwappen der Ritter in Erscheinung. Als um 1400 und besonders nach der Niederlage von Tannenberg die ständische Bewegung Preußen ergriff, der Hochmeister in politische und finanzielle Bedrängnis geriet und es durch Einfluß der Oberdeutschen zu Parteiungen und zum Aufruhr der Konvente in Balga, Brandenburg und Königsberg kam, erhielt der Deutschmeister, damals Eberhard von Saunsheim, erwünschte Gelegenheit, sich auch in Preußen einzuschalten. Mit Hilfe der dem Hochmeister Werner von Orseln (1324—1330) zugeschriebenen, in Wahrheit aber gefälschten Statuten, versuchte Saunsheim sich das Recht anzueignen, die Hochmeisterwahlen zu leiten, den Hochmeister gegebenenfalls abzusetzen und seine Amtsführung zu überwachen. 1449 wurde dieser Anspruch abgewehrt, aber die Kämpfe haben dem Orden schwer geschadet.

B 9 Deutschordensbruder bei der Fußwaschung

1356 vor Dezember 18, Avignon
Initialbild auf der Ausfertigung einer Pergamenturkunde über einen Ablaß für die Pfarrkirche in Marburg
Photographie (Vergrößerung)

StA Marburg Urk. Stadt Marburg

Im Evangelium des Johannes (13, 1—13) ist die Fußwaschung, die der Herr an den Jüngern vornimmt, ein Zeichen des Dienens und der Liebe des Erlösers und schließt an den Rangstreit der Jünger an. In der Nachfolge Christi kann nur das Dienen den Platz des Einzelnen bestimmen. In den mittelalterlichen Klöstern und Kirchen kommt die Armenfußwaschung in diesem Sinne als Brauch vor. Beim Deutschen Orden finden wir früh das Bild der Fußwaschung auf dem Siegel des Obersten Spittlers, dem ursprünglich das Hospitalwesen, bald nur das Hospital des Haupthauses in Akkon, in Preußen das älteste Hospital in Elbing, unterstand. Nach der Regel sollte er „an den sichen ... begên daz ambeht der mildekeit". Aus diesem Grunde war der Oberste Spittler für dieses Amt auch nicht rechenschaftspflichtig. Die Urkunde, auf der das Initialbild erscheint, verheißt einen Sündenstrafenablaß für alle, die die Pfarrkirche zu Marburg besuchen oder ihr Spenden geben.

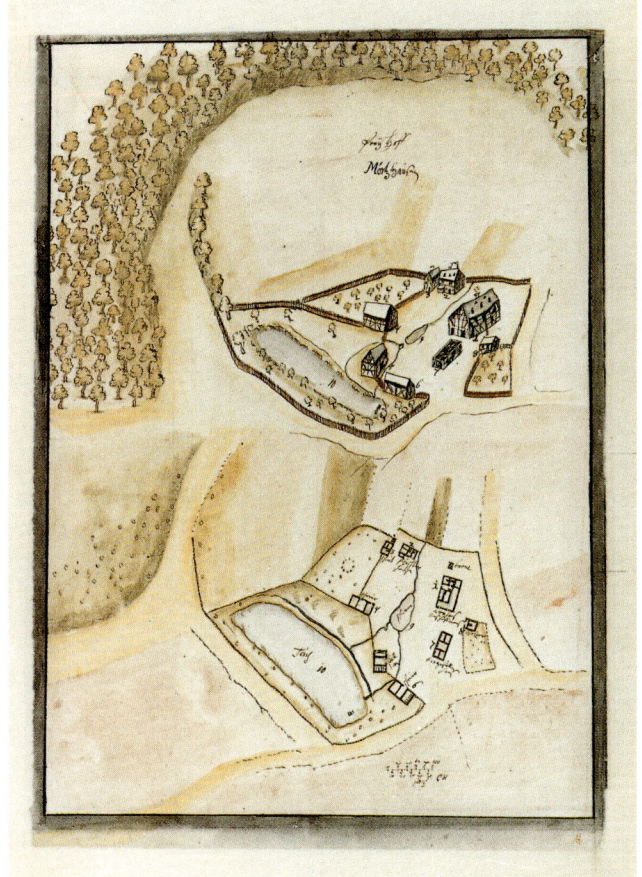

B 10 a

B 10 Deutschordenshof Merzhausen (bei Bracht) in Hessen und die zugehörigen Waldungen „GanssEy, RehHeck und Auwersberg"

1700, Umzeichnung 1753
Lagepläne mit Ansicht aus der Vogelschau, farbige Handzeichnungen, danach Photographie

StA Marburg, Karten P II 16508 und 2220

Der umfangreiche Streubesitz des Ordens im Deutschen Reich bestand außer in Kirchen, Pfarreien, Hospitälern, Mühlen, Fischerei, Weinbau, Zehnten und Zinsen auch in Eigenhöfen mit Land- und Forstwirtschaft. Ein Beispiel war Merzhausen bei Marburg in Hessen.

B 11

Die Karten vermitteln einen anschaulichen Eindruck von einem Wirtschaftshof des Deutschen Ordens aus dem Streubesitz des Meisters in Deutschen und Welschen Landen. Der Zustand spiegelt mittelalterliche Verhältnisse noch recht gut wider.

B 11 Die Hochmeisterwappen auf den Türen der Marburger Elisabethkirche

Auf schwarzem Balkenkreuz in weißem Grund das Kruckenkreuz von Jerusalem in Gold, belegt mit dem Schild, der auf goldenem Grund den schwarzen Adler des Reiches zeigt
Um 1300
Zwei Photographien

Bildarchiv Foto Marburg 193 677 und 13632

An vielen Stellen der mittelalterlichen Balleien stößt man auch jetzt noch auf die Zeichen des Deutschen Ordens, nicht nur dort, wo der heute noch bestehende Orden seine Niederlassungen hat. Zu den eindrucksvollsten Erinnerungen an den Orden gehören die großen Hochmeisterwappen, die die Innenseiten der Türen der Marburger Elisabethkirche schmücken. Vgl. dazu auch Abteilung C.

B 12 Der Evangelist Johannes

Tilman Riemenschneider
(um 1460—1531)
Skulptur in Lindenholz, 1492, Skulpturengalerie SMPK, Inv. 405
Höhe: 75 cm
Aus der Predella des Münnerstädter Altars
Bemalter Gipsabguß

Gipsformerei SMPK, Inv. Nr. 2382

Die Figur des Evangelisten Johannes steht hier als Beispiel für den künstlerischen Reichtum der Innenausstattung mittelalterlicher Deutschordenspfarrkirchen in Altdeutschland. Die Kirche zu Münnerstadt bei Kissingen in Unterfranken gehörte den Grafen von Henneberg. Sie übertrugen vor 1251, zu einer Zeit, als die Stadt Münnerstadt schon im Entstehen war, die Pfarrei an dieser St. Maria Magdelenen-Kirche dem Deutschen Orden, der neben ihr eine Komturei errichtete. 1490 beauftragte der städtische Rat den Bildschnitzer Tilman Riemenschneider, für den neuen Schnitzaltar die vier Evangelisten darzustellen. Eine der vier Figuren, der Evangelist Johannes, wird hier gezeigt. Wie Matthäus wird Johannes als Jünger Jesu in antiker Tracht dargestellt, während Markus und Lukas als Schüler des Petrus und Paulus wie mittelalterliche Gelehrte gekleidet sind. Johannes liest in einem auf einem Pult aufgeschlagenen Buch; seine Augen, die Züge des Gesichts und die aufgerichtete rechte Hand bekunden innere Sammlung und Verinnerlichung des verkündigten Wortes.

B 13 **Aus dem Streubesitz des Meisters in Deutschen und Welschen Landen: Deutschmeistertum und Ballei Franken**

Zustand um 1400

Historische Karten

a) Die Balleien des Deutschen Ordens in „deutschen und welschen landen"
Übersichtskarte, Maßstab 1 : 2 500 000
Farbig markiert die Flächenausschnitte der folgenden Karten b) und c)

b) Deutschmeistertum
Maßstab 1 : 300 000

c) Ballei Franken
Maßstab 1 : 300 000

Aus: Historisch-Geographischer Atlas des Preußenlandes. Hrsg. von Hans Mortensen †, Gertrud Mortensen, Reinhard Wenskus, Helmut Jäger. Bearbeitung: Klaus Militzer. Kartographie: Heinz Henze, Stefan Mielke. Stuttgart 1985

B 12

Karte a vermittelt einen Überblick über die Kommenden in Altdeutschland um 1400. Rot umrandet sind die Kammerballeien des Hochmeisters, blau die anderen Balleien. Karte b und c zeigen die Besitzungen in zwei Ordensprovinzen, in der größten, Franken, und im Deutschmeistertum. Dieses war das Gebiet, das dem Deutschmeister nach Ausgliederung und Gründung der Balleien als unmittelbar verwaltetes Gebiet verblieb. Die Signaturen verdeutlichen die unterschiedlichen Arten und Rechte der Ordensbesitzungen und zugleich ihre außerordentlich gestreute Lage.

C. Die Staatsgründung in Preußen und Livland

Zu Beginn des 13. Jahrhunderts gab es in Europa noch zwei Räume, in denen christliche Völker an heidnische grenzten: Das ungarische Siebenbürgen litt unter Einfällen heidnischer Kumanen, und zwischen Weichsel und Finnischem Meerbusen war die Welt der ostbaltischen Völker erst schwach mit der Mission in Berührung gekommen. 1211 rief König Andreas II. von Ungarn den Deutschen Orden an die Ostgrenze Siebenbürgens, als Grenzhüter und zur Ansiedlung deutscher Kolonisten. Hermann von Salza sah hier die Gelegenheit, seinem Orden ein geschlosseneres Gebiet zu erwerben, als es im Heiligen Lande möglich war. Nach Anfangserfolgen, dem Bau von etwa fünf Burgen und ersten, guten Siedlungsergebnissen scheiterte das Unternehmen. Der einheimische Adel fürchtete fremden Einfluß am Königshof und im Lande. Andreas vertrieb daher die deutschen Ritter 1225 wieder.

Im Nordosten hatte unterdessen die Mission ebenfalls begonnen. Hier hatten Adalbert von Prag 997 und Brun von Querfurt 1009 beim Versuch, die Prußen, einen baltischen Stamm, zu bekehren, den Märtyrertod gefunden. Aber seit Ende des 12. Jahrhunderts drang die russische (ostkirchliche) Herrschaft in Lettgallen vor, im Norden missionierten Schweden an der finnischen Küste, Dänen an der estnischen und im Gefolge deutscher Fernhändler seit um 1180 niederdeutsche Geistliche an der Dünamündung. Seit 1201 entstand hier nach Unterwerfung der Liven und Esten und der freiwilligen Zuordnung der Letten eine von niederdeutschen Adligen, Geistlichen und Bürgern regierte Staatenkonföderation der Bischöfe von Riga, Dorpat und Ösel, des Schwertbrüderordens und der autonomen Stadt Riga, einer deutschen Gründung. Nordestland wurde vom dänischen König erobert und von Lund missioniert.

Vor 1206 begonnene Versuche des Zisterziensermönchs Christian, auch Preußen friedlich zu missionieren, scheiterten nach 1215 an einer heidnischen Reaktion. Zum Schutz der Neugetauften setzte Christian auch hier Kreuzfahrer ein, im Gegenangriff überrannten die Prußen das polnische Kulmerland. Herzog Konrad von Masowien rief daher 1225/1226 den Deutschen Orden um Hilfe an. Der Herzog hatte ihm das Kulmerland angeboten, aber Hermann von Salza bereitete das Unternehmen gründlicher vor. Erst als die Schenkung vorlag und Kaiser und Papst als höchste Autoritäten das Unternehmen durch Privilegien abgesichert hatten, überschritten die Ordensritter 1231 die Weichsel und gründeten in schneller Folge die Burgen und Städte Thorn, Kulm, Marienwerder und Elbing.

Bis 1283 wurde Preußen in wechselvollen Kämpfen erobert. Bei der Gründung der Städte war das deutsche Bürgertum aus Schlesien und Niederdeutschland aktiv beteiligt. Unterdessen verhandelten die livländischen Schwertbrüder, denen eine rückwärtige Basis in Deutschland fehlte, über eine Vereinigung mit dem Deutschen Orden. Sie wurde erst nach einer vernichtenden Niederlage der Schwertbrüder gegen die Litauer möglich. Rechtlich wurde sie vom Papst in Viterbo, faktisch vom Orden in Marburg 1237 vollzogen. Der Deutsche Orden übernahm eine schwere Hypothek. Nordestland mußte er an Dänemark zurückgeben, für Livland dem Bischof, bald Erzbischof von Riga und den Bischöfen einen Gehorsamseid leisten. War er in Preußen der Herr über die vier neuen Bistümer, so wurden diese bald als Suffragane geistlich dem Erzbistum Riga unterstellt (1245). Das führte notwendig zu Auseinandersetzungen zwischen Orden und Erzbischof, die in Livland das ganze Mittelalter hindurch zur schweren Belastung wurden.

1282 erwarb der Orden auf dem westlichen Weichselufer Mewe. 1294 starb das pommerellische Herzogshaus aus. Erbansprüche konnten von den Böhmenkönigen, dem Fürsten von Rügen, den Askaniern und polnischen Teilfürsten erhoben werden. Als die Askanier die deutsche Hansestadt Danzig besetzten, rief Wladyslaw Lokietek den Orden zu Hilfe, der sich Pommerellens bemächtigte, den Askaniern im Soldiner Vertrag 1309 ihre Rechte abkaufte und die neben der Ordenstruppe vorhandene Mitbesatzung der Burg Danzig verdrängte. Im gleichen Jahr verlegte der Hochmeister seinen Sitz von Venedig, das nach dem Fall Akkons seine Residenz war, in die Marienburg an der Nogat. Die Landbrücke zum Reich war hergestellt, der neue Staat begann sich zu festigen.

C 1 Der Deutsche Orden in Siebenbürgen 1211—1225

Photographisch reproduzierte Karte
Aus: Großer Historischer Weltatlas,
Teil 2 Mittelalter, hrsg. vom
Bayerischen Schulbuchverlag
München 1979

GStA PK, AKs Atlas 209 IIa

C 2 König Andreas II. von Ungarn schenkt dem Hochmeister Hermann von Salza und dem Deutschen Orden das Land Burza und verleiht ihm dort bedeutende Rechte

1222 vor Mai 7
Enthalten in einem Vidimus des Erzbischofs Thomas von Gran von 1317 September 29
Ausfertigung auf Pergament mit anhängendem Wachssiegel

GStA PK XX. HA Schiebl. 29 n. 3

1211 wurde der Deutsche Orden von Andreas II. nach Ungarn berufen und in Siebenbürgen privilegiert. Dieser Besitz wurde nach einer erstmaligen Verstimmung zwischen König und Orden 1222 noch durch Ländereien großen Umfangs in der Walachei und wohl auch der Moldau südlich der Karpaten bis zur Donau erweitert. Damals hatte der Orden mehrere Burgen, darunter die Kreuzburg und am Alt die Marienburg, wohl seinen Hauptsitz im Lande, angelegt. Drei Jahre nach dem letzten Privileg kam es unter dem Einfluß des ungarischen Adels, der auswärtige Einflüsse im Lande zurückdrängen wollte, zur endgültigen Vertreibung des Deutschen Ordens aus Siebenbürgen. Der König war nicht gewillt, die erkennbaren Bestrebungen zur Errichtung einer unabhängigen Landesherrschaft des Ordens hinzunehmen. Versuche des Ordens, den Besitz zurückzuerlangen, führten trotz päpstlicher Mandate zu keinem Erfolg. Das vorliegende Vidimus liegt fast 100 Jahre nach den Ereignissen. Es enthält den Text aller drei Schenkungen von 1211, 1212 und 1222 und zeigt, daß der Orden auch damals noch seine Tradition in Siebenbürgen keineswegs vergessen hatte.
Bemerkenswert ist auch ein Satz der Urkunde, der den Orden zum Bau steinerner Burgen und Städte ermächtigt. Es wurde also die modernste — und teuerste — Bauweise vorgesehen. Bauliche Reste der Burgen haben sich nur spärlich erhalten und zu mancherlei Deutungen ihrer damaligen Einzelfunktion Anlaß gegeben.

C 3 Baltische Stämme und Ansätze der christlichen Mission

Zustand um 1200
Historische Karte auf Grund von Ergebnissen von H. Harmjanz, H. Laakmann, G. Mortensen und R. Wenskus

Entwurf: F. Benninghoven
Kartographie: St. Mielke

Die Karte zeigt die Siedlungsräume der damals noch heidnischen ostbaltischen Stämme zwischen den schwedischen Gotländern im Westen, den westslawischen Pomoranen und Polen im Süden und den ostslawischen Russen der reußischen Fürstentümer im Osten. Die Siedlungsgebiete waren von großen Wildnissen unterbrochen und getrennt.
Die Völker zwischen unterer Weichsel und Finnischem Meerbusen um das Jahr 1200 waren weder germanischer noch slawischer Abkunft. Sie bildeten zu dieser Zeit weder sprachlich noch politisch eine größere Einheit, und auch ihre religiösen Kulte waren sehr verschieden. Zu unterscheiden sind zunächst die baltische und die finnisch-ugrische Sprachgruppe. Zur ersten gehörten von Südwest nach Nordost die Prußen, Litauer, Kuren, Semgaller, Selen und Lettgaller. Finnisch-ugrisch waren die Liven und die Esten. Die Liven saßen nicht nur in ihrem Stammesgebiet von der Dünamündung bis über die Salismündung hinaus, sondern bildeten auch in Teilen Kurlands einen Teil der Bevölkerung, zeitweise eine Art Oberschicht. Prußen, Litauer, Kuren, Lettgaller und Esten gliederten sich in weitere Teilstämme, Gaue und Kleingaue. Esten, Lettgaller, Liven und Litauer waren untereinander und mit ihren christlichen (slawischen) Nachbarn oft in kriegerische Auseinandersetzungen verwickelt. Versuche der reußischen Fürsten und der Ostkirche, in Estland und Lettgallen Fuß zu fassen, hatten teilweise Erfolg. Die Zersplitterung begünstigte damals und später das Eindringen der Mission und erobernder Kräfte von außen. Kühne Kriegszüge der baltischen Stämme sind umgekehrt auch in die Nachbarländer bezeugt, so der Öseler Esten mit ihrer Flotte bis Gotland und Dänemark, der

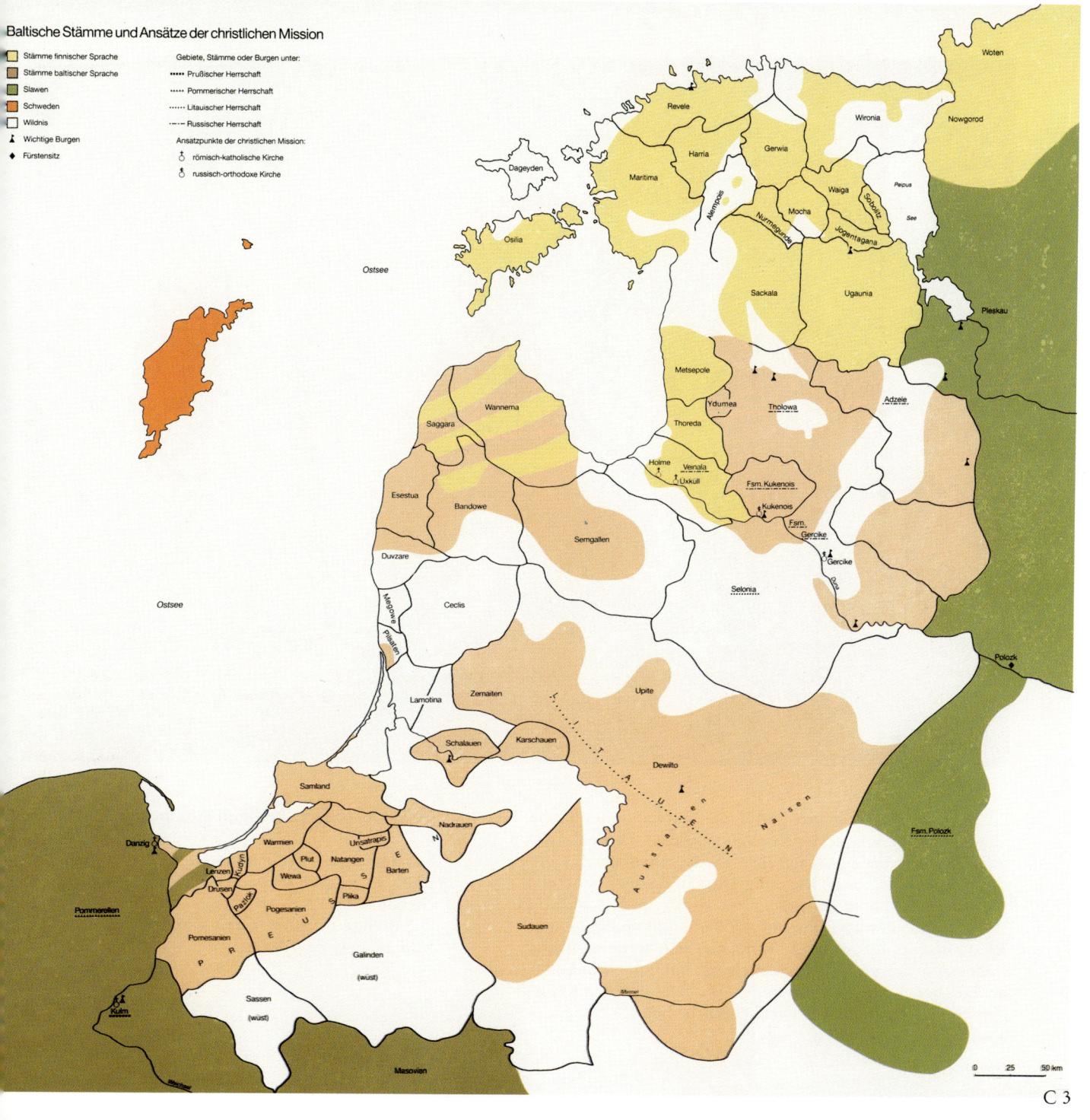

Litauer ins Fürstentum Novgorod, der Sudauer in reußische und polnische Gebiete, der Kuren bis Gotland. Die ostkirchliche Einflußnahme geschah im Gefolge russischer Eroberungszüge zunächst in Richtung Dorpat (Jurjev), wo zeitweise eine russische Burg angelegt wurde, und dann von Polozk dünaabwärts, wo um 1200 die russischen Herrschaftssitze Gercike und Kukenois an der mittleren Düna entstanden waren. Die gesellschaftliche Schichtung der heidnischen Völker kannte in den Stammesgebieten Kleinfürsten, Adlige und Freie, eine bäuerliche Schicht und Sklaven (sogenannte Drellen).

C 4 **Märtyrertod des heiligen Adalbert 997**

Darstellung auf der Tür des Doms von Gnesen
Ende 12. Jahrhundert, Bronzerelief, Magdeburger Gießhütte (?)
Die Prußen enthaupten den Missionar
Nachbildung des Originals

SMPK Gipsformerei Inv.Nr. 2803

An Missionsversuchen aus dem Westen hat es vom ausgehenden 10. bis zum Beginn des 12. Jahrhunderts nicht gefehlt. Ihnen allen ist gemeinsam, daß sie mit friedlichen Mitteln arbeiteten und dabei erfolglos blieben. Bischof Adalbert von Prag war 41 Jahre alt, als er nach Preußen zog. Der Sohn eines mächtigen böhmisch-slawischen Fürsten war 9 Jahre lang an der Domschule in Magdeburg unterrichtet worden. Vom Erzbischof Adalbert erhielt Woitech, wie er ursprünglich hieß, seinen Namen bei der Firmung. Nach nicht glücklichen Versuchen in seinem Bistum, nach einem dreijährigen Klosteraufenthalt, einem Besuch beim Papst in Rom und beim deutschen Kaiser Otto III. erhielt er die Erlaubnis zur Heidenpredigt. Der polnische Herzog Boleslaw Chrobry wies ihn nach Preußen, wohin er über die pomoranische Burg Danzig reiste. Nach zehntägiger Predigt erlitt er, wohl im Samland, den Märtyrertod und wurde zwei Jahre später heiliggesprochen. Im Dom zu Gnesen, wo später seine Gebeine ruhten, pflegte man seine Erinnerung. Von dem romanischen Dom ist heute nur noch die Bronzetür vorhanden, die auf 18 Feldern, Flachreliefen, seinen Lebensweg zeigt. Bedeutender als Adalbert, dem er eine Lebensbeschreibung widmete und den er sehr verehrte, war Brun von Querfurt, der seine geistliche Laufbahn ebenfalls in Magdeburg begann. Nach einer Missionstätigkeit in Ungarn und Kiew, die auch bis Schweden wirksam war, zog er vom Hof des polnischen Herzogs 1009 in den südöstlichen Prußengau Sudauen, wo er einen Edlen und einige hundert Prußen taufen konnte. Er wurde aber ebenfalls von einer heidnischen Reaktion umgebracht.

C 5 Bischof Adalbert von Prag predigt den heidnischen Prußen

Relief aus der Tür des Gnesener Doms
Ende 12. Jahrhundert
Photographie

Bildarchiv Foto Marburg

Das Bild zeigt eine andere Szene aus dem Leben des ersten Prußenmissionars. Die Arbeit aus dem 12. Jahrhundert wird der Magdeburger Gießhütte zugeschrieben, eine Annahme, die gut zu den geistlichen Ausstrahlungen des Erzbistums in den europäischen Osten paßt. In Magdeburg hatten beide frühesten Prußenmissionare ihre Bildung erhalten.

C 6 Schmuck der ostbaltischen Völker

a) Halsring mit trapezförmigen Anhängern
Bronze, um 1200, D.: 162/184 mm
Dünamündungsgebiet, kurisch (?)

b) Armring
Bronze, um 1200, D.: 75 mm
Dünamündungsgebiet

c) Fibel
Bronze, um 1200, D.: 55 mm
Dünamündungsgebiet

a–c) Römisch-Germanisches Zentralmuseum, Mainz
Inv.Nrn. 0.6808, 0.6817 und 0.6862

d) Fibel und zwei Ringe
13. Jahrhundert?
Dünamündungsgebiet, Riga

e) Spiralförmige Armbänder
Um 1200
Ausgrabung bei der Petrikirche in Riga, kurisch

f) Halsring mit Anhängern, Fibeln und Armringe
Um 1200
Ausgrabung bei der Petrikirche in Riga, kurisch

d–f) Photographien aus: Rīgas vēstures un kugniecības muzejs 1773–1973, Riga 1973

Die ostbaltischen Völker kannten um 1200 noch nicht den Gebrauch der Schrift. Ihre Religion äußerte sich in Naturdiensten, man verehrte Gottheiten und heilige Haine. Der hölzerne ländliche Hausbau glich im Typus den in nord- und osteuropäischen Nachbarländern gebräuchlichen Formen. Steinbau und Städte waren unbekannt. Doch zeigen die vorliegenden Gegenstände eine entwickelte Kultur in Schmuck und Gebrauchsgut. Wohlstand und Ansehen hatten besonders die Stammesältesten und Kleinfürsten. Sie konnten über größeren Landbesitz und Schätze aus Schmuck und Silber verfügen. Unter ihnen gab es die sozialen Schichten der Freien, Bauern und Sklaven.
Wegen des Fehlens der Schrift sind wir über die baltischen Völker in der Frühzeit nur durch ihre Nachbarn und Erobe-

rer unterrichtet. Daneben können nur Bodenfunde eine direkte Anschauung vermitteln. Nur bei den unabhängig gebliebenen Litauern kommt es seit dem 14. Jahrhundert zur Ausbildung eines unter westlichem und östlichem Einfluß entstandenen Urkundenwesens. Gleichwohl blieb auch hier die überwiegende Überlieferung ausländischer Herkunft.

C 7 Papst Honorius III. bevollmächtigt Christian, Bischof von Preußen, zum Schutz der Neubekehrten Kreuzfahrer zu werben und ihnen Ablaß wie den Pilgern nach Jerusalem zu erteilen

1217 März 3, Lateran
Enthalten mit anderen päpstlichen Privilegien in einem Transsumpt von elf Zisterzienseräbten aus Deutschland, Frankreich und Polen, ohne Datum (1243 September oder Oktober)
Ausfertigung auf Pergament mit Resten von 6 Siegeln, Größe: 42 × 46 cm

GStA PK XX. HA CDA n. 4

Der dritte namhafte Prußenmissionar, ein Zisterziensermönch Christian, missionierte seit etwa 1206 in Preußen und wurde nach Anfangserfolgen zum Bischof eingesetzt. Seine Ergebnisse waren weit umfangreicher als alle früheren Versuche und erstreckten sich über mehrere Prußengaue, in denen er auch beachtliche Schenkungen erhielt. Nach 1215 erhob sich aber wie einst eine heidnische Reaktion und drohte die friedlichen Erfolge zunichte zu machen.

Die Gründe der heidnischen Reaktion lagen außer dem Beharren im Althergebrachten auch in den sozialen und rechtlichen Verhältnissen. Bei den baltischen Völkern gab es die Vielehe und die Verwandtschaftsehe unterhalb des vierten Grades. Christliche Verhältnisse konnten hier zu Streitigkeiten und Erbrechtsänderungen führen. Deshalb wandte sich dann oft eine heidnische Partei der Enttäuschten gegen die Neugetauften. Hinzu kam, daß die Prußen befürchteten, unter polnische Herrschaft zu geraten.

Schutz der Neugetauften konnte nur ein Kreuzfahrerheer sichern. Daraus entwickelte sich auch hier der Heidenkampf, der bald zu Rückschlägen bis ins damals polnische Kulmerland führte. Am ersten Prußenkreuzzug 1218 beteiligten sich deutsche und polnische Ritter. Er stand schon innerhalb der von Innozenz III. geschaffenen neuen Organisation und bildete zugleich einen Teil der neuen päpstlichen Missionspolitik im Ostbaltikum. Sie war darauf gerichtet, die Leitung des Bekehrungswerkes selbst in die Hand zu nehmen.

C 6 a

C 8 Der deutsche König Heinrich (VII.) erhebt Bischof Albert von Riga zum Reichsfürsten und errichtet in Livland eine Mark des Reiches

1225 Dezember 1, Nürnberg
Faksimile nach dem Photo des Originals bei F. Koch, Livland und das Reich bis zum Jahre 1225, Posen 1943

Noch vor Bischof Christian in Preußen hatte weiter im Norden schon die dänische Mission um 1170 mit dem ersten Bischof Fulco in Estland eingesetzt, die ohne Ergebnis blieb. Weiter südlich landeten nach der Gründung Lübecks 1158 die nach 1161 über Gotland mit ihren Waren ostwärts segelnden frühhansischen Kaufleute, die „mercatores Romani imperii", nicht nur an der Newa, sondern auch an der Dünamündung. Ein sie begleitender Kaufmannspriester, Meinhard aus dem Augustiner-Chorherrenstift Segeberg in Holstein, begann vor 1184 an der Düna bei den Liven zu missionieren. Auch hier gab es Erfolge und den Bau zweier Kirchen in Üxküll und Holme. Doch auch hier erhob sich die heidnische Reaktion. Der dritte Bischof von Livland, der Bremer Domherr Albert von Bekeshovede, errichtete nach einem Kreuzzug einen neuen Sitz in dem von ihm gegründeten Riga und schuf im Laufe eines Menschenalters, gestützt auch auf deutsche Geistliche, Vasallen und den neuen Schwertbrüderorden, eine Staatenkonföderation.

In Estland landete 1219 der Dänenkönig Waldemar II. und begründete das unter Lund stehende Bistum Reval sowie ein nordestnisches dänisches Herrschaftsgebiet.

Bischof Albert suchte schon 1207 Anlehnung beim deutschen König, dem Staufer Philipp. Doch hatten die Dänen, seit 1201 im Besitz des einzigen Nachschubhafens für Livland, zeitweilig eine Vormachtstellung im Ostseeraum inne. Durch die Gefangennahme König Waldemars in einem Handstreich des Grafen von Schwerin und 1227 durch die Schlacht von Bornhöved änderte sich die Lage.

Die livländischen Missionsbistümer Riga, Dorpat und Ösel-Wiek wurden nach dem Zusammenbruch der dänischen Machtstellung 1223 im Ostbaltikum geistliche Fürstentümer des Römisch-Deutschen Reiches. Livland blieb Teil dieses Reiches bis zu seinem Untergang 1561.

C 9   Mittelpunkte der Mission in Livland

a) Üxküll, Kirchenruine, Innenansicht gegen den Chor
Zweiter Bau der ältesten Missionskirche in Livland, 13. Jahrhundert

b) Riga, Domkirche St. Marien

Begonnen 1215
Photographien

Aus: Baltische Lande I: Ostbaltische Frühzeit, hrsg. v. C. Engel, Leipzig 1939

Die Bilder zeigen den schon frühgotischen zweiten Bau der ältesten Missionskirche in Livland als Ruine nach der Zerstörung im Ersten Weltkrieg und den 1215 begonnenen zweiten Mariendom zu Riga, die bischöfliche, seit 1245 erzbischöfliche Kathedrale. Der Chor war 1226 schon fertig und geweiht, als der päpstliche Legat Wilhelm von Modena dort das erste Provinzialkonzil versammelte und die livländischen Verhältnisse im Auftrag der Kurie ordnete. Hier

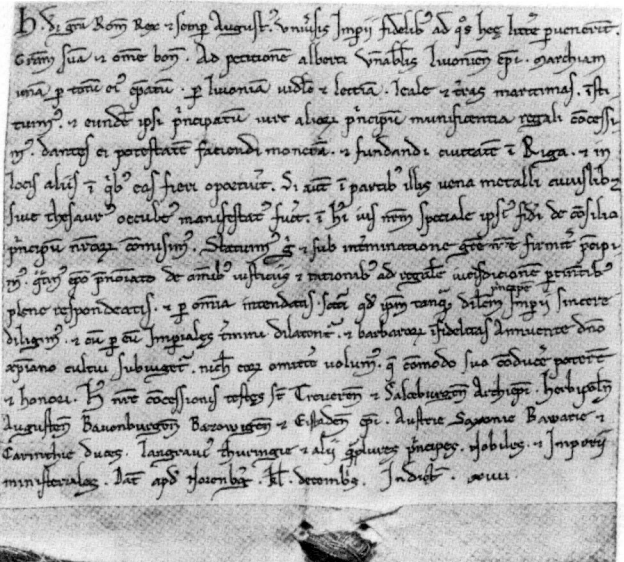

C 8

erhob sich der Mittelpunkt des altlivländischen Staatswesens, obgleich der geistliche Oberherr des Landes an faktischer Macht schon vom erstarkten Schwertbrüderorden, der über die Hälfte des Landes und die größere Streitmacht verfügte, überholt war.

C 10

C 10 Siegel des livländischen Schwertbrüderordens

1232
Legende: + S·MAGISTRI·ET·FRM·MILI-CIE·XPI·DE·LIVONIA
Siegelbild: Unter einem Tatzenkreuz ein mit der Spitze abwärts zeigendes Schwert, rechts und links begleitet von je einem Lilienstengel mit rankenden Blüten

Photographie, stark vergrößert

Vorlage: Herder-Institut, Marburg

Erstes Vorkommen des Tatzenkreuzes bei einem geistlichen Ritterorden im nordosteuropäischen Raum. Die Liliensymbolik steht entweder für die hl. Maria als Schutzpatronin Livlands oder sie entstammt dem Siegel der „deutschen Kaufleute, die Gotland besuchen" und am Anfang der deutschen Hanse stehen. Der 1202 gegründete Schwertbrüderorden war den livländischen Bischöfen Gehorsam schuldig, unterstand in Nordestland aber unmittelbar dem Reich. Er schuf bis 1232 den ersten Staat eines Ritterordens von der von ihm gegründeten Stadt Reval bis Kurland.

Livland umfaßte 1232 bereits ein etwas größeres Territorium als die heutigen Staaten Estland und Lettland. Der Orden ergänzte sich nach dem Aderlaß des Estenaufstandes von 1223 verstärkt auch aus dem Bürgertum Niederdeutschlands, Lübecks und Rigas, nannte die Kaufleute seine „Mitbrüder und Blutsverwandten" (1226) und schloß mit ihnen ein eigenes Bündnis. Die Bürgerschaft von Riga war ganz überwiegend deutsch, etwa ein Drittel der Stadtbevölkerung bestand aus Liven, Letten und einigen russischen Händlern. In Reval begründete der Orden mit 200 deutschen Kaufleuten die Unterstadt, in der die Hälfte der Bewohner, die unteren Schichten, schwedischer, dänischer und vor allem weit überwiegend estnischer Abkunft war. Der Orden hatte die sechs Meistersitze Riga (mit dem eigentlichen Ordensmeister Volkwin), Segewold, Ascheraden, Wenden, Fellin und Reval, dazu einige Vogteien. Es war das Verwaltungsnetz, das der Deutsche Orden ab 1237 übernehmen sollte. Dazu gehörten die Städte Reval, Fellin und Wenden, von den Hansekaufleuten in Anlehnung an die Ordensburgen gegründet. Eine Anzahl von Unterbeamten, unter denen auch Nichtdeutsche waren, sorgte für die Erhebung der Abgaben. Ein Netz von Pfarrkirchen überzog das Land, z. T. von Ordenspriesterbrüdern besetzt. Die Schwertbrüder ergänzten sich personell aus Niederdeutschland, die Gründer kamen aus dem Raum Soest-Kassel-Loccum und bis nach Magdeburg, die ersten Priesterbrüder aus Marienfeld in Westfalen. Diese Strukturen blieben auch beim Deutschen Orden im wesentlichen erhalten.

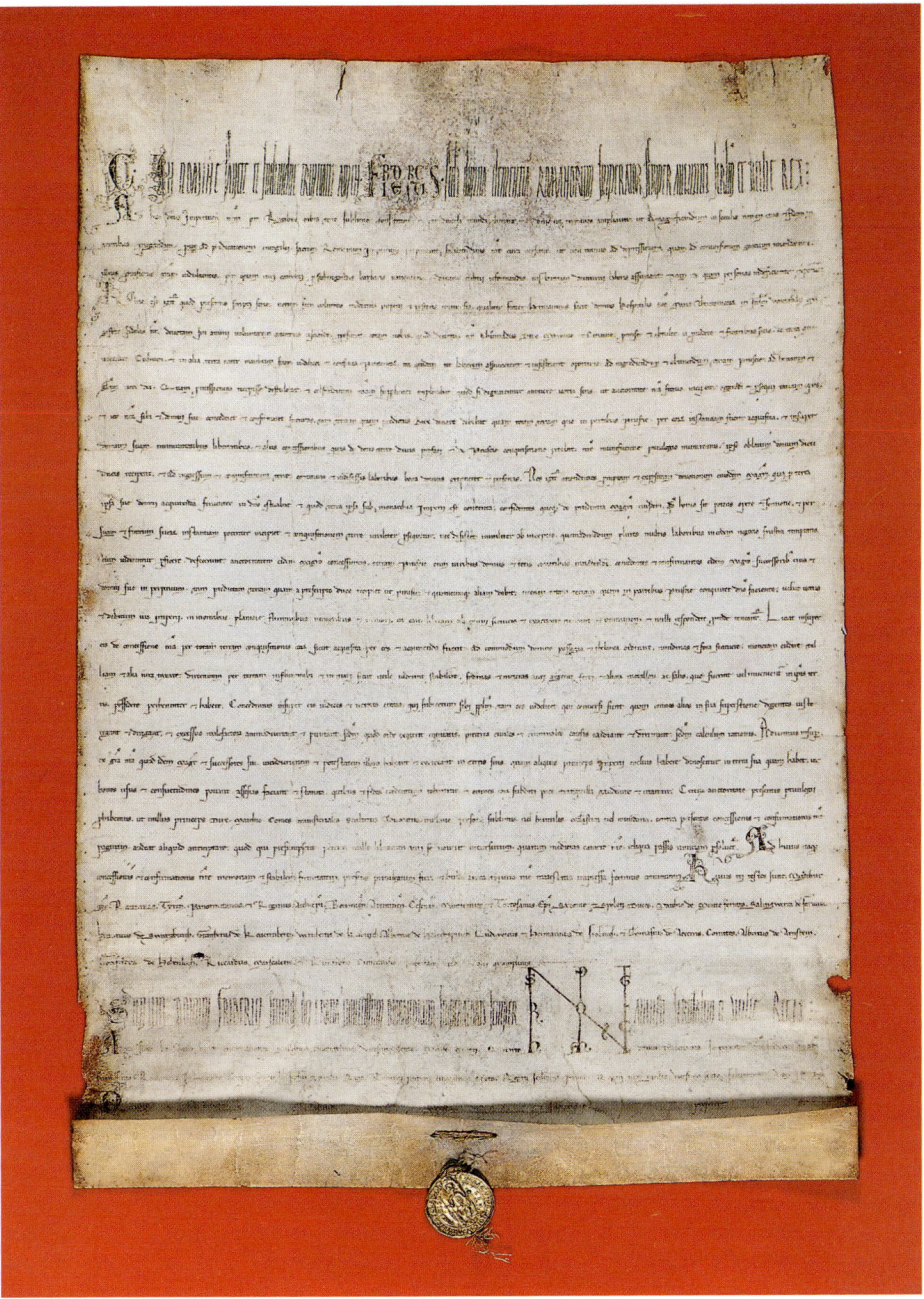

C 11   Siegel Vorderseite

C 11   Siegel Rückseite

C 11 Kaiser Friedrich II. bestätigt dem Deutschen Orden die beabsichtigte Schenkung des Kulmerlandes, trägt ihm die Eroberung Preußens auf und gibt ihm dieses Land zu Rechten, „wie sie jeder Reichsfürst unter günstigeren Verhältnissen hat".

1226 März, Rimini

Faksimile der feierlichen, mit der Goldbulle besiegelten Ausfertigung der kaiserlichen Kanzlei

GStA PK, nach XX. HA Schiebl. 20 A

Die seit 1218 einsetzenden Kreuzzüge gegen die Prußen hatten zur Folge, daß der Konflikt sich verschärfte. Prußische Heere drangen im Gegenangriff ins polnische Kulmerland und ins benachbarte Masowien ein. 1225/1226 sah sich der Herzog von Masowien genötigt, den Deutschen Orden um Hilfe zu bitten. Hermann von Salza sicherte nach den Erfahrungen im Burzenland das neue Unternehmen ganz anders ab als in Ungarn. Das ihm vom Herzog Konrad als Ausgangsbasis zugesicherte, aber erst noch zu erobernde Kulmerland und das zu erobernde Heidenland sollte ein autonomes, nur von Kaiser und Papst abhängiges Territorium des Ordens werden. Daher wandte sich der Hochmeister zuerst an den Kaiser und wirkte selbst an der feierlichen Ausfertigung der Urkunde von Rimini mit, die mit Recht als Grundlage des preußischen Ordensstaates bezeichnet worden ist. Da der Orden lehnsexemt war, übertrug ihm der Kaiser das versprochene Kulmerland und das zu erobernde Heidenland ohne Lehnsformel mit den Regalien, den landesherrlichen Rechten. Der Hochmeister wurde damit einem Fürsten des Reiches gleichgestellt, das Land durch diese Übertragung auch, wenngleich in besonderer Form, Glied des Reiches. Sinnbild ist der Adler im Hochmeisterschild, der später auch Landeswappen wurde. Zu gleicher Zeit regelte der Kaiser auch, unter Mitwirkung des Hochmeisters, die Verhältnisse im Ostseeraum neu. Nicht nur die Schwertbrüder wurden von ihm privilegiert, sondern die Stadt Lübeck, das deutsche Verkehrstor zur Ostsee, wurde Freie Reichsstadt. Die ganze Südflanke der Ostsee von Lübeck bis Estland war damit in die Reichspolitik einbezogen.

Heidenland galt im mittelalterlichen Recht als herrenlos, der Kaiser als verfügungsberechtigt über herrenloses Land. Auch war der Kaiser zur Verteidigung und Ausbreitung des Christentums verpflichtet. Die Schenkung entsprang daher mittelalterlichem Recht und war eine der drei Grundlagen des Ordensstaates in Preußen.

C 12 Herzog Konrad von Masowien schenkt dem Deutschen Orden das Dorf Orlow

1229
Ausfertigung auf Pergament mit den Siegeln des Bischofs von Kujawien und des Herzogs

GStA PK XX. HA Schiebl. 57 n. 4

Gestützt auf die kaiserliche Privilegierung, verhandelte der Orden nun mit Konrad von Masowien. Dessen Zusicherung der Schenkung des Kulmerlandes wurde zunächst in vagen Formen 1228 beurkundet, was dem Orden aber nicht genügte. Daher griff er zunächst nicht zum Schutz Masowiens ein. Der Hochmeister begab sich in Ruhe auf den Kreuzzug ins Heilige Land. Der Versuch des Herzogs, mit einer eigenen Gründung des Ordens von Dobrzyn seine Ziele zu erreichen, führte nicht zum Ziel (1228). Die Hilfsquellen des Deutschen Ordens waren reicher, Masowien weiter verwüstenden prußischen Einfällen preisgegeben. In einer Reihe weiterer Urkunden erweiterte der Herzog dann seine Schenkungen an den Deutschen Orden. Aus der Reihe dieser Urkunden wird hier die Schenkungsurkunde für das Dorf Orlow gezeigt. Den Abschluß bildete die Kruschwitzer Schenkung von 1230, in der der Orden die vollen Rechte im Kulmerland erhielt. Im gleichen Jahr erschien er mit der ersten kleinen Streitmacht an der Weichsel und eröffnete den Heidenkampf.

Mit der Schenkung des Dorfes Orlow wurde eine frühe Grundlage zur Versorgung der ersten Ordensritter mit Einkünften geschaffen, da das gleichfalls geschenkte Kulmerland erst zurückzuerobern war. Die polnischen Schenkungen stellen die zweite Grundlage für den preußischen Ordensstaat in seinem südlichen Teil dar.

C 13 Papst Innozenz IV. investiert den Hochmeister Gerhard von Malberg mit dem Ring und wiederholt dabei die Urkunde Gregors IX. über die Aufnahme Preußens in das Eigentum des heiligen Petrus und die Vergabe des Landes an den Deutschen Orden von 1234 August 3

1243 Oktober 1, Anagni
Ausfertigung auf Pergament mit der päpstlichen Bleibulle

GStA PK XX. HA Schiebl. 3 n. 4a

Der Hochmeister sicherte den geplanten Ordensstaat aber auch durch die Bindung an die höchste geistliche Autorität des mittelalterlichen Abendlandes, den Papst. Ihm trug er das neue Land auf.

Mit der Bulle von Rieti 1234 nahm der Papst Preußen in seinen Schutz und zugleich unter seine Oberherrschaft. Auf Papst und Kaiser als seine Oberherren konnte der Orden sich im ganzen Mittelalter berufen.

Die Unterstellung unter zwei Herren stellt nur scheinbar einen Widerspruch dar. Imperium und Sacerdotium waren nach mittelalterlicher Auffassung von gleich hoher Bedeutung, die Anlehnung an beide für den Orden von gleicher Wichtigkeit. Nur durch sie war sein schneller Aufstieg, seine rasche Besitz- und Rechtsvermehrung möglich. Der Kampf zwischen beiden Gewalten konnte dem Orden schaden, brachte ihm gelegentlich aber auch Vorteile ein.

C 14 Kapitell mit Kampfszenen zwischen Deutschordensrittern und heidnischen Kriegern

Gotländer Kalkstein
Aus der Sammlung des Schlosses Marienburg, um 1320
Abguß, bemalt

SMPK Gipsformerei Inv.Nr. 2969

Die Szenen zeigen den Heidenkampf des Deutschen Ordens. Man sieht Ritter mit Ordensfähnchen und Schild, die gegen lanzentragende Litauer und einen russischen Pfeilschützen kämpfen. Der Schütze stammt nach Quellenaussagen der Zeit aus den reußischen Fürstentümern, die Litauen sich unterworfen hatte. Die prußischen Krieger hat man sich den litauischen ähnlich vorzustellen. Das Kapitell stammt aus der Marienburger Werkstatt. Beim Umbau der Burg zum Kornmagazin in friderizianischer Zeit wurde es fortgeworfen, aber auf einem Hof im Kreis Stuhm verwahrt und konnte so für die Wiederherstellung der Burg von Steinbrecht sichergestellt werden. Es wurde 1912 in der Firmarie eingebaut; ein ausgerollter Abguß bildete den Fries über dem Kamin der Herrenstube.

C 15 Elbinger Kogge

Um 1350
Modell, Maßstab 1:50

GStA PK
Herstellung: Dr. P. Wüst, H. Menzel, Hamburg

Im 13. und 14. Jahrhundert waren die Koggen die großen Frachtschiffe der Hanse auf Nord- und Ostsee. In Kriegszeiten konnten sie durch Aufbauten, wie hier, zum Kampf gerüstet werden. Mit diesen Schiffen unterstützte der niederdeutsche Kaufmann von Lübeck aus das Unternehmen des Ordens von der See her. 1237 gründeten Lübecker zusammen mit dem Orden die Stadt Elbing, die Lübecker Recht erhielt.
Die Rekonstruktion des Modells stützt sich auf Bodenfunde oder Meeresfunde von Koggen und auf das Bild des Elbinger Siegels, das viele Einzelheiten sehr genau wiedergibt. Der gerade Kiel ist eine breite Bohle, dicker als die anschlie-

C 15

ßenden Bordplanken. Die Planken sind breit, sie liegen im Boden kraweel, d. h. Naht an Naht, von der Kimm aufwärts in Klinkerbauweise, d. h. überlappend. Die Koggen tragen nur einen Mast. Abmessungen des Rumpfes und des Achterkastells richteten sich nach dem Bremer Fund, das Kastell wurde dem Elbinger Siegelbild angepaßt. Auch das quergedielte Deck richtet sich nach Bremer Vorbild, die Planken konnten aufgenommen werden, so daß Luken entfielen. Hinter dem Mast steht ein Bratspill, auf dem Achterkastell das Gangspill. Die Kastelle und Brustwehren wurden nach dem Siegel und maßstabgerechter Stehhöhe rekonstruiert. Unter dem Achterkastell befanden sich beiderseits Unterkünfte mit Türen, an der Vorderseite Schiebeluken. An Steuerbord des Kastelldecks ist eine kleine Partie des Decks offen und gibt den Blick in das darunterliegende Klosett frei. Bei der Takelung wurde auf Webeleinen in den Wanten verzichtet, weil sie auf Koggensiegeln fehlen. Die Koggen trugen nur ein Rahsegel. Die Rah wird durch das Fall und ein hölzernes Bügelrack am Mast gehalten; die Brassen laufen zum Achterkastell, wo sie belegt sind. Der Anker wurde archäologischen Funden nachgestaltet, die Farbgebung des Schiffes möglichst neutral gehalten.

C 16 Ansicht der Burg Balga am Frischen Haff, Ruine der Vorburg

Photographie
GStA PK Slg. Oertel Nr. 2675/6

Das Vorgehen des Ordens in Preußen geschah entlang der Wasserlinie, die als Rückhalt und Nachschubweg diente. So wurden von 1231 bis 1237 die Burgen und Städte Thorn, Kulm, Marienwerder und Elbing angelegt.
Nachdem der Orden weichselabwärts vorstoßend die Küste erreicht hatte, rückte er mit Burgenbauten am Frischen Haff entlang vor. 1239 legte er hier Balga an, an der Stelle der alten Prußenfeste Honeda. Von der Fluß-Küsten-Linie folgte dann der Vorstoß ins Landesinnere.
Die erhaltenen Teile der Vorburg lassen noch die gewaltige Größe einer solchen Anlage erkennen.

C 17 Bischof Heidenreich von Kulm entscheidet durch Schiedsspruch einen Streit zwischen den Lübeckern und dem Deutschen Orden über die Gründung einer Stadt am Pregel und die Ausstattung mit Grundbesitz hier und im Ermland

1246 März 10, Thorn
Ausfertigung auf Pergament mit den Siegeln des Bischofs und eines „Provisors" von Kulm
Größe: 28,5 × 40 cm
GStA PK XX. HA Schiebl. 59 n. 5

Die Lübecker waren an der Gründung hansischer Fernhandelsplätze im ganzen Ostseeraum lebhaft interessiert. So waren sie schon vor ihrem Einsatz im Ordensland an der Gründung von Riga, Danzig und Reval beteiligt. 1242 hatte ihnen der preußische Landmeister Heinrich von Wida in der Notlage des ersten Prußenaufstandes weitgehende Zugeständnisse gemacht, die auf die Gründung eines lübischen Stadtstaates an der Pregelmündung mit einem Drittel des Samlandes hinausliefen. 1246 zog der Hochmeister sich aus diesen Verpflichtungen zurück. Der Orden wollte nun selbst die Stadt, das spätere Königsberg, erbauen; die Lübecker sollten mitwirken, nach Kulmer Recht leben und mit reichem Landbesitz auch im Ermland ausgestattet werden, zur Anlage von Dörfern.
Zur Gründung Königsbergs kam es dann erst 1255, doch wurde auch diese erste Stadt noch einmal im Prußenaufstand zerstört, während die Burg sich behauptete. Erst seit 1283 war die Stadt Königsberg dann sicher erbaut, nachdem die Prußen bis zur Memel unterworfen waren.

C 18 Elisabethkirche in Marburg an der Lahn

Farbdruck nach einem Gemälde von Dominica Quaglio (1786—1837)
DOM Bad Mergentheim Inv.Nr. 4808

1234 wurde dem Deutschen Orden das von der Landgräfin Elisabeth von Thüringen gegründete Franziskushospital in Marburg übertragen; Konrad, Bruder des Landgrafen Heinrich, trat in den Orden ein. 1235 wurde die 1231 verstorbene Elisabeth heiliggesprochen, zugleich begann der

Orden mit dem Bau der Kirche, daneben erhoben sich die Gebäude des Deutschen Hauses. Hier fanden 1236 und 1237 die Verhandlungen über die Übernahme des Schwertbrüderordens und seines Staates in den Deutschen Orden statt.
Die Kommende in Marburg wurde zum Mittelpunkt der Ballei Hessen oder Marburg. Das Grab der Heiligen zog im ganzen Mittelalter die Wallfahrer an. Die Kommende in ihrer zentralen Lage war in der Folge mehrfach Versammlungsort von Generalkapiteln des Ordens, und Elisabeth wurde im 13. Jahrhundert neben der Gottesmutter Maria zur zweiten Schutzpatronin des Deutschen Ordens.
Verhandlungen über den Anschluß des Schwertbrüderordens an den Deutschen Orden hatten schon seit 1230 stattgefunden. Der Schwertbrüdermeister Volkwin, der wahrscheinlich aus Naumburg bei Kassel stammte, suchte eine

C 16

Vereinigung, weil der kleinere livländische Orden nicht die weitverbreitete Organisation von Besitzungen und Niederlassungen im Reich hatte und deshalb auch Schwierigkeiten hatte, seine personellen Verluste zu ergänzen. Auf das Werben des Schwertbrüdermeisters schickte Hermann von Salza 1235 Gesandte nach Livland, um das Leben der Livländer kennenzulernen. 1236 kehrten sie mit Gesandten der Schwertbrüder nach Marburg zurück. Vor einem Kapitel von 70 Deutschordensbrüdern — am 1. Mai 1236 geschah in Gegenwart Kaiser Friedrichs die feierliche Erhebung der Gebeine der heiligen Elisabeth — traten die Schwertbrüder unter Führung von Johann Selich auf und äußerten ihre Wünsche nach einer Autonomie der Livländer: Keine Versetzung außer Landes ohne den Willen des Betroffenen. Hierauf mußten die Verhandlungen vertagt, der nicht anwesende Hochmeister angerufen werden. Erst nach der Vernichtung der Hälfte des Schwertbrüderordens bei Saule wurde in Viterbo in schwierigen Verhandlungen die Inkorporation 1237 vollendet. Im Juni konnte dann, wiederum in Marburg, vor einem Generalkapitel von fast 100 Deutschordensbrüdern der Hochmeister die Vereinigung auch faktisch vollziehen und gegen manchen Widerspruch aus den eigenen Reihen verteidigen. 54—60 Ritterbrüder mit zahlreichen Dienern gingen nach Livland auf die Reise, um die Toten von Saule zu ersetzen.

C 19 Landgräfin Elisabeth von Thüringen heftet ihrem Gemahl Ludwig bei seinem Auszug zum Kreuzzug 1227 das Kreuz an

Ausschnitt aus dem Elisabeth-Zyklus für das Heilig-Geist-Hospital in Lübeck
Öl auf Eichenholz, um 1420
Photographie

Museum für Kunst und Kulturgeschichte der Hansestadt Lübeck

Elisabeth, die 1207 geborene Tochter des ungarischen Königs Andreas II., wurde im Zuge dynastischer Familienpolitik im Alter von vier Jahren an den Hof der thüringischen Landgrafen auf der Wartburg bei Eisenach gebracht und dem Landgrafensohn Ludwig verlobt, mit dem sie 1221 als 14jährige die Ehe schloß. Mit ihm hatte sie drei Kinder. Als Landgraf Ludwig IV. 1227 zum Kreuzzug Kaiser Friedrichs zog, dessen Verbündeter und Freund er war, starb er 27jährig in Otranto. Elisabeth wandte sich unter dem Einfluß der Eisenacher Franziskaner und ihres strengen Beichtvaters Konrad von Marburg einem asketischen Leben der selbstgewählten Armut und karitativen Tätigkeit zu und kehrte sich vom höfischen Leben ab. Sie gründete in Marburg ein dem heiligen Franziskus geweihtes Spital, starb schon 1231 und wurde wenige Jahre später heiliggesprochen. In Literatur und Kunst ist sie oft dargestellt und verherrlicht worden. Es war kein Zufall, daß gerade 1211, als Elisabeth nach Eisenach übersiedelte, ihr Vater, König Andreas, den Deutschen Orden, den der Thüringer Landgraf Hermann als Parteigänger des Staufers stark förderte, ins Burzenland rief.

C 20 Elisabeth pflegt Kranke

Glasmalerei, nach 1235
Marburg, Elisabethkirche, Ostchor
Aus einem Zyklus über das Leben der heiligen Elisabeth
Photographie

Aus: Werner Moritz, Das Hospital im späten Mittelalter, Ausstellung des Hessischen Staatsarchivs Marburg, 1983

C 21 Hochmeister Konrad von Thüringen

Mitte 14. Jahrhundert
Aus dem Mausoleum im Nordchor der Elisabethkirche in Marburg
Photographie (Ausschnitt)

Bildarchiv Foto Marburg

Deutsche Fürsten an der Spitze des Ordens hat es im Mittelalter mehrfach gegeben, so Luther von Braunschweig, Friedrich von Sachsen und Albrecht von Brandenburg. Die Thüringer Landgrafen gehörten zu den bedeutendsten Förderern des Ordens, die Ballei Thüringen zu den am reichsten ausgestatteten Balleien. Für den Staatsaufbau im Nordosten waren solche Verbindungen und Grundlagen von hoher Bedeutung.
Konrad war der jüngste Sohn des Landgrafen Hermann I. von Thüringen, Bruder Ludwigs IV. und damit Schwager der Landgräfin Elisabeth. Der Vater Hermann hatte bereits am Gründungsakt des Ordens in Akkon 1198 teilgenom-

men. Hermann von Salza stammte aus einem thüringischen Ministerialengeschlecht. In der Zeit um 1224 wirkten Ludwig und der Hochmeister bei der Vorbereitung des Kreuzzuges und in Verhandlungen um die Freilassung des Dänenkönigs zusammen. Und 1226, als der Orden die Goldbulle von Rimini mit der Übertragung Preußens erhielt, wurde Landgraf Ludwig vom Kaiser mit den Marken Lausitz und Meißen belehnt und erhielt dazu „auch das Land Preußen, wieviel er erobern und seiner Gewalt unterwerfen könnte". Die in Nordhessen um Marburg und in Thüringen um Eisenach gebildete mitteldeutsche Landgrafschaft sollte also weit nach Osten nicht nur bis dicht vor Liegnitz und Krossen, sondern bis an die Weichsel ausgreifen. Nach Ludwigs Tod übernahm Konrad die Regentschaft in Hessen, dem westlichen Teil der Landgrafschaft. In einer Fehde mit dem Mainzer Erzbischof zerstörte er Fritzlar; in einer religiösen Wandlung büßte er 1235 diese Tat freiwillig und trat schon 1234 mit anderen namhaften Rittern in den Deutschen Orden ein. Zugleich betrieb er die Heiligsprechung seiner Schwägerin, ließ auch das Spital in Marburg auf den Orden übertragen. In ihm finden wir auch den Gründer der Marburger Kommende. 1239 wurde er nach dem Tode Hermann von Salzas zum Hochmeister gewählt, auf einem Kapitel in Marburg, um wie sein Vorgänger zwischen Papst und Kaiser zu vermitteln. Auf der Romreise starb er 1240.

C 22 Grabmal des Hochmeisters Konrad von Thüringen in der Marburger Elisabethkirche

Mitte des 13. Jahrhunderts, spätromanisch
Südchor der Elisabethkirche in Marburg
Photographie

Bildarchiv Foto Marburg Nr. 88634

Der Hochmeister ist in Ordenstracht mit einer Geißel in der Rechten als Zeichen seiner eigenen Bußfertigkeit dargestellt. Da wir von Hermann von Salza und seinen drei Vorgängern kein zeitgenössisches Bildnis haben, ist dies das früheste Bild eines Hochmeisters des Deutschen Ordens. Wegen seiner kurzen Amtsdauer hat er 1240 offenbar weder das Heilige Land noch Preußen betreten.

C 23 Kaiser Friedrich II. überträgt dem Hochmeister des Deutschen Ordens, Heinrich von Hohenlohe, die Hoheitsrechte über Kurland, Litauen und Semgallen

1245 Juni, Verona
Feierliche Ausfertigung auf Pergament, Goldbulle
seit 1945 verloren

GStA PK XX. HA Schiebl. 20 B

Unter den Zeugen dieser Übertragung befanden sich der Römische König Konrad, der Erzbischof von Salzburg, die Bischöfe von Regensburg, Passau und Freising, die Äbte von Kempten und Ellwangen, die Herzöge Friedrich von Österreich-Steiermark, Otto zu Meran, Bernhard zu Kärnten, unter den Grafen auch Rudolf von Habsburg. Der Orden hatte zu dieser Zeit das abgefallene Kurland zurückerobert und schickte sich an, die Landbrücke zu Preußen herzustellen. 1252 wurde Memel als Neu-Dortmund von Livland aus gegründet.

Das Privileg, das die Rechte des Hochmeisters wie seinerzeit für Preußen umschreibt, fällt in die Zeit der ersten Auseinandersetzung des Ordens mit dem neu von der Kurie eingesetzten Erzbischof von Riga, Albert Suerbeer, dessen verfassungsrechtliche Stellung in Livland die eines Oberherrn war, während dies in Preußen dem Orden zustand. Für das abgefallene Kurland und Semgallen und neu hinzu für Litauen wollte der Orden verhindern, daß sie nach livländischem Herkommen behandelt würden. Dann hätte ihm nur ein Drittel des Landes unmittelbar zugestanden, nach preußischem Vorbild aber zwei Drittel, während das dritte die Bistümer erhielten. Aus diesem Grunde erwirkte der Orden zu gleicher Zeit auch einen Spruch des päpstlichen Legaten Wilhelm von Modena, wonach Kurland als Teil Preußens gelten solle.

C 24a Friedensvertrag zwischen dem Deutschen Orden und den abgefallenen Prußen in Pomesanien, Warmien und Natangen unter Vermittlung des päpstlichen Nuntius Jakob, Archidiakon von Lüttich, und unter Mithilfe des Bischofs von Kulm

1249 Februar 7, Christburg
Unbesiegelte Zweitausfertigung auf Pergament

GStA PK XX. HA Schiebl. 59 n. 7

Das 1420 noch vorhandene und besiegelte Stück der Erstausfertigung ist verloren. Der Vertrag beendete den im Bunde mit dem Herzog von Pommerellen unternommenen ersten Prußenaufstand der westlichen Landschaften Preußens (Pomesanien, Warmien und Natangen), er zeigt, daß es auch im Heidenkampf eine bedingungslose Unterwerfung nicht gab, und sichert den Unterworfenen auch Rechte zu. Ausführlich werden die Rechte und Verhältnisse der Prußen geregelt, die sich auch zum Bau von Kirchen verpflichten. Sie erhalten ein freies Güter-, Erb- und Eherecht, wie sie es nach eigenem Eingeständnis zuvor zum Teil noch nie gehabt haben. Den beschriebenen Götzendiensten und ihren heidnischen Priestern müssen sie ebenso abschwören wie dem heidnischen Bestattungsritual und der Vielweiberei, dem Frauenkauf, den Verwandtschaftsehen innerhalb des vierten Grades und den Kindestötungen. Die Prußen verpflichten sich zur Taufe und zum Bau und der Ausstattung von 22 namentlich bezeichneten Kirchen im Gebiet zwischen Weichsel und Pregel. Falls sie das Versprechen nicht innerhalb eines Jahres erfüllen, darf der Orden Abgaben von ihnen erheben und damit den Kirchenbau ausführen lassen. Der Orden wird dort Priester einsetzen und ausstatten. Deren Ausstattung an Land, Zehnten und Vieh wird genau beschrieben. Die Prußen versprechen regelmäßigen Kirchenbesuch an Sonntagen, Einhaltung der Fastengebote und der sonntäglichen Arbeitsruhe, ferner die jährliche Zehntablieferung in die Speicher des Ordens und die Heeresfolge. Sie werden jeden Verrrat und jede Verschwörung gegen die Brüder unterlassen oder anzeigen. Ferner werden sie Leib und Leben, Ehre und Recht der Ordensbrüder nach gutem Glauben und Vermögen behüten. Geraten Neubekehrte auf Feldzügen in heidnische Gefangenschaft, so verpflichtet sich der Orden, für ihre Freilassung tätig zu werden.
Der Vertrag hatte für Warmien und Natangen nur 11 Jahre

Bestand, denn durch den großen Aufstand von 1260 waren die Rechte der Prußen dort verwirkt. In Pomesanien jedoch, wo sie sich weitgehend nicht am Aufstand beteiligt hatten, ist später vielfach noch eine andere Sozialstruktur und rechtliche Besserstellung als Folge des Christburger Friedens beobachtet worden.

C 24 b Taufe der Prußen durch Adalbert von Prag

Relief aus der Bronzetür von Gnesen
Ende des 12. Jahrhunderts
Photographie

Bildarchiv Foto Marburg 4963

Der Christburger Vertrag erfüllte 250 Jahre nach dem Tode des heiligen Adalbert das damals unter ganz anderen Verhältnissen begonnene Missionswerk. Er konnte auch nur ein erster Schritt zu dieser Erfüllung sein. Auch beendete er noch nicht die bis 1283 dauernden Kämpfe in Preußen. Die eigentliche Unterweisung im Glauben und dessen Festigung folgte jedoch dem Vertrag erst und erforderte Zeit und Geduld. Sie war ein Werk des Klerus und der Mönchsorden.

C 25 König Mindowe von Litauen schenkt dem Deutschen Orden in Livland eine Reihe von an Kurland grenzenden Landschaften

1253 Juli
Erhalten in einem notariellen Transsumpt auf Pergament mit den Siegeln des Priors des Predigerordens und des Gardians der Minoriten zu Riga, von 1352 März 7

GStA PK XX. HA Schiebl. LS XI n. 11

Der livländische Zweig des Deutschen Ordens hatte nach der Vereinigung mit den Schwertbrüdern auf Nordestland zugunsten Dänemarks verzichtet. Dies lag im Sinne der päpstlichen Missionspolitik, die nun die Kräfte der Schweden in Finnland, der Dänen in Estland und des Ordens in Livland koordinierte. So kam es zunächst zu dem Versuch, die westkirchliche Macht über die nordrussischen Fürstentümer Pleskau und Novgorod auszudehnen, in einem Augenblick, da Rußland vom Ansturm der Tataren geschwächt war. Das Vorhaben scheiterte im Norden an der Newa, im Süden 1242 in der Winterschlacht auf dem Eis des Peipussees. Seitdem lag die Grenze zwischen Ost- und Westkirche am Peipussee fest. Nun wandte sich der Orden unter dem aus Thüringen stammenden livländischen Meister Dietrich von Grüningen nach Süden und eroberte Kurland zurück, einige Jahre später Semgallen. Von Livland aus legte er 1252 Memel an. Zu gleicher Zeit drang der preußische Landmeister im Samland vor. Zwischen Preußen und Livland lag als größere Macht noch Litauen. Auch dieses war bis 1250 noch in Teilfürstentümer zersplittert, wurde aber dann unter dem tatkräftigen Mindowe als einzige der kleinen baltischen Mächte geeint. In geschickter Politik stützte sich Mindowe dabei auf den Orden, ließ sich taufen und verhieß ihm die Landbrücke zwischen Livland und Preußen. 1253 wurde er von Ordenspriestern mit der vom Papst verliehenen Königskrone gekrönt. Darauf stellte er dem Orden die versprochene Schenkung aus. Der Orden schien am Ziel seiner Wünsche.

Beim Versuch, die widerstrebenden Samaiten auch zu unterwerfen, erlitt das Ordensheer 1260 die vor Tannenberg größte Niederlage seiner Geschichte bei Durben unweit Libau. Meister Burchard von Hornhusen und 150 Ritter fielen. Kuren, Öseler, Semgaller und Prußen erhoben sich in großem Aufstand. Fast alles seit 1240 Gewonnene ging verloren. Mindowe trat zum Heidentum zurück und griff gemeinsam mit russischen Fürsten in die Kämpfe ein. Was den Orden rettete, war der Tod Mindowes 1263 durch seine Gegner, die tatarische Bedrohung Rußlands und die Stärke der preußischen Burgen. Mit neuen Kreuzfahrerheeren konnte die Lage in Preußen und Livland wiederhergestellt werden, in Livland bis 1267 durch Konrad von Mandern, in Preußen bis 1273. Die östlichen prußischen Stämme der Schalauer, Nadrauer und Sudauer wurden bis 1283, die Semgaller 1290 besiegt. Samaiten blieb unbezwungen.

C 26 **Markgraf Waldemar von Brandenburg beurkundet, daß er dem Deutschen Orden in Preußen die Burgen Danzig, Dirschau und Schwetz mit ihren Gebieten für 10 000 Mark Silber verkauft hat**

1309 September 13, Soldin

Ausfertigung auf Pergament mit dem Siegel des Ausstellers
Größe: 17,5 × 21,5 cm
GStA PK XX. HA Schiebl. 41 n. 2

Nach dem Aussterben des pomoranischen Herzogshauses 1294 entbrannte zwischen den brandenburgischen Askaniern, Böhmen, dem polnischen König (seit 1306) und anderen Mitbewerbern eine 14jährige Erbauseinandersetzung, in die der Orden von polnischer Seite mehrfach verwickelt wurde. 1308 riefen die Polen ihn in die Burg Danzig, die sie besetzt hatten, zu Hilfe. Der Orden vertrieb die Brandenburger aus der deutschen Rechtstadt Danzig, verdrängte dann aber nach einem Streit auch die polnische Besatzung aus der Burg und bemächtigte sich Pommerellens. 1308 eroberte er Dirschau, 1309 Schwetz. Da der polnische König eine Aufwandsentschädigung für die gegen die Askanier geleistete Hilfe ablehnte, kaufte der Orden den Brandenburgern ihre Erbrechte im vorliegenden Vertrag ab. Damit lehnte der Ordensstaat sich auch territorial an das Römisch-Deutsche Reich an.

1313 ließ er sich von Kaiser Heinrich VII. den Besitz Pommerellens bestätigen. Kirchlich blieb dieses Land unter zwei Archidiakonaten, von denen eins dem Bistum Wloclawek, das andere dem Erzbistum Gnesen unterstand, da das Land im 12. Jahrhundert von dort aus missioniert worden war. Die Landbrücke zum Reich war für den Orden von hoher Bedeutung, weil Preußen nur so gesicherte Landverkehrsverbindungen nach Westen hatte, was für den Zuzug von Bauern, Bürgern, Kreuzfahrern, den Handel und das Nachrichtenwesen sehr wichtig war. Der risikoreichere Seeweg allein konnte das nicht ersetzen. Die Urkunde erwähnt als Partner noch den preußischen Landmeister. Im gleichen September war dieser nach dem Wortlaut einer anderen Urkunde schon Großkomtur in Marienburg. Der Hochmeister hatte alsbald nach der Gewinnung Pommerellens seinen Sitz von Venedig nach Preußen verlegt. Damit war die äußere Entwicklung des preußischen Territorialstaates abgeschlosssen. Negativ war, daß von nun an der Gegensatz zu dem unter Wladyslaw Lokietek wiedervereinigten Polen, das sich mit dem Scheitern seiner Ansprüche nicht abfinden wollte, die Außenpolitik des Ordens mitbestimmte.

D. Verfassungs- und Verwaltungsaufbau in Preußen und Livland

Zur Veranschaulichung des staatlichen Aufbaus werden hier eine Karte und Amtssiegel herangezogen. Das Siegel war im Hoch- und Spätmittelalter in einer Zeit sehr eingeschränkter Laienschriftlichkeit das wichtigste Beglaubigungsmittel und stand auch an Stelle der heutigen Unterschrift. Die gezeigten Amtssiegel repräsentieren daher auch ein Amt und seinen Träger.

Auf der Karte D 15 ist die Einteilung Preußens und Livlands in Amtsbezirke erkennbar. Das eigentlich unmittelbare Ordensgebiet ist in Komtureien und Vogteien eingeteilt. Die Verwaltung einer Komturei oblag dem Komtur, dem in der Hauptburg ein Konvent von Ritter- und Priesterbrüdern unterstand. Der Komtur verfügte außerdem über eine Anzahl von Unterbeamten. In der Regel führte er das Aufgebot seiner Komturei im Kriege. Der Vogt als Gebietiger eines Vogteibezirks hatte Unterbeamte, aber keinen Konvent.

Der Orden insgesamt und das Land Preußen besonders unterstanden dem vom Generalkapitel durch 13 hierzu bestimmten Brüder gewählten Hochmeister, der zusammen mit dem Rat der fünf Großgebietiger die wichtigen Entscheidungen traf. Die fünf Großgebietiger waren der Großkomtur als Stellvertreter des Hochmeisters, der Oberste Marschall (zugleich Komtur in Königsberg) als Leiter des Heerwesens, der Oberste Spittler (zugleich Komtur von Elbing) und für das Hauptspital zuständig, der Oberste Trappier (zugleich Komtur von Christburg) ursprünglich für das Bekleidungswesen in Akkon und der Treßler für die Hauptkasse des Ordens, der wie der Großkomtur im Hochmeisterschloß, der Marienburg, saß. Bei Meinungsunterschieden im Gebietigerrat entschied der Hochmeister als „sanior pars" bei Bedarf auch gegen die Mehrheit. Die Größe der Konvente schwankte zwischen 2–3 und bis zu 80 Brüdern. Insgesamt gab es in Preußen zu Anfang des 15. Jahrhunderts etwa 500 Brüder, in Livland etwa 270.

Livland wurde vom Meister in Livland regiert, den zweithöchsten Rang nahm der Landmarschall ein.

Bischöfe und Domkapitel hatten eigene Territorien. In Preußen gab es die Bistümer Kulm, Pomesanien, Ermland und Samland, in Livland das Erzbistum Riga und die Bistümer Dorpat, Ösel-Wiek und Kurland, schließlich das Bistum Reval, das aber über kein eigenes Stiftsterritorium verfügte. Außer Ermland und Dorpat sowie Reval waren die anderen Bistümer und Kapitel dauernd oder zeitweilig dem Orden inkorporiert. In Riga gelang das nur vorübergehend. Die großen Städte Kulm, Thorn, Danzig, Elbing, Königsberg und seit 1346 Reval unterstanden als autonome Gemeinwesen der Herrschaft des Landesherrn. Riga verfolgte, ursprünglich unter dem Erzbischof stehend, eine möglichst unabhängige Politik auch unter dem Ordensregiment seit 1330. Dorpat unterstand autonom dem dortigen Bischof.

Der Ordensstaat war also keineswegs ein straff zentralistischer Einheitsstaat.

Die Gebietigersiegel zeigen überwiegend, wie auch die geistlichen durchweg, religiöse Motive. Marschälle, Treßler und Trappier zeigen mit Reiter, Schlüssel und Gewand Abzeichen ihrer Tätigkeit. Bemerkenswert ist das Motiv der Flucht nach Ägypten. Es kommt zuerst beim preußischen und livländischen Meister Hermann Balk vor und kann als Zeichen des Schutzes für den verfolgten Christus gedeutet werden. In Livland ist es vor dem Eintreffen des Deutschen Ordens unbekannt, wird dann aber dort eins der beiden Siegelmotive des Meisters bis zum Untergang des Ordensstaates. Im 15. Jahrhundert erscheinen am Siegelfuß einiger Gebietiger neben dem Ordensschild die jeweiligen privaten Geschlechterwappen des Trägers, wie man sie auch schon in den Lochstädter Wandmalereien um 1390 findet, ein Zeichen der allmählichen Verweltlichung und Abkehr von dem strengen Geist der Frühzeit.

In den folgenden Siegelbeschreibungen werden die Legenden so wiedergegeben, wie sie auf den Siegeln stehen, d. h. ohne Auflösung von Abkürzungen durch den Bearbeiter.

D 1 Siegel der Konvente und Landmeister in Preußen

a) Konventssiegel des Deutschen Ordens in Preußen

1232

Nachbildung, Wachs; Größe 46 × 29 mm; rot

Legende: + FRM TEV [TONICO] IN PRVSCIA

Siegelbild: Der heilige Georg als Ritter, stehend, in einer bis zu den Knien reichenden Ringbrünne, um das Gesicht eine Helmbrünne oder Ringhaube. Vor der Brust ein Schild mit einem auf einer Stange ruhenden Tatzenkreuz; an der linken Seite ein Schwert. In der Rechten hält der Ritter eine Lanze mit nach links wehendem Wimpel. Rechts und links des Ritters im Siegelfeld die Buchstaben S G EOR

GStA PK XX. HA Schiebl. LIII n. 25

D 1 a

b) Konventsbulle des Deutschen Ordens

1455

Nachbildung, Wachs; D.: 37 mm, farblos

Vorderseite

Legende: + S'hOSPITALIS SANCTE MARIE

Siegelbild: Brustbild der Maria mit dem Kind im linken Arm, in der Rechten ein Lilienszepter

Rückseite

Legende: + DOMVS TEVTONICORVM IHRLM

Siegelbild: Darstellung der Fußwaschung

GStA PK XX. HA Schiebl. XIII n. 73

c) Siegel des Landmeisters Hermann Balk

1233

Nachbildung, Wachs; D.: 33 mm; grün

Legende: + FRIS hERMANNI BALCONIS

Siegelbild: Die Flucht nach Ägypten; über dem Kopf des Esels ein achtstrahliger Stern

GStA PK XX. HA Schiebl. 59 n. 4

d) Siegel des Landmeisters in Preußen, Konrad von Thierberg d. Jüngeren

1282

Nachbildung, Wachs; D.: 40 mm; schwarz

Legende: + S·PCEPTORIS·DOM·S·MARIE·TEVTH·I·PRVZIA

Siegelbild: Die Flucht nach Ägypten

GStA PK XX. HA Schiebl. 49 n. 13 (1)

e) Siegel des Marschalls in Preußen, Konrad von Thierberg d. Jüngeren

1282

Nachbildung, Wachs; D.: 36 mm; farblos

Legende: + S MARESCALCI DOM ThEVTOICORV I PRVSCIA

Siegelbild: Ritterbruder mit Ordensschild und Fahne zu Pferd

GStA PK XX. HA Schiebl. 49 n. 13 (4)

D 2 Siegel der Hochmeister

a) Siegel des Hochmeisters Dietrich von Altenburg (1335—1341)
1338
Nachbildung, Wachs; D.: 50 mm; schwarz
Legende: + S' MAGRI : GENERAL : hOSPITAL : S'MARIE : ThEVT : IERLOMTAN
Siegelbild: Maria auf einem Thron sitzend, in der Linken das Kind, in der Rechten ein Lilienszepter
GStA PK XX. HA Schiebl. XIX n. 5 (3)

b) Siegel des Hochmeisters Heinrich von Richtenberg (Hauptsiegel)
1467
Nachbildung, Wachs; D.: 50 mm; schwarz
Legende: + S' : MAGRI GENERAL hOSPITAL : S'MARIE : ThEVT IERLOMTAN
Siegelbild: Maria auf einem Thron sitzend, im linken Arm das Kind, in der Rechten ein Lilienszepter
GStA PK XX. HA Schiebl. 28 n. 39

c) Siegel des Hochmeisters Heinrich von Richtenberg (Rücksiegel)
1467
Nachbildung, Wachs; D.: 31 mm; rot
Legende: + S + mgri + gn'alis + domus + theutonicorū
Siegelbild: In einem Sechspaß der Hochmeisterschild
GStA PK XX. HA Schiebl. 28 n. 39

D 3 Siegel der Großgebietiger in Preußen

a) Siegel des Großkomturs, Ludolf König
1338
Nachbildung, Wachs; D.: 34 mm; grün
Legende: + S' PRECEPTOR DOM ThEVTONICORVM
Siegelbild: Krönung der Maria
GStA PK XX. HA Schiebl. XIX n. 5 (4)

b) Siegel des Obersten Marschalls Winrich von Kniprode
1344
Nachbildung, Wachs; D.: 40 mm; rot
Legende: + S' MARSChALCI∘ORDINIS ∘DOMVS∘TOVTVNICI
Siegelbild: Im gegitterten Siegelfeld ein Ritterbruder mit Ordensschild und Fahne zu Pferd; ein Schild mit Ordenskreuz teilt die Legende
GStA PK XX. HA Schiebl. XXXV n. 4

c) Siegel des Obersten Spittlers, Graf Conrad von Kiburg
1399
Nachbildung, Wachs; D.: 34 mm; farblos
Legende: + S' hOSPITALARII DOM' ThEVTONICŌR
Siegelbild: Darstellung der Fußwaschung
GStA PK XX. HA Schiebl. 79 n. 2 (5)

d) Siegel des Obersten Trappiers, Johann von Beffardt
1399
Nachbildung, Wachs; D.: 35 mm; farblos
Legende: S' TRAPERII DOMVS ThEVTONICORVM
Siegelbild: Ein Ritterbruder mit der Kogel auf dem Kopf hält ein Kleid in den Händen
GStA PK XX. HA Schiebl. 79 n. 3 (6)

e) Siegel des Treßlers Borchard von Wobeken
1399
Nachbildung, Wachs; D.: 32 mm; farblos
Legende: + ·S· TESAURARII FRM ThEUTONICORUM
Siegelbild: Im gerauteten, mit Rosetten verzierten Siegelfeld eine Hand, die einen Schlüssel hält
GStA PK XX. HA Schiebl. 79 n. 3 (7)

D 4 Siegel des Großschäffers von Marienburg

Siegel des Großschäffers von Marienburg, Johann Tyrgarden
1399
Nachbildung, Wachs; D.: 30 mm; schwarz
Legende: +S· PROCVRATORIS DE MARIENBORGh
Siegelbild: In einem Vierpaß ein Schild mit einer Hausmarke.
GStA PK XX. HA Schiebl. 79 n. 3 (14)

D 5 Siegel preußischer Komture

a) Siegel des Komturs von Christburg, Luder von Braunschweig
1320
Nachbildung, Wachs; D.: 30 mm; rot
Legende: S' CONMENDATORIS IN CRISBORG
Siegelbild: Burgtor mit drei Türmen; der mittlere Turm mit Zinnen, die Seitentürme mit einem Kreuz verziert
GStA PK XX. HA Schiebl. XXIV n. 24

b) Siegel des Komturs von Danzig, Graf Albrecht von Schwarzburg
1399
Nachbildung, Wachs; D.: 35 mm; braun
Legende: + S CONMENDATORIS DE DANZEC
Siegelbild: Aufrecht stehender Ritter, in der Rechten eine Fahne, mit der Linken stützt er sich auf den Ordensschild
GStA PK XX. HA Schiebl. 79 n. 3 (9)

c) Siegel des Komturs von Engelsburg, Heinrich Reuß
1330
Nachbildung, Wachs; D.: 35 mm; farblos
Legende: + S CONMENDATORIS ANGELICMONTIS
Siegelbild: Ein rechtsgewandter kniender Engel, die Hände betend erhoben
GStA PK XX. HA Schiebl. 60 n. 49 (2)

d) Siegel des Komturs von Mewe, Günther von Schwarzburg
1330
Nachbildung, Wachs; D.: 33 mm; farblos
Legende: [+ S·COM]ENDATORIS DOM GMEW[A]
Siegelbild: Auf den Zweigen einer baumartigen Figur rechts und links je ein Vogel mit einander zugewandten Köpfen, unter den Zweigen ebenfalls je ein Vogel rechts und links
GStA PK XX. HA Schiebl. 60 n. 49 (1)

e) Siegel des Komturs von Königsberg, Bertold Bruhaven
1300
Nachbildung, Wachs; D.: 38 mm; rot
Legende: + S CONMENDATORIS IN KVNIGESBERGh
Siegelbild: König Ottokar sitzend, gekrönt, in der Linken einen Reichsapfel, in der Rechten ein Lilienszepter
GStA PK XX. HA Schiebl. XXXIV n. 3

f) Siegel des Komturs von Ragnit, Marquard von Sulzbach
1398
Nachbildung, Wachs; D.: 36 mm; braun
Legende: S' Conmendatoris in rangnitt
Siegelbild: Die Apostel Paulus und Petrus auf einer Konsole stehend, zwischen ihnen eine Fahne
GStA PK XX. HA Schiebl. 53 n. 3

g) Siegel des Komturs vom Thorn, Friedrich von Wenden

1398

Nachbildung, Wachs; D.: 35 mm; braun

Legende: + S' CONMENDATORIS DE ThORVN

Siegelbild: Ein Burgtor mit Zinnen, darüber zwischen zwei Sternen ein Turm mit vier Zinnen

GStA PK XX. HA Schiebl. 53 n. 3

D 6 **Siegel preußischer Bischöfe, Domkapitel und Klöster**

a) Siegel des Bischofs von Kulm, Otto

1338

Nachbildung, Wachs; 75 × 42 mm; rot

Legende: S OTTONIS:DEI GRA EPISCOPI·COLMENSIS:ECCLESIE·

Siegelbild: In einem zweigeteilten Tabernakel aufrecht stehender Bischof, in der Linken den Krummstab, die Rechte segnend erhoben, beseitet von einem Stern und einer Rose. Über seinem Kopf Darstellung der Dreifaltigkeit („Gnadenstuhl"), im Siegelfuß ein Wappenschild mit Widderkopf

GStA PK XX. HA Schiebl. XIX n. 5 (1)

b) Siegel des Domkapitels von Kulm

1338

Nachbildung, Wachs; 62 × 42 mm; grün

Legende: + S CAPITVLI SANCTE TRINITATIS IN CVLMENSE

Siegelbild: Darstellung der Dreifaltigkeit („Gnadenstuhl"); Darstellung Gottes mit dem gekreuzigten Christus auf dem Schoß. Umschrift am Innenrand des Siegelbildes: hIC EST FILIVS [ ] DEI

GStA PK XX. HA Schiebl. XIX n. 5 (2)

c) Siegel des Bischofs von Samland, Johannes Clare

1340

Nachbildung, Wachs; 71 × 45 mm; rot

Legende: S' FRIS: IOh'IS:DEI:GRA:EPI:ECCE: SAMBIEN

Siegelbild: Siegelfeld gegittert und mit Punkten verziert. In einem Tabernakel der aufrecht stehende Bischof, in der Linken den Krummstab, die Rechte segnend erhoben

GStA PK XX. HA Schiebl. LII n. 34 (1)

d) Siegel des Domkapitels von Samland

1340

Nachbildung, Wachs; D.: 65 mm; rot

Legende: SIGILLVM CAPITULI ECLESIE SAMBIENSIS

Siegelbild: In einem Tabernakel wird der rechts unter einem Stern sitzenden hl. Elisabeth von der links sitzenden gekrönten Figur eine Krone und ein Buch überreicht. Rechts und links des Tabernakels je eine aufrecht stehende Figur. Zwischen den mit Kreuzen verzierten Tabernakel-Spitzen ein Turm mit Zinnenkranz, im Siegelfuß ein Kopf

GStA PK XX. HA Schiebl. LII n. 34 (3)

e) Siegel des Bischofs von Ermland, Hermann

1340

Nachbildung, Wachs; 82 × 48 mm; rot

Legende: S' hERMANI DEI GRACIA EPI WARMIEN

Siegelbild: Siegelfeld gerautet und mit Punkten verziert. In einem Tabernakel der aufrecht stehende Bischof, in der Linken den Krummstab, die Rechte segnend erhoben. Über ihm in der Spitze des Tabernakels Halbfigur der Maria mit dem Kind im linken Arm. Im Siegelfuß ein Wappenschild (Familienwappen des Bischofs).

GStA PK XX. HA Schiebl. LII n. 34 (2)

f) Siegel des Dominikanerklosters zu Danzig

1446

Nachbildung, Wachs; 68 × 40 mm; braun

Legende:: Sigillum conuentus g'danensis : ordis:p̄dicatorū

Siegelbild: In einem gotischen Tabernakel der aufrecht stehende Abt, in der Linken den Krummstab, die Rechte segnend erhoben. Rechts und links von ihm je sechs kniende Mönche

GStA PK XX. HA Schiebl. LIV n. 23 a

D 7   Siegel preußischer Städte

a) Siegel der Stadt Danzig

1399

Nachbildung, Wachs: D.: 75 mm; schwarz

Legende: + SIGILLVM:BVRGENSIU[M IN DANTZ]IKE

Siegelbild: Ein Schiff (Kogge) auf Wellen

GStA PK XX. HA Schiebl. 79 n. 3 (17)

b) Siegel der Stadt Elbing

1399

Nachbildung, Wachs; D.: 82 mm; schwarz

Legende: + SIGILLVM [CIVITATI]S ELBINGENSIS

Siegelbild: Ein Schiff (Kogge) auf Wellen; auf dem Vorderkastell eine stehende Figur, vor dem Achterkastell der Steuermann, auf dem Achterkastell die Fahne mit dem Stadtwappen — zwei Ordenskreuze

GStA PK XX. HA Schiebl. 79 n. 3 (16)

c) Siegel der Altstadt Königsberg

1360

Nachbildung, Wachs; D.: 65 mm; grün

Legende: + S' SIVITATIS DE CONINXBERGhE

Siegelbild: Rechtsreitender gekrönter König, am linken Arm den Schild mit Kreuz und Adler, in der Hand ein Lilienszepter

GStA PK XX. HA Schiebl. XXXIII n. 5 a

d) Siegel der Stadt Königsberg-Kneiphof

1476

Nachbildung, Wachs; D.: 40 mm; braun

Legende: S ‡ burgensium ‡ noue + citats ‡ kungsbg

Siegelbild: Eine aus Wellen ragende Hand hält eine Königskrone, beseitet rechts und links von je einem Jagdhorn

RStA Städte-Urk. n. 84

e) Sekretsiegel der Altstadt Thorn

1399

Nachbildung, Wachs; D.: 50 mm; grün

Legende: + SECRETVM:BVRGENSIVM:IN:THORVN

Siegelbild: Der Täufer Johannes stehend zwischen einer Eiche und einer Ulme, in kurzem Gewand, die Rechte auf der Brust, die Linke segnend erhoben

GStA PK XX. HA Schiebl. 79 n. 3 (15)

D 8   Siegel des Meisters in Livland

a) Siegel des Meisters in Livland, Goswin von Herike

1346

Nachbildung, Wachs; D.: 34 mm; rot

Legende: + S'COMENDATORIS:DOM ThEVTOI:IN LIVONIA

Siegelbild: Die Geburt Christi („Puerperium")

RStA Urk. n. 165 (1)

b) Siegel des Meisters in Livland, Wennemar von Bruggheney

1399

Nachbildung, Wachs; D.: 35 mm; rot

Legende: + S' COMENDATORIS:DOM ThEVTOI IN LIVONIA

Siegelbild: Die Geburt Christi („Puerperium")

GStA PK XX. HA Schiebl. 79 n. 2 (2)

c) Persönliches Majestätssiegel des Meisters des Deutschen Ordens in Livland, Wolter von Plettenberg

1501

Nachbildung, Wachs; D.: 41 mm; rot

Legende: Sigillum mgr̄i livonie
Siegelbild: Die Flucht nach Ägypten. Im Siegelfuß zwei Schilde: rechts das Ordenswappen, links das Familienwappen Plettenbergs — ein gespaltener Schild, rechts gegittert

RStA Urk. n. 884

d) Siegel des Meisters des Deutschen Ordens in Livland, Gotthard Kettler

1559

Nachbildung, Wachs; D.: 42 mm; rot

Legende: SIGILLVM MAGISTRI LIVON IAE 1559
Siegelbild: Die Flucht nach Ägypten. Im Siegelfuß rechts das Ordenswappen, links das Familienwappen der Kettler — ein Kesselhaken.

RStA Urk. n. 1158

D 9 Siegel des livländischen Landmarschalls

a) Siegel des Landmarschalls in Livland, Bernard de Oldendorp

1348

Nachbildung, Wachs; D.: 35 mm; grün

Legende: + S'MARSCA LCI DE L IVON IA
Siegelbild: Rechtsspringender Reiter mit eingelegter Lanze, Topfhelm und Ordensschild

RStA Urk. n. 178 (2)

b) Siegel des Landmarschalls von Livland, Bernhard Hevelman

1399

Nachbildung, Wachs; D.: 38 mm; schwarz

Legende: + S LANTMARSChAL CI LYVONIE
Siegelbild: Rechtsspringender Reiter mit eingelegter Lanze, Kübelhelm und Ordensschild

GStA PK XX. HA Schiebl. 79 n. 2 (7)

D 10 Siegel livländischer Komture

a) Siegel des Komturs von Doblen, Jürgen von Hoyte

1529

Nachbildung, Wachs; D.: 35 mm; farblos

Legende: 'sigillum : commend dobbele
Siegelbild: In einem Tabernakel zwei Figuren in faltenreichen Gewändern

RStA Urk. n. 1002 (3)

b) Siegel des Komturs von Fellin, Goswin von Polen

1431

Nachbildung, Wachs; D.: 32 mm; farblos

Legende: + S'COMMENDATORIS DE VELIN
Siegelbild: Die Krönung der Maria

RStA Urk. n. 595 (2)

c) Siegel des Komturs von Goldingen, Graf Meynhard von Eberstein

1399

Nachbildung, Wachs; D.: 33 mm; farblos

Legende: + S:COMENDATORIS:IN GOLDINGhEN
Siegelbild: Maria, das Kind auf dem linken Arm haltend, mit der Rechten ihm die Brust reichend

GStA PK XX. HA Schiebl. 79 n. 2 (11)

d) Siegel des Provinzials zu Reval, Borchard de Dreynleve

1346

Nachbildung, Wachs; D.: 43 mm; rot

Legende: + SIGILLUM + PROUINCIALIS + DE + REUALIA

Siegelbild: Im gerauteten und mit Rautenkreuzchen verzierten Siegelfeld ein Bruder des Deutschen Ordens in Preußen (der Hochmeister), auf einer Konsole stehend, in Kettenpanzer und Waffenrock, darauf das Kruckenkreuz, belegt mit Adlerschild. In der Rechten hält er ein Schwert empor, mit der Linken stützt er sich auf den Hochmeister-Schild — mit Adlerschild belegtes Kreuz.

RStA Urk. n. 165 (2)

e) Siegel des Komturs von Reval, Johann van Boderik, genannt Wekebrot

1415

Nachbildung, Wachs; D.: 37 mm; grün

Legende: + S' : COMMENDATORIS : REVALIE

Siegelbild: Die Auferstehung Christi

RStA Urk. n. 535 (1)

D 11 **Siegel livländischer Vögte**

a) Siegel des Vogts von Jerwen, Hermann Gudaker

1346

Nachbildung, Wachs; 45 × 30 mm; farblos

Legende: + S' IGILLVM ADVOCATI YERWIE

Siegelbild: Eine Lilienstaude mit neun Ranken

RStA Urk. n. 165 (4)

b) Siegel des Vogts von Karkus, Thidericus de Warmestorpe

1346

Nachbildung, Wachs; D.: 36 mm; farblos

Legende: + S'·ADVOCA[TI +]I[N : K]ARChUS:

Siegelbild: Eine sechsblättrige besamte Rose

RStA Urk. n. 165 (5)

c) Siegel des Vogts von Narwa, Kort Stryk

1502

Nachbildung, Wachs; D.: 35 mm; farblos

Legende: + S' ad:vocatis + + narvie

Siegelbild: Auf einer unten die Legende teilenden Halbkugel eine stehende männliche Figur (St. Jacobus maior?), deren Kopf die Legende oben teilt, in der Rechten einen Kelch, in der Linken einen Stab haltend

RStA Urk. n. 887

d) Siegel des Vogts von Tolsburg, Heinrich von Kallenbach

1555

Nachbildung, Wachs; D.: 31 mm; farblos

Legende: S'∗VOGET∗TO∗TOLSBORG

Siegelbild: Ein Schild mit drei nebeneinanderstehenden Türmen

RStA Urk. n. 1134 (3)

e) Siegel des Vogts von Wesenberg, Lodewich von Klengell

1494

Nachbildung, Wachs; D.: 39 mm; farblos

Legende: S' engelbert lappe de wesenberch

Siegelbild: Eine aufrecht stehende männliche Figur, deren Kopf und Füße oben und unten in die Legende ragen, in der Rechten eine beflaggte Lanze, die Linke stützt sich auf den Ordensschild (vgl. Darstellung des hl. Mauritius). Rechts des Oberkörpers der Buchstabe e, links ein l

RStA Urk. n. 842

f) Siegel des Vogts in der Wiek, Hinrick Metstaken Jurgensson

1503

Nachbildung, Wachs; D.: 38 mm; braun

Legende: S + ADVOCATI : MARITIME +

Siegelbild: Rechtsschreitender, nach links zurückblickender Adler

RStA Urk. n. 899

D 12 Siegel livländischer Erzbischöfe, Bischöfe, Domkapitel und Klöster

a) Majestätssiegel des Erzbischofs Jasper Linde von Riga (1509—1524)

1520

Nachbildung, Wachs; 81 × 55 mm; rot

Legende: ○ Sigillum : dm' : iasperi : Sancte r[+] igen · ecclie : arepi : or b : m : thevicor u

Siegelbild: In einem Tabernakel der stehende Erzbischof, in der Linken den Stab, die Rechte segnend erhoben. Rechts und links in einem Seitenchor je ein betender Engel; über dem rechten Chor ein Engel mit einem Horn, über dem linken Chor ein Engel mit einer Geige. Über dem Erzbischof hinter einer dreiteiligen Balustrade die Krönung der Maria. Im Siegelfuß ein gevierter Schild: 1. und 4. das Stiftswappen, 2. und 3. das Familienwappen — eine Linde mit drei Wurzeln

RStA Urk. n. 955

b) Majestätssiegel des Bischofs Bartholomeus Savijerve von Dorpat

1449

Nachbildung, Wachs; 69 × 47 mm; rot

Legende: Sigillū + bartolo[mei] episcopi tar batensis

Siegelbild: In einem Tabernakel die Apostel Petrus und Paulus, darüber in einer besonderen Abteilung Maria mit dem Kind im linken Arm. Im Siegelfuß der rechtsgewandte betende Bischof. Links des Tabernakels das Familienwappen des Bischofs — wachsender Bär mit erhobener Tatze —, rechts das Stiftswappen — Schlüssel des Petrus gekreuzt mit dem Schwert des Paulus

RStA Urk. n. 664 a

c) Sekretsiegel des Bischofs Reinoldus Buxhovede von Ösel

1538

Nachbildung, Wachs; D.: 40 mm; rot

Legende: SIGILLV[ ] REINOLDI EPISCOPI ECCLESIE OZILIENSIS

Siegelbild: Ein gevierter Schild, 1. und 4. ein Adler, in 1. linksgewandt, in 4. rechtsgewandt. 2. und 3. je ein gezinnter Sparren. Über dem Schild die Jahreszahl 1531

RStA Urk. n. 1049 (1)

d) Majestätssiegel des Bischofs Heinrich II. von Ixkul von Reval

1438

Nachbildung, Wachs; 64 × 41 mm; rot

Legende: sigillum hinrici dei graci a episcopi revaliensis

Siegelbild: In einem Tabernakel sitzt die gekrönte Maria mit dem Kind im linken Arm, in der Rechten ein Szepter. Im Siegelfuß zwei Wappenschilde: rechts das Stiftswappen — zwei gekreuzte Kreuzstäbe —, links das Familienwappen des Bischofs — ein rechtsgewandter gekrönter Löwe

RStA Urk. n. 628

e) Siegel des Kapitels des Stifts Ösel

1538

Nachbildung, Wachs; D.: 42 mm; grün

Legende: + SIGILLVM + CAPITVLI + ECCLESIE + OSILIENSIS

Siegelbild: In einem von Arabesken umgebenen halbrunden Schild der linksschreitende Adler des Evangelisten Johannes. Zwischen den Adlerfängen auf einem Band die Buchstaben S und I

RStA Urk. n. 1049 (2)

f) Sekretsiegel des Domkapitels zu Reval

1477

Nachbildung, Wachs; D.: 40 mm; grün

Legende: + SECRET V̄ CAPITVLI REVALIES AT CAVSAS

Siegelbild: Siegelfeld mit Kleeblättern verziert. In einem am Rand mit Kleeblättern besetzten Vierpaß der Apostel Andreas. Links oben ein sechsstrahliger, rechts unten ein vierstrahliger Stern

RStA Urk. n. 769

g) Siegel des Dominikanerkonvents in Reval

1482

Nachbildung, Wachs; 50 × 32 mm; rot

Legende: S' 9 VENT FRM ORD PDIC REVALIE

Siegelbild: Die heilige Katharina auf einem Thron sitzend, in der Linken ein Buch, in der Rechten ein Schwert, das sie in den Mund des unter ihr liegenden gekrönten Kaisers Maxentius stößt. Links von ihr ein Rad. Im Siegelfuß fünf linksgewandte kniende Mönche

RStA Urk. n. 797

D 13 Siegel livländischer Städte

a) Sekretsiegel der Stadt Dorpat

1453

Nachbildung, Wachs; D.: 50 mm; farblos

Legende: + SECRETVM:CIVITATIS:TARBATI:

Siegelbild: Im gerauteten, mit Punkten verzierten Siegelfeld Schwert und Schlüssel gekreuzt

RStA Urk. n. 676

b) Siegel der Stadt Alt Pernau

1427

Nachbildung, Wachs; D.: 40 mm; farblos

Legende: S IGILLVM CIVIVM ANTIqvE PERONE

Siegelbild: Siegelfeld gespalten. Rechts ein rechtsgewandter Bischofskopf, links ein linksblickender halber Adler

RStA Urk. n. 584

c) Sekretsiegel der Stadt Reval

1483

Nachbildung, Wachs; D.: 43 mm; farblos

Legende: ∗SECRETVM : CIVITATIS∗ REVALIENSIS∗

Siegelbild: Ein Schild mit drei übereinander rechtsschreitenden Leoparden; über dem Schild ein gekrönter Frauenkopf. Als Schildhalter rechts und links je ein Drache mit einem Zweig im Maul

RStA Urk. n. 805

d) Sekretsiegel der Stadt Riga

1468

Nachbildung, Wachs; D.: 45 mm; farblos

Legende: + SECRETVM : CIVITATIS : RIGENSIS

Siegelbild: Zwei gekreuzte Schlüssel; in dem von diesen gebildeten oberen Winkel ein Tatzenkreuz

RStA Urk. n. 728

D 14 Siegel des livländischen Adels

a) Siegel des Johann Wrangel von Kybberjarve

1538

Nachbildung, Wachs; D.: 30 mm; braun

Legende: [S] hans wrangel hans so[ne]

Siegelbild: Wappenschild mit einer Mauerzinne

RStA Urk. n. 1050 (1)

b) Siegel des Wolmar Uexküll (Ixkule)

1464

Nachbildung, Wachs; D.: 30 mm; braun

Legende: S wolmer ixkulle

Siegelbild: Im Wappenschild ein rechtsspringender gekrönter Löwe; auf dem gekrönten Helm zwei in die Legende hineinragende Sicheln

RStA Urk. n. 704 (4)

D 15 Preußen und Livland
Der Staat des Deutschen Ordens um 1402

Verwaltungsgliederung des Ordensstaates
Historische Karte

Entwurf: Friedrich Benninghoven
Ausführung: Stefan Mielke

Die Karte zeigt die Gebiete des Ordens und der Bischöfe. Kurzfristig um diese Zeit im Pfandbesitz des Ordens befindliche Gebiete sind nicht berücksichtigt, wie Gotland und das Land Dobrzyń. Die Ostgrenzen Preußens und Südgrenzen Livlands sind für die Zeit vor und nach dem Frieden von Sallinwerder 1398 gekennzeichnet. Die Grenze vor 1398 war die seit dem 13. Jahrhundert bestehende; nach 1398 verzichtete der Orden auf Teile der großen Wildnisse zugunsten Polen-Litauens und erhielt dafür Samaiten (vgl. F 10). Dieser Grenzverlauf hatte nur bis 1411 Bestand, dann ging Samaiten wieder verloren, ohne daß die Wildnisgebiete zurückgegeben wurden.

In Preußen erkennt man unschwer die frühen kulmerländischen Zwergkomtureien, später wurden großräumige Verwaltungsgebiete geschaffen. Wiedergegeben sind die Komtureien und Vogteigebiete. Die Neumark bis zur Oder erwarb der Orden 1402 von den geldbedürftigen Luxemburgern; er mußte sie in der Notlage des Ständekriegs 1455 wieder an die Hohenzollern in der Mark verkaufen.

Die Burgen, die Sitz eines Konvents oder Vogts waren, sind eingetragen.

E. Leistungen des Deutschordensstaates

Der Orden entwickelte eine eigene Burgenarchitektur, wie sie sich am bewundernswertesten im prachtvollen Bau des Hochmeistersitzes, der Marienburg, ausbildete. Kirchen, Türme, Tore, Rathäuser und Gildehäuser der Städte traten hinzu. Unter den fast 100 Stadtgründungen, die in der Regel das gegitterte Straßennetz der ostdeutschen Kolonialstadt zeigen, ragen besonders die großen Handelsstädte Kulm, Thorn, Elbing und Königsberg, in Livland Pernau hervor. Die Dorfsiedlung setzte vorwiegend auf Rodungsland an, auch wurden Dörfer der prußischen Bevölkerung umgesetzt. Die Siedlung schritt seit etwa 1280 langsam und in Wellen voran und erstreckte sich über mehrere Jahrhunderte. Die deutschen Bauern kamen aus Niedersachsen, Holstein, dem Mittelelbegebiet um Meißen und aus Schlesien. Im Danziger und Marienburger Werder rang der Orden durch Entwässerungsanlagen mit Schöpfwerken der Wildnis Neuland ab, das mit Bauerndörfern besetzt wurde. Abgeleitet aus dem Magdeburger Recht wurde das Kulmische Recht, das der Deutsche Orden mit der Kulmer Handfeste 1233 ins Leben rief und das sich später auch über das Ordensland hinaus ausbreitete. Kraft päpstlicher Privilegien durfte der Orden auch Eigenhandel treiben. Er tat es vor allem mit Getreide- und Bernsteinausfuhr und Einkauf für den Eigenbedarf. Der Hochmeister hatte das Bernsteinregal. Dieser kostbare Stein (eigentlich Harz), der besonders im Samland gewonnen wurde, war als Schmuck und für das Kunsthandwerk in Europa sehr begehrt.

Für sein Nachrichtenwesen verfügte der Orden über eine hervorragende Amtspost mit Bestimmungen über Vertraulichkeit und Dringlichkeit. Seit dem 13., vor allem im 14. Jahrhundert, begann der Landesherr die Münzprägung. Eine für damalige Zeit moderne mustergültige schriftliche Verwaltung war in allen Ämtern eingerichtet.

Das geistige Leben war in erster Linie ein geistliches Leben, nicht nur in den Konventen. Ein Netz von Stadt- und Landpfarrkirchen mit seinen Geistlichen wurde für die Seelsorge der Bevölkerung errichtet. Ansehnliche Kirchenbauten mit künstlerisch wertvollen Altären und Skulpturenschmuck fanden sich auch auf dem Lande. Der Backsteinbau zog mit der Ordensherrschaft in Stadt und Land ein. Im 14. Jahrhundert begann auch eine eigene Geschichtsschreibung, von der hier Proben zu sehen sind. Übersetzungen biblischer Texte ins Deutsche aus dem 14. Jahrhundert haben sich in einer Prachthandschrift erhalten. Ein besonderer Förderer des Musiklebens, der Architektur und des Siedelwerks war der aus dem Welfenhause stammende Hochmeister Luther von Braunschweig, dessen 1945 verschollenes Grabmal hier im Modell gezeigt wird.

E 1

E 1 Die Marienburg als Hochmeisterresidenz

Hochschloß mit Schloßkirche, Mittelschloß und Hochmeisterpalast
Erbaut seit um 1274, Umbau des Konventshauses zum Hochschloß um 1320 bis 1344
Hochmeisterpalast Ende des 14. Jahrhunderts bis 1398, wohl unter Einfluß von Niclaus Fellenstein aus Koblenz

Modellherstellung: Horst Dühring, Dortmund
GStA PK

Das Modell zeigt den Zustand nach der Rekonstruktion durch Steinbrecht und Schmid im 19. und 20. Jahrhundert. Der Hauptturm wurde zur Ordenszeit nur durch ein Flachdach mit Zinnenkranz abgeschlossen.
Der älteste Teil war das Hochschloß, erbaut seit 1274 in einer ursprünglich dreiflügeligen Anlage, beginnend mit den Wehrmauern und der Kapelle, die damals noch ganz in den rechteckigen Baukörper einbezogen war. Dies war das Konventshaus der Komturei Marienburg in einer außerordentlich verkehrsgünstigen Lage in der Mitte des großen Verkehrsweges von Thorn über Kulm nach Elbing und Königsberg. Dieses Konventshaus umfaßte auch einen Kapitelsaal als Versammlungsraum, einen Remter (aus refectorium =

Speiseraum) und ein Dormitorium (Schlafsaal). Im Anschluß an die Burg wurde auch fast gleichzeitig die kleine Stadt in Rechteckform mit Straßenmarkt angelegt (im Modell nicht enthalten). Als der Hochmeister seinen Sitz nach Preußen verlegte, war hierfür die Lage Marienburgs in der Mitte des besiedelten Teils Preußens geradezu ideal. Nun wurde das Konventshaus ausgebaut, es wurde vierflügelig und erfuhr 1331—1344 einen völligen Umbau, besonders durch die Erweiterung der Kapelle auf Anweisung des Hochmeisters Luther von Braunschweig. Ihre Längsachse betrug nun 38 statt 19 m. Um 1340 wurde außen am Ostchor das 8 m hohe Mosaikbild der Maria angebracht, ein „in der deutschen Kunst einzigartiges Liebfrauenbild" (Schmid). Der Schloßturm wurde später angefügt; 1401 hatte er bereits eine Uhr und Glocken. Unter der Schloßkirche wurde die St. Annen-Kapelle als Grabstätte der Hochmeister angelegt; sie hat von 1341 bis 1449 als Gruft aller in dieser Zeit verstorbenen Hochmeister gedient.

Das Mittelschloß wurde anstatt der bisherigen Vorburg errichtet, deren ältere Teile mit einbezogen wurden. Der Ausbau nach 1300 hing mit dem Raumbedarf für die Hochmeisterresidenz zusammen. Mit dem Westflügel an der Nogatseite wurde begonnen. In diesem Flügel liegen Meisters Küche und Meisters Großer Remter. Im Nordflügel folgte zunächst die Firmarie und an der Ostecke die Großkomturei. Den Ostflügel nahmen die Gastkammern ein, in denen bei Kapiteln der Deutschmeister, der Meister von Livland, Komture und Vögte untergebracht wurden. Daran schloß sich im Süden die 1394 zuerst erwähnte Bartholomäus-Kapelle an.

Wohl der schönste Teil des Schlosses ist der Hochmeisterpalast an der Nogatseite mit deutlichen Stileinflüssen aus dem Rhein-Mosel-Gebiet, der am Ende des 14. Jahrhunderts erbaut wurde, mit Meisters Winterremter, dem lichtdurchfluteten Sommerremter des Hochmeisters und kleineren Amtsräumen. Um die Burg lief eine Außenmauer zur ersten Abwehr, die den sogenannten Parcham, eine Art Zwinger zwischen Schloß und Außenbefestigung einschloß. Nicht im Modell enthalten sind die Vorburg und das sogenannte Plauensche Bollwerk des 15. Jahrhunderts.

Insgesamt haben wir hier wohl die eindrucksvollste deutsche Burganlage und vielleicht das bedeutendste Profanbauwerk der Backsteingotik vor uns. Die herbe Großartigkeit und vielgliedrige Schönheit dieses einmaligen Bauwerks wird kaum je vergessen, wer es einmal unmittelbar aus der Nähe erlebt hat.

E 2 Ansichten aus Schloß Marienburg in Preußen, der Residenz des Hochmeisters

a) Großer Remter

b) Hochmeistergrabstätten in der St. Annen-Kapelle

c) Sommerremter im Hochmeisterpalast

d) Herrenstube, Kamin mit Darstellung des Heidenkampfes

e) Mittelschloß, Gewölbe unter Meisters Großem Remter

f) Mosaikbildnis der heiligen Maria an der Schloßkapelle

g) Front des Hochmeisterpalastes an der Nogat

h) Hochmeisterpalast, Detail der Fassade

Photographien

a, b, d) GStA PK, Slg. Oertel Nrn. 2664, 2661, 2655
e) Privatbesitz
c, f, g, h) Bildarchiv Preußischer Kulturbesitz 132 b, 123 a

E 3 Marienburg, Schloß und Stadt

Delineatio Geometrica Arcis et Civitatis Marienburgensis in Borussia
Darstellung der schwedischen Belagerung
Kupferstich, 1656, gestochen von F. de Lapointe aus Nantes

DOM Bad Mergentheim Inv.Nr. 2625

Deutlich ist noch die Anlage des Mittelalters zu erkennen, gegenüber der Brücke das Hochschloß, anschließend Hochmeisterpalast und Mittelschloß, darüber nach Norden die Vorburg mit dem Plauenschen Bollwerk umgeben, und südlich des Hochschlosses die ummauerte mittelalterliche Stadt. Bastionen und Vorstädte sind jüngeren Datums.

Die Gesamtanlage von Burg und Stadt war rund 800 m lang und 250 bis 300 m breit. Sie bot mehreren tausend Menschen Platz und Schutz und war im Mittelalter für einen Belagerer

im Sturm kaum zu nehmen. Im Falle guter Bevorratung war sie auch nicht auszuhungern, da das Belagerungsheer zur Einschließung so groß sein mußte, daß es selbst bald Mangel litt. So ist das Schloß denn auch im Mittelalter nie durch Waffengewalt, sondern nur durch Verrat bezwungen worden.

Hier befanden sich nicht nur der Hauptwaffenplatz des Ordens und die Residenz des Landesherrn, hier war auch der Mittelpunkt der Verwaltung und gewaltiger Kornvorräte aus den Einkünften und Überschüssen des Ordens. Im Eigenhandel des Ordens wurde das Korn auch ausgeführt. In der Zentrale saß ein Konvent von zeitweise bis zu 80 Ordensbrüdern.

E 4 Eberhard von Seyne, Deutschmeister und Vizelandmeister des Deutschen Ordens in Livland und Preußen, erneuert die Kulmer Handfeste des Hochmeisters Hermann von Salza von 1233

1251 Oktober 1, Kulm
Ausfertigung auf Pergament, Siegel verloren
Größe: 52 × 58 cm

GStA PK XX. HA Schiebl. XX n. 14

1231 gründete der Orden Thorn, 1233 Kulm. Die Handfeste ist ein Recht für die landbesitzenden Großbürger beider Städte, die als Unternehmer und Kaufleute zugleich zum Kriegsdienst und zur Förderung ländlicher Siedlung bereit waren.

Die Handfeste steht zugleich am Anfang des Kulmischen Rechts, das der Orden bei Stadt- und Dorfgründungen anwendete.

Die Bürger dürfen sich einen Richter frei wählen. Ihm fallen die geringeren Gerichtsgefälle ganz, die höheren zu einem Drittel zu. Jede der beiden Städte erhält ein genau beschriebenes großes Gemeindeland (Stadtmark). Als Recht gilt das Magdeburgische Recht, wobei Kulm Oberinstanz für alle Städte des Kulmerlandes werden soll. Das Patronatsrecht der Kirchen verbleibt dem Orden. Die Bürger sind von allen ungerechten Abgaben und Einquartierungen frei. Es gilt das flämische Erbrecht und das flämische Hufenmaß. Das Berg- und Wasserrecht verbleibt dem Orden, Goldfunde sollen nach schlesischem, Silberfunde nach Freiberger Recht geregelt werden. Wer 40 oder mehr Hufen vom Orden kauft, muß mit gepanzertem Pferd und schwer gerüstet mit zwei weiteren Pferden Heerfolge leisten. Bei weniger als 40 Hufen wird der Kriegsdienst mit einem Pferd in Platenrüstung (leichtgerüstet) geleistet. Die Heeresfolge gilt für das Kulmerland sowie gegen die pomesanischen Prußen und alle Gegner des Kulmerlandes. Am Martinstag ist ein geringer Pfennig- oder Wachszins als Anerkennung zu entrichten. Als Zehnt wird an den Bischof von jedem deutschen Pflug ein Scheffel Weizen und ein Scheffel Roggen entrichtet, von jedem polnischen Pflug nur ein Scheffel Weizen. Die Freiheit vom Zoll wird verbürgt. Wie die ersten Siedler, so kam auch der Rechtszug aus dem ostsächsich-meißnisch-schlesischen Gebiet.

Im Jahre 1423 hatte das Kulmerland ohne das bischöfliche Gebiet 359 „Dienste", davon 26 schwer gerüstete Roßdienste und 306 leichtere Platendienste, dazu 20 prußisch gerüstete Dienste.

E 5 Plan der Stadt Kulm

Farbige Handzeichnung von Georg F. W. Rüdiger, zwischen 1776 und 1779
Größe: 56,6 × 58,5 cm

GStA PK AKs G 50695

Der Plan zeigt noch ganz den ordenszeitlichen Stadtgrundriß der Anlage von 1233 mit dem rechteckigen Markt in der Mitte, auf dem sich das ursprünglich gotische Rathaus erhebt, seitwärts davon die Hauptpfarrkirche St. Marien, ferner die Grundstückseinteilung, bebaute und unbebaute Flächen. Typisch für die Ordensanlagen ist das ebenmäßig gegitterte Straßennetz. Die Stadt wurde autonom von Bürgermeistern, Ratsherren und Schöffen regiert.

Die Verwaltung lag in den Händen des Rates, der sich später selbst durch Zuwahl ergänzte. Die Schöffen traten zum Gericht zusammen. Kulm trieb bis weit ins 14. Jahrhundert Fernhandel und gehörte der Hanse an. Es gehörte zu den sechs größeren Städten des Ordenslandes, stand aber mit Braunsberg hinter den andern vier an Einwohnerzahl und Wirtschaftskraft zurück. Es blieb Oberhof für die Städte kulmischen Rechts. Pläne des Ordens, am Ende des 14. Jahrhunderts hier eine Universität für Preußen zu errichten, zerschlugen sich. Eine solche erhielt das Land erst nach der Reformation durch Herzog Albrecht von Brandenburg-Ansbach in Königsberg.

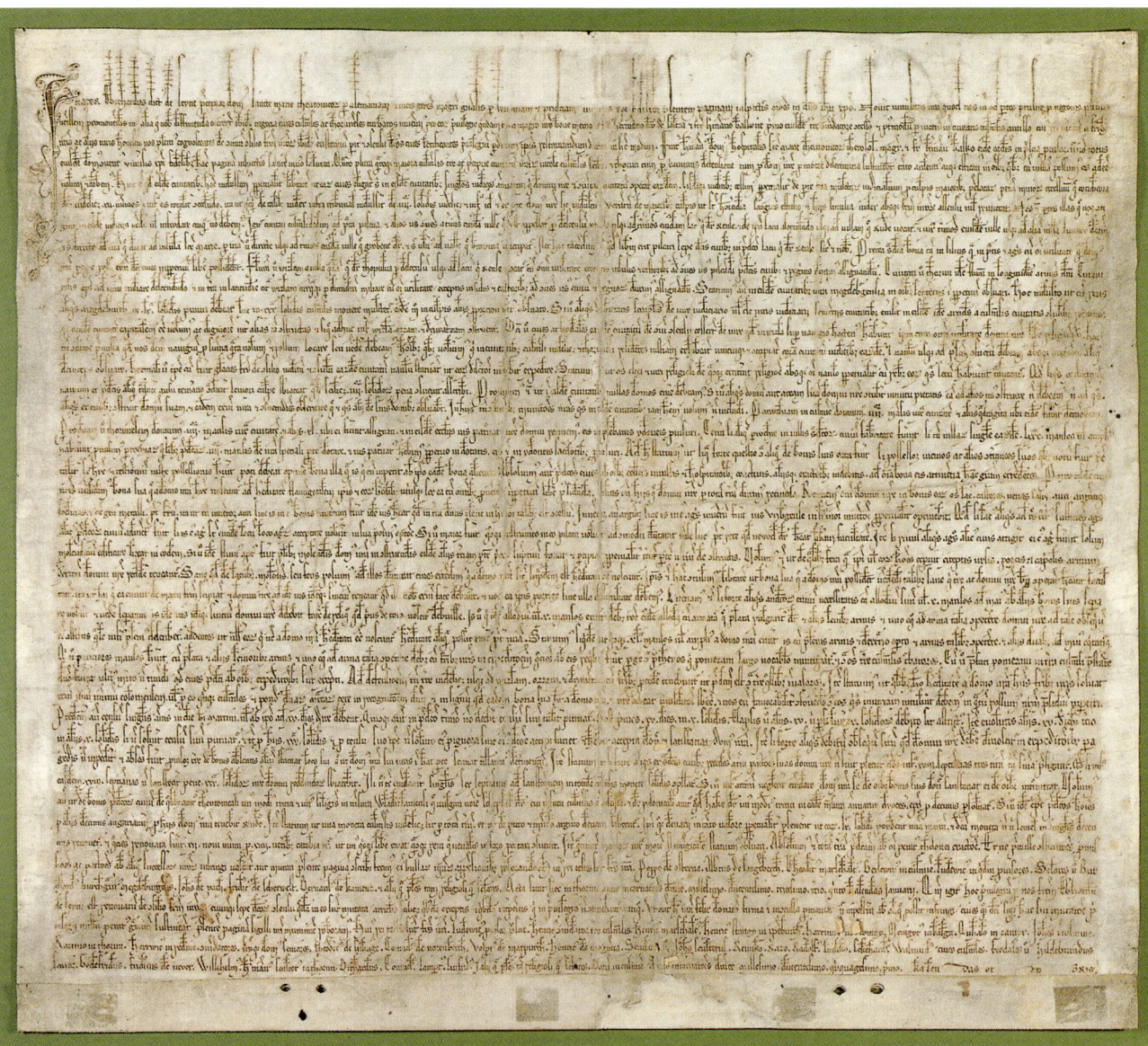

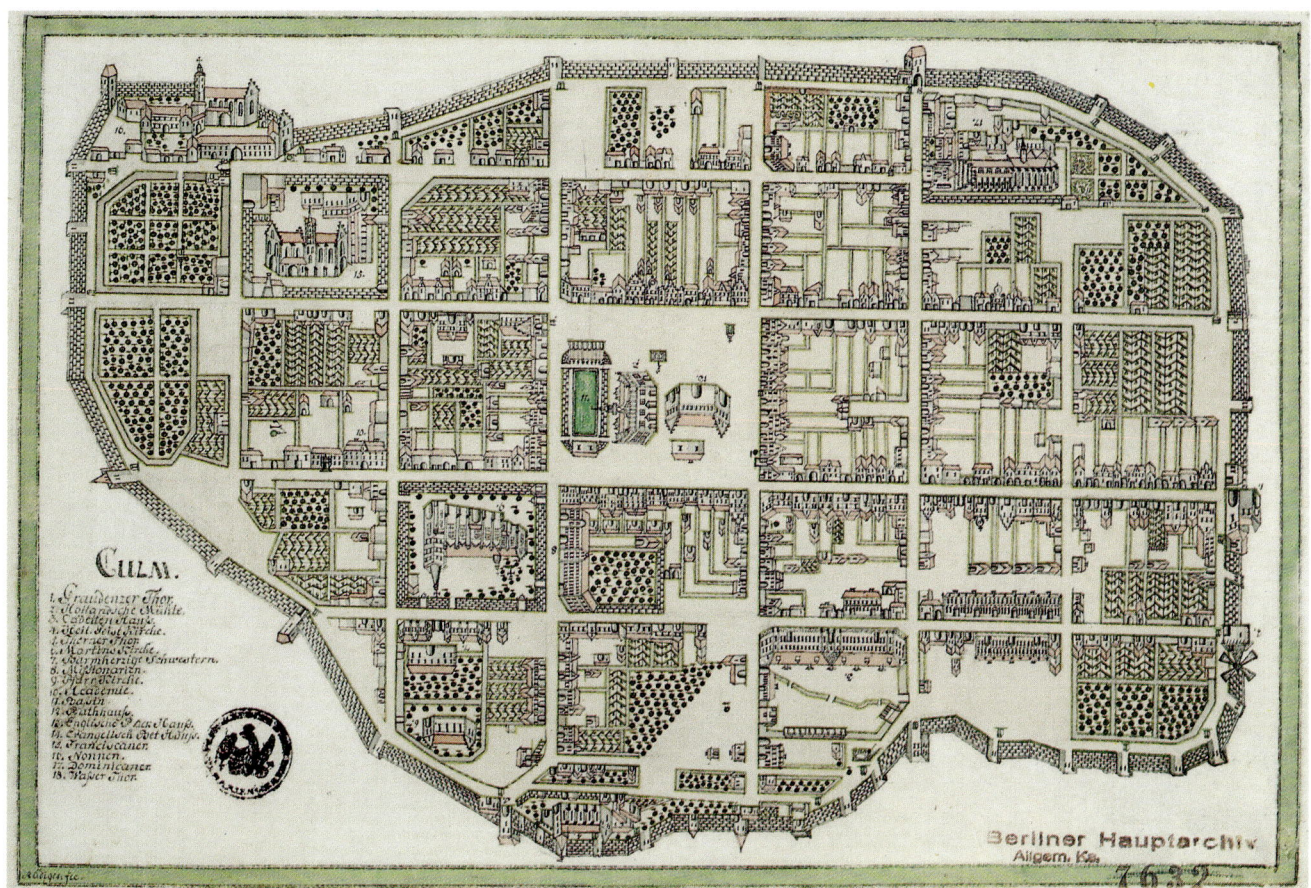

E 5

In der Mauerecke links oben sieht man das 1240 gegründete Dominikanerkloster, im Baublock rechts darunter das Kloster der Franziskaner von 1255, an der Mauerabbiegung rechts oben das vor 1267 gegründete Kloster der Zisterzienserinnen. Alle drei Orden hatten namhaften Anteil an der Mission in Preußen und Livland.

Der Zeichner des Plans, Rüdiger, stammte aus dem deutschen Bürgertum der Stadt Thorn, war 1733 geboren und am Thorner Gymnasium erzogen. Nach der Gründung der Kadettenanstalt in Kulm durch Friedrich den Großen 1776 wurde er als Erzieher dorthin berufen. Rüdiger starb 1793.

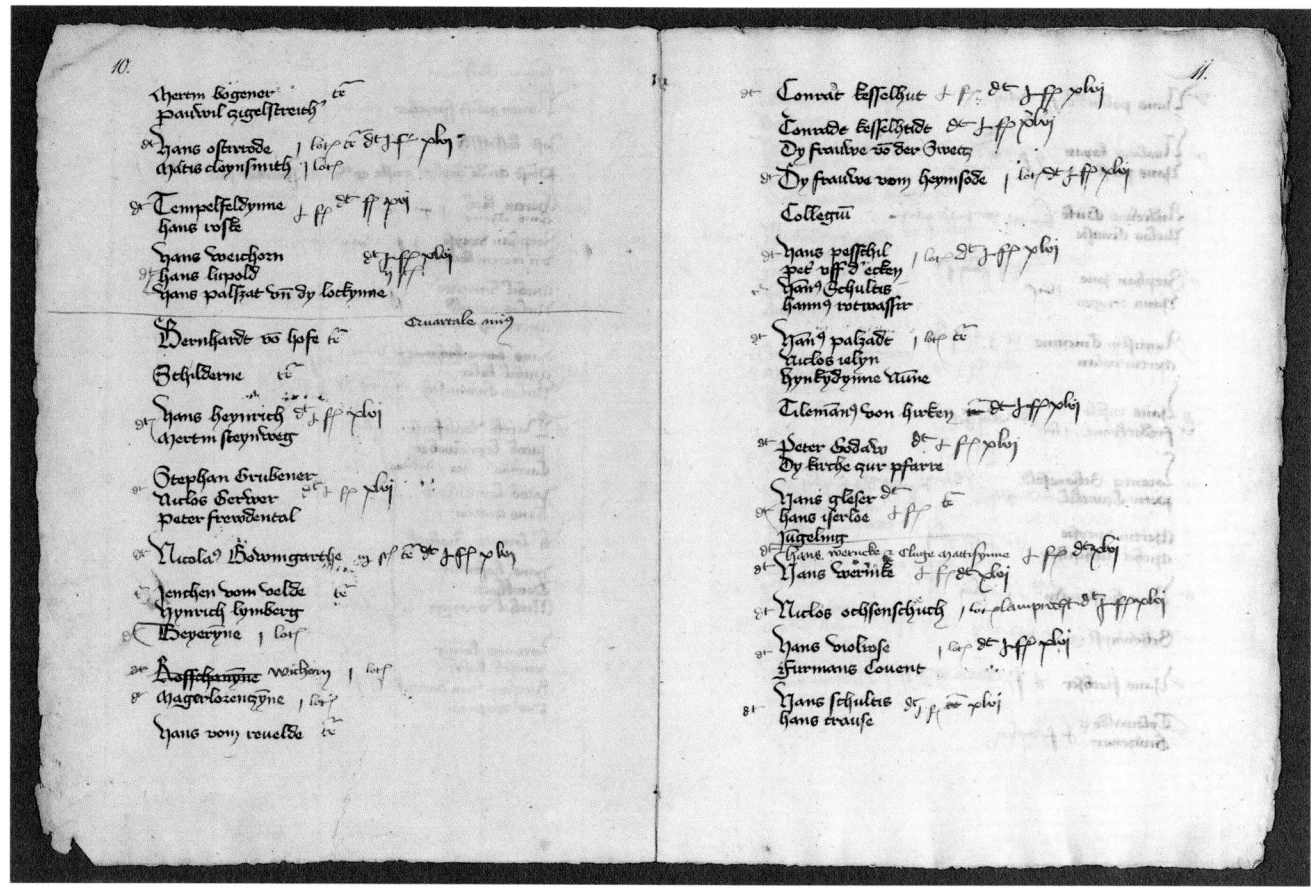

E 6 Kulmer Schoßbuch

15. Jahrhundert
Papierband in Pergamenteinband, Heftung gelöst
138 Seiten
Größe aufgeschlagen: 32 × 51 cm

GStA PK XIV. HA Rep. 322A n. 6

Die Bürgerschaft der Städte wurde vom Rat besteuert und zahlte den sogenannten Schoß. Dessen Einnahmen sind hier aufgezeichnet, was dem städtischen Kämmerer oblag. Jeder Bürger ist, geordnet nach Straßen, mit seiner Zahlungsverpflichtung aufgeführt. Wir finden auf den aufgeschlagenen Seiten Namen wie Mertin Bogener, Pauwil Czigelstreicher, Hans Ostirrode, Mattis Cleynsmith, Tempelfeldynne, Hans Roske, Hans Weichorn und viele andere.

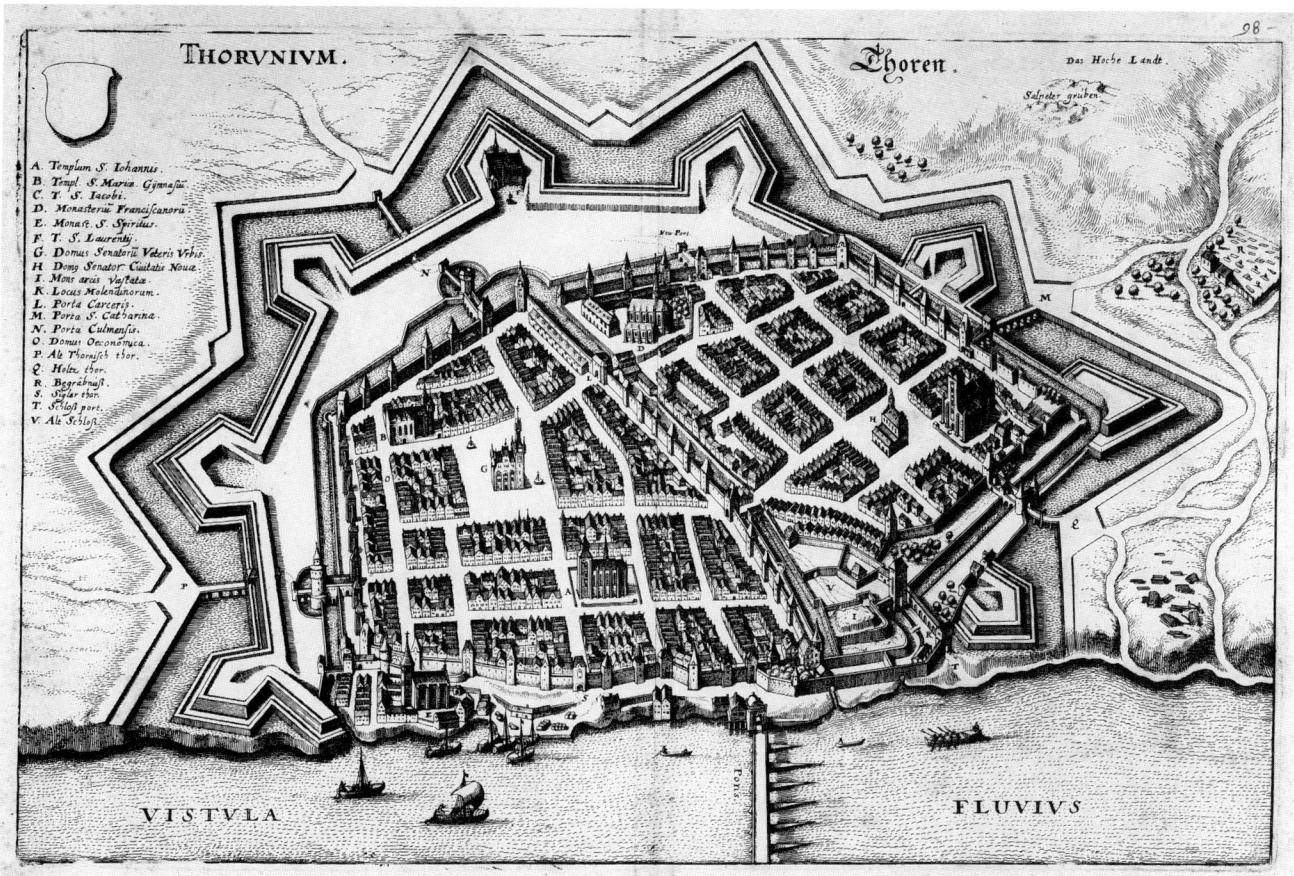

E 7

E 7   Plan der Stadt Thorn

Thorvnivm, Thoren
Gesamtansicht aus der Vogelschau,
Größe: 31,5 × 36 cm
Kupferstich, Mitte 17. Jahrhundert

DOM Bad Mergentheim Inv.Nr. 2560

Innerhalb der Bastionen des 17. Jahrhunderts erkennt man deutlich die Anlage der Altstadt (links) und der Neustadt (rechts) mit eigenständiger Ummauerung des Mittelalters. Zwischen beiden an der Weichselseite der Platz der 1454 geschleiften Ordensburg, von der der Danzker noch zu erkennen ist. Thorn war in der Ordenszeit Seestadt, d. h. es unterhielt auch Schiffe auf der Ostsee, die auf der tieferes Wasser als heute führenden Weichsel die Stadt erreichen konnten.

Die doppelte Anlage in zwei getrennten Städten zeigt ein Prinzip, das der Orden auch in Elbing, Danzig und Königsberg angewandt hat. Das Bürgertum wurde gefördert, weil der Orden sein Unternehmertum und seine Wirtschaftskraft brauchte und zu schätzen wußte. Jedoch sollte sich keine zu überragende Macht bilden. Wettbewerbssituationen verschiedener Unternehmergruppen mögen dem entgegengekommen sein. Man findet solche Doppel- oder Mehrfachanlagen auch in anderen deutschen Territorien, z. B. in Berlin, Braunschweig u. a. Wo eine gewisse Größe nicht überschritten wurde, wie in Kulm, ist das unterblieben. Thorns Blütezeit lag im 13. und 14. Jahrhundert, seit dessen Ende der Handel der Stadt, der bis Polen und Ungarn reichte, zu stagnieren begann, weil Danzig alle anderen preußischen Städte überflügelte.

E 10

E 8 Wehrbauten des Ordens und der Stadt Thorn

a) Der Danzker der Ordensburg

b) Krummer Turm der Stadtmauer in Thorn

Photographien

Bildarchiv Foto Marburg 619122 und 619139

E 9 Plan der Stadt Elbing

Farbige Handzeichnung
18. Jahrhundert
GStA PK XX. HA Karte K. 3376

Der Danzker, ein Bauwerk des 14. Jahrhunderts, ist neben Grundmauern und Kellergewölben der heute noch erhaltene Rest der einstigen Burg. Er war die große Sanitäranlage des Schlosses, typisch für die Ordensburgen in Preußen und ein Zeichen für die aufwendigen Mittel, die man für hygienische Zwecke bereitstellte.
Der Danzker war mehr als 20 m hoch.
Der Krumme Turm gehörte zu den städtischen Wehranlagen.
Planer der Stadtbefestigung war der Orden selbst, wie schon in Siebenbürgen 1222 vorgesehen. Die Stadtmauer ist vor 1263 errichtet worden; der Krumme Turm, einer der letzten, soll 1271, und zwar von einem Ordensherrn, errichtet worden sein. Schon bei seinem Bau muß er sich geneigt haben, was aus den Korrekturen im Mauerwerk erkennbar wird. Die ursprünglich etwa 6,50 m hohe Stadtmauer wurde, wohl um 1420, um 1,50 m erhöht.

Dieser frühneuzeitliche Plan, der auch den Landbau der Umgebung erkennen läßt, zeigt innerhalb der modernen Bastionen die Stadtanlage von 1237 am Elbingfluß innerhalb eines Wassergrabens in trapezförmigem Grundriß. Landeinwärts ist deutlich das Geviert der um 1337 angelegten Neustadt erkennbar. Wie Thorn und Kulm hatte auch Elbing das regelmäßige Straßennetz der Ordensanlagen.
Elbing, mit Hilfe Lübecker Kaufleute gegründet, hatte Lübisches Recht. Die 1330 einsetzende reiche Stadtbuchüberlieferung und die Namen in den Urkunden der ersten 93 Jahre zeigen eine fast ausschließlich deutsche Bürgerschaft. Innerhalb der Hanse spielte die Seestadt im ganzen Mittelalter eine namhafte Rolle.
Unter den Seestädten des Ordenslandes war Elbing bis zum ausgehenden 14. Jahrhundert führend und im Handel bis Mecklenburg, Dänemark, England, Spanien und Flandern tätig, später wurde es von Danzig überflügelt.

E 10   Gießgefäß in der Form eines Fabeltiers

Norddeutschland, Mitte 14. Jahrhundert
Messing, gegossen und ziseliert
H. 40 cm, L. 42,4 cm

SMPK Kunstgewerbemuseum Inv.Nr. 90,70
Danach Nachguß: Bildgießerei Kraas, Berlin

Das ungewöhnlich große Gießgefäß stammt aus dem Rathaus von Königsberg in Preußen. Es ist ganz auf repräsentative Wirkung gearbeitet. Drei spätere Ausgußöffnungen mit Löwenmasken machen es stehend benutzbar.

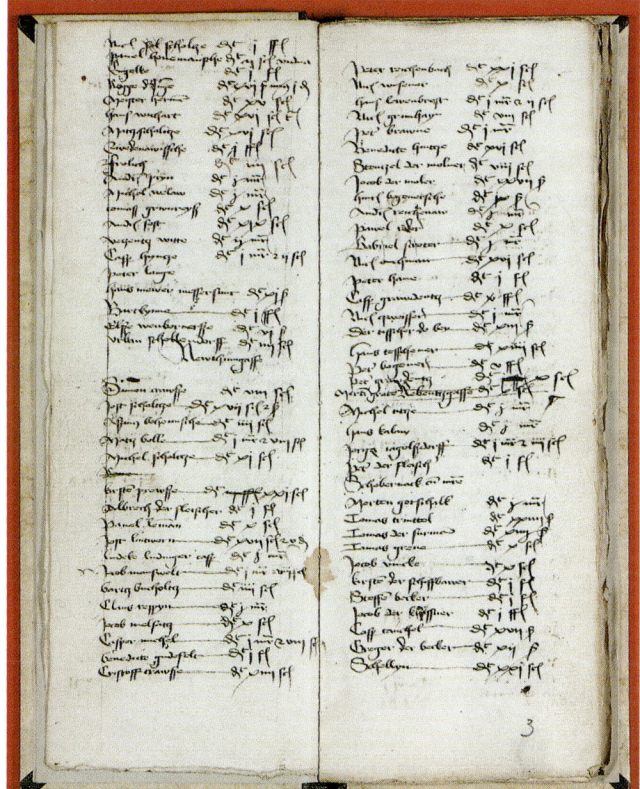

E 12

E 11   Plan von Königsberg

Die Fürstliche Haupt Statt Konigßbergk in Preussen
Braunscher Plan, um 1550
Nachdruck

GStA PK XX. HA Karte F 10518

Der Plan zeigt noch ganz die ordenszeitlichen drei Städte Königsberg in mittelalterlicher Ummauerung, vorn zwischen dem samländischen und natangischen Pregel den Kneiphof mit dem Dom des Bischofs von Samland, dahinter die Altstadt mit dem Schloß, rechts davon den Löbenicht. (Vgl. dazu Nr. E 14).

E 12   Schoßregister der Stadt Königsberg-Kneiphof

1477
Papierband, restauriert und neu gebunden 1966
Größe aufgeschlagen: 31 × 25 cm

GStA PK XX. HA OF 185

Die aufgeschlagenen Blätter 2 und 3 geben einen Einblick in die Namen und Zahlungsverpflichtungen der steuerpflichtigen Bürger. Dort finden sich Namen wie Nicl(as) Scholcze, Pauel Hovemansche, Engelke, Kogge der Junge, Meister Hermen usw.

E 13   Ansicht der Stadt Braunsberg von 1635

Kupferstich, gestochen von Conrad Götke 1635
Photographie

SBPK HB 6 De 6000 Bau- und Kunstdenkmäler Ostpreußens, Heft 4, Königsberg 1894

Die nach Vernichtung der älteren Gründung von 1250 im Jahre 1276 angelegte Altstadt erhielt vom Bischof von Ermland Lübisches Recht. Innerhalb der schwedischen Bastionen der Neuzeit hebt sich auch hier das mittelalterliche Stadtbild mit Mauer und drei Haupttoren gut heraus.
Mit Kulm gehörte die Stadt zu den kleineren der sechs bedeutendsten Städte des Ordenslandes Preußen. Sie lag am Übergang des Hauptverkehrs- und Handelsweges am Haff über die Passarge. Die ersten Siedler kamen unter Führung

E 14

des Ratsherrensohns Johann Fleming aus Lübeck. Die 1342 angelegte Neustadt vor den Toren blieb unbefestigt. Braunsberg war die einzige Fernhandelsstadt des nicht dem Deutschen Orden inkorporierten Bistums Ermland.

E 14 Modell der mittelalterlichen drei Städte Königsberg

Maßstab ca. 1:900
vgl. zur Orientierung E 11

Herstellung: Horst Dühring, Dortmund
GStA PK

Königsberg wurde 1255 gegründet und zu Ehren König Ottokars II. von Böhmen so genannt, der als Kreuzfahrer anwesend war. Nach der Zerstörung im großen Prußenaufstand wurde die Altstadt an der Stelle errichtet, wo der Orden sein Schloß erbaut hatte, an das sie sich nun anlehnte. 1286 erhielt sie Kulmisches Recht. Der Löbenicht wird als Neustadt 1299 genannt, der Kneiphof auf der Dominsel erhielt 1327 Stadtrecht.

Die Stadt lag sehr günstig am Schnittpunkt von 5 alten Fernstraßen, wenige Kilometer von der Mündung des Pregels ins Frische Haff, von Elbing her, aus Natangen, von der Bernsteinküste, von Kurland über die Nehrung und von den östlichen Landschaften Preußens entlang dem Pregel. Am volkreichsten war die sich ans Schloß anlehnende Altstadt, auf der Kneiphofinsel konzentrierten sich später die Fernhändler, der Löbenicht war als Handwerker- und Ackerbürgersiedlung die geringste der drei Städte. Beim Dom saß auch das Domkapitel des Bistums Samland, das dem Orden inkorporiert war. Auf dem Schloß residierte der zweitmächtigste Großgebietiger des Ordens, der Oberste Marschall. Die Königsberger Kaufleute trieben Handel nach Novgorod, Estland, Schweden, Dänemark, England, Flandern, Spanien und Portugal. Holz, Flachs und Getreide waren die bevorzugten Ausfuhr-, Tuch, Salz, Wein, Heringe und Metallwaren die wichtigsten Einfuhrwaren. Die Domherren, die Ordenspriester und drei städtische Schulen waren Träger der mittelalterlichen Bildung in der Stadt.
Blickt man auf das Modell vom Pregelufer her, so sieht man an der rückwärtigen Seite das Schloß mit der davorliegenden, fast halbkreisförmig ummauerten Altstadt. In ihr liegt die Pfarrkirche St. Nikolai (vor 1277). Östlich an die Altstadt schließt sich der Löbenicht an mit der Pfarrkirche St. Barbara (vor 1354). Im Vordergrund auf der Insel der Kneiphof mit dem Dom als Pfarrkirche (vgl. E 43). Links vom Kneiphof liegen jenseits des Pregelarms die altstädtische Lastadie (Schiffswerft) mit Speichern, südlich vom Kneiphof die kneiphöfsche Lastadie mit Speichern, rechts davon die Holzwiesen für Bau- und Brennholz. Rechts vom Kneiphof auf der Lomseinsel wiederum finden sich die Holzwiesen der Altstadt. Im Norden außerhalb der Mauer sind die Anfänge vorstädtischer Siedlungen, der „Freiheiten", zu erkennen.

E 15   Danzig am Ende der Ordenszeit

Historische Karte zu P. Simson, Geschichte der Stadt Danzig, Bd. 1, 1913. Mit einer Ansicht, die wahrscheinlich die Ordensburg nach einem Gemälde des 15. Jahrhunderts darstellt.

GStA PK, Slg. Dr. Nickel

In Danzig hatte der Orden bereits eine Burg und eine Stadt vorgefunden. An die pommerellische Burg angelehnt, war hier schon im 12. Jahrhundert auf dem Boden der späteren Altstadt ein „suburbium" oder Hakelwerk vorhanden, mit einer slawischen Fischer- und Handwerkersiedlung von geringer Bevölkerungszahl. Nach 1224 hatten deutsche Kaufleute die Rechtstadt mit Lübischem Recht gegründet, an der Stelle, wo sie auch später zu finden war. 1308 hatte der Orden dann Burg und Stadt eingenommen, wobei die Mauer und einige Häuser zerstört wurden.
Der Orden baute die früher herzogliche Burg um 1340 für seinen Konvent aus. Der Rechtstadt gab der Orden 1343, im Jahr des Friedens von Kalisch, Kulmisches Recht. Zwischen Rechtstadt und Burg wurde seit 1343 die Neustadt angelegt. Seit 1375 schloß sich im Norden die Altstadt an, auf dem Boden des früheren slawischen Suburbiums. 1380 legte der Orden, um die Stadt nicht zu stark werden zu lassen, an der Weichsel (nicht auf der Karte) die Jungstadt an, die Danzig 1454 beseitigte.
So wurde Danzig, obwohl vom Orden in mehrere selbständige rechtliche Gemeinwesen gegliedert, zu einem blühenden und mächtigen Wirtschaftszentrum. Um 1380 begann es alle anderen preußischen Städte zu überflügeln, und diese Rolle hat Danzig dann bis gegen Ende des 18. Jahrhunderts behauptet; danach wurde die Stadt von Königsberg überholt.
Der Plan läßt deutlich die Rechtstadt in Trapezform erkennen, mit gegittertem Straßennetz und der 1343 begonnenen zweiten Marienkirche im Mittelpunkt. Nördlich davon (der Plan hat Westweisung) liegen Neustadt und Altstadt, mottlauabwärts die Ordensburg. Zwischen den beiden Mottlauarmen ist die Speicherinsel zu sehen. Das Bild rechts oben vermittelt einen Eindruck vom Aussehen der 1454 zerstörten Ordensburg.

E 16   **Schloß und Stadt Pernau in Livland**

Beispiel einer Ordensgründung in Livland
Photographie
GStA PK, aus Handwörterbuch des Grenz- und Auslandsdeutschtums, Art. Deutschbalten u. Balt. Lande

Pernau war von den kleineren Städten diejenige mit der größten Seehandelsbedeutung als Hafen für Dorpat. Auch hier ist das gegitterte Straßennetz charakteristisch. In Livland fand der Orden die meisten Stadtgründungen bereits vor.
Komture von Pernau sind erst seit 1265 überliefert, in einem Gebiet, das der Deutsche Orden schon seit 1237 besaß. Der Fluß Embach, niederdeutsch Embecke, später in seinem westlichen Lauf Pernaufluß genannt, verbindet die Ostsee über den Wirzjerw mit dem Peipussee. Im Mittelalter war dies eine wichtige Verkehrsader. So mag die Ordensburg schon vor 1265 angelegt worden sein, wohl nachdem das auf der anderen Flußseite gelegene Alt-Pernau durch die Litauer zerstört worden war. Sie hieß anfangs Nienslott tor Embecke, 1290 schon Pernau, und deckte zunächst den wichtigen Hafen. Wie in seinen anderen Städten bediente sich der Orden zur Anlage der Stadt der Kräfte der mittelalterlichen deutschen Ostsiedlungsbewegung. Das Schloß wurde 1311 zum Konventshaustyp (quadratische vierflügelige Anlage) umgebaut. Schon 1265 ließ der livländische Meister Konrad von Mandern (aus Hessen) auch die Stadt anlegen und mit einer Mauer befestigen. So hat der Deutsche Orden auch die Stadt Windau und die unbefestigten Städte Weißenstein und Goldingen angelegt. An einer Reihe von Burgen, so Mitau und Doblen, entstanden unbefestigte Flecken.

E 17   **Gotisches Bürgerhaus in der Schloßstraße in Riga**

Farbdruck nach Photographie
DOM Bad Mergentheim Inv.Nr. 4805

Die ersten Häuser der neuen Stadtgründungen des Ordenslandes waren Holz- und Fachwerkbauten, deren Technik die Siedler aus ihrer niederdeutschen Heimat mitbrachten, in der Regel einstöckige Bauten auf relativ langen, schmalen Grundstücken. Auch Steinhäuser nach Art der westfälischen Steinwerke kamen vor. Der Giebel stand zur Straße. Im 14. Jahrhundert begann man höher zu bauen und erreichte mehrere Stockwerke. Der Eingang führte in der Regel bei einem Kaufmannshaus in eine große Diele, von der Nebenräume abgeteilt wurden. In den Dachgeschossen waren die Lagerräume untergebracht, von außen durch eine Winde unter dem Giebel zu bedienen.
Bodenfunde in der Rechtstadt Danzig des 13. Jahrhunderts belegen, daß dort rheinische Keramik in Fachwerkhäusern schon vor 1250 verwendet wurde. Das zeugt von einer Bauweise für gehobene Ansprüche, wie man es auch von Kaufherren dieser Zeit erwarten konnte. In Lübeck hatten sich aus romanischer Zeit noch mehrstöckige Giebelhäuser aus Backstein erhalten. In Riga war hingegen im ganzen 13. Jahrhundert ein großer Teil der Häuser mit Schindeln, Stroh oder Reet gedeckt, was nach drei Stadtbränden eine Bauordnung von 1293 einzuschränken suchte. Dort hieß es: „So we buwen wolde, de scholde buwen mit stene (Stein) und dekke mit stene. Were dat also, dat de man dat nicht en vormochte, so mach he stendere (Fachwerk) setten, und dekken mit stene edder mit leme (Lehm)." Stein- oder Fachwerkhäuser, gedeckt mit Ziegeln oder Lehm, waren danach vorgeschrieben. In jedem Falle war die gezeigte Bau- und Wohnweise in den Gebieten des Ordenslandes vom 13. Jahrhundert an etwas grundlegend Neues. Fachwerkbau heißt im Polnischen noch heute „mur pruski" (preußische Mauer).

E 18   **Die Stadt- und Dorfgründungen des Deutschen Ordens bis 1525 in Preußen**

Auf Grund einer Karte aus dem Historisch-geographischen Atlas des Preußenlandes, hrsg. von Hans Mortensen, Gertrud Mortensen, Reinhard Wenskus und Helmut Jäger
Lieferung 15, bearb. von Erika Nagel und Stefan Mielke, Stuttgart 1989
Herstellung: Stefan Mielke
GStA PK

Die Siedlung auf dem Lande setzte am Ende der Eroberungszeit ein und vollzog sich in Wellen, nicht gleichzeitig. Zunächst wurde ein Gebiet durch Burgen gesichert. Die ländlichen deutschen Siedler kamen vorwiegend aus Mitteldeutschland von Ostsachsen (Halle, Merseburg) über Meißen, die Lausitz und Schlesien, aber auch aus Niederdeutschland. Die jüngere Generation der ersten Siedler bil-

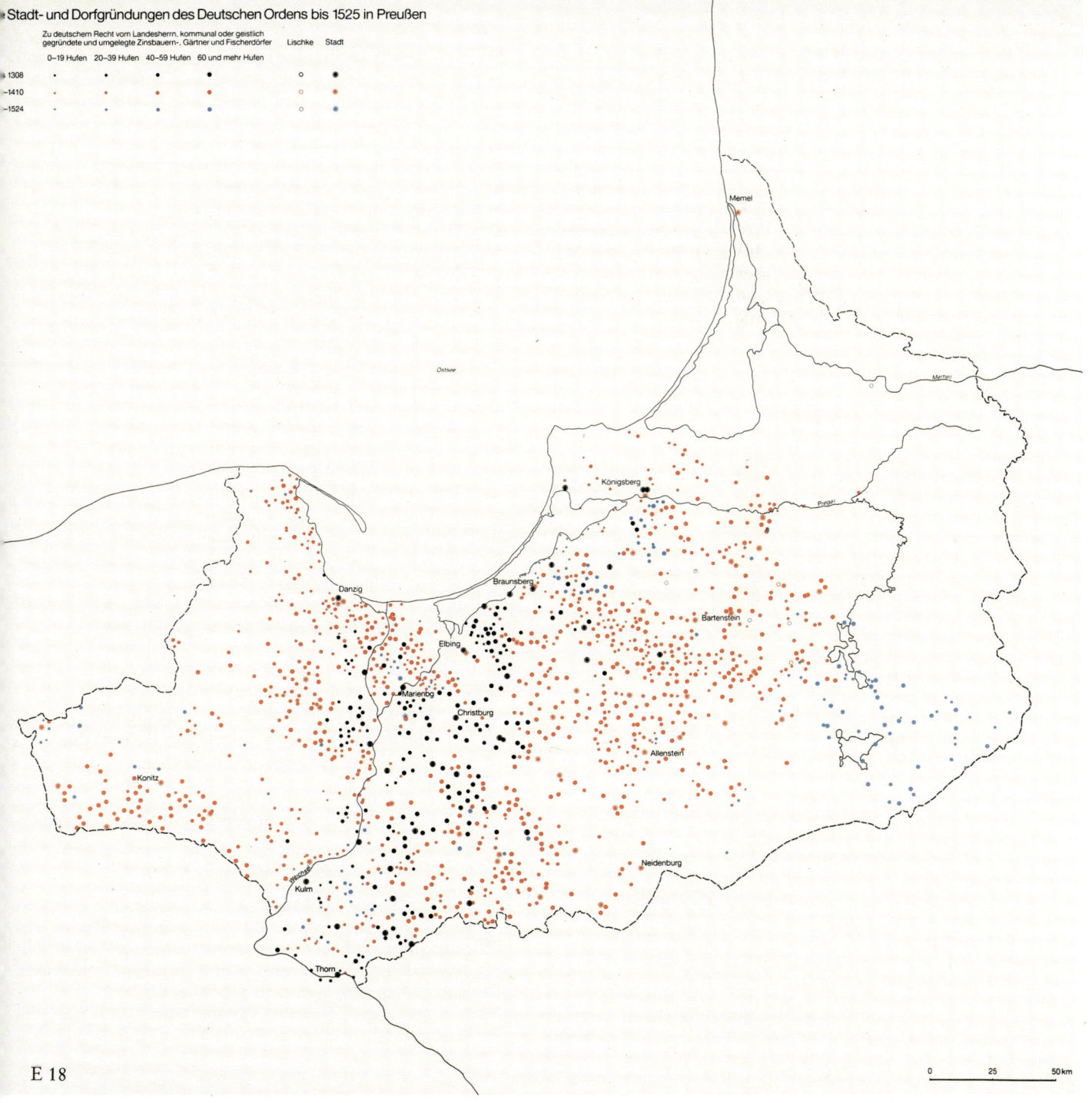

dete oft die nächste Welle für weiter östlich oder landeinwärts angelegte Orte. Neben der deutschen kam auch prußische Binnensiedlung oder das Umsetzen prußischer Dörfer vor. Die zahlreichen Kleinstädte waren die wirtschaftlichen Mittelpunkte einzelner kleinerer Siedlungsgebiete.
1400 Zinsdörfer und 94 Städte hat der Orden so durch Lokatoren angelegt und besetzt. Die gewonnenen Abgaben steigerten die wirtschaftliche und kulturelle Leistungskraft des Ordenslandes. In späterer Zeit, als der deutsche Siedlerstrom nachließ, wurden im Süden auch Bauern aus Masowien angesetzt (seit dem 14. Jahrhundert). Sie bildeten den Stamm der späteren Masuren, die sich nach der Reformation von polnischen Bindungen lösten.

E 19 Ländliche Siedlung

a) Szene einer Gerichtsverhandlung vor dem Dorf, das durch eine Kirche dargestellt ist. Die Bauern berufen sich auf ihr urkundlich dargestelltes Dorfrecht

b) Der Lokator erhält die Urkunde über die Verleihung des Erbzinsrechts. Bauern roden und errichten ein Haus

c) Kirche und Mühle als Friedensstätten, der Pflug als gefriedete Sache

d) Ein Bauer umgibt seinen Hof mit einem Flechtzaun, Regenwasser aus der Dachtraufe darf nur in den eigenen Hof geleitet werden

e) Plan von Waltersdorf, Kr. Heiligenbeil

f) Plan von Rehfeld, Kr. Heiligenbeil

g) Plan von Alt-Passarge, Kr. Heiligenbeil

a—d) Photographien aus der Faksimileausgabe des Sachsenspiegels, hg. von Walter Koschorrek, Frankfurt 1970
SBPK 355 251 HB Hs

e—g) GStA PK XX. HA Plankammer Königsberg 1503, 1499 und 228

Da mittelalterliche Bilddarstellungen aus dem Ordensland zur Siedlung fast fehlen, wurden solche aus dem niederdeutschen Sachsenspiegel herangezogen. Die Dörfer wurden im Auftrag des Ordens durch Unternehmer (Lokatoren) gegründet, die das Erbschulzenamt und die niedere Gerichtsbarkeit erhielten und für die Ansiedlung zu sorgen hatten. Beliebteste deutsche Siedlungsformen waren Straßendorf, Straßenangerdorf und Reihendorf.
Der Lokator erhielt für die Dorfgründung eine Urkunde, die Handfeste. Die deutschen Dörfer, rund 1400 in der Ordenszeit, wurden meist auf Rodungsland angelegt. Die Verleihungen geschahen zu Kulmischem Recht, wobei auch die Geld-, Naturalabgaben und Dienstpflichten genau geregelt waren. Die Dörfer waren von verschiedener Größe, durchschnittlich von etwa 60 Hufen. Die einzelne Bauernwirtschaft hatte in der Regel 2 Hufen mit rund zusammen 33 Hektar Land. Der Dorfschulze erhielt das doppelte Maß und zugleich noch weitere Rechte (Krug, Fleischverkauf). Größere Dörfer erhielten eine Kirche und einen mit einer eigenen Landwirtschaft ausgestatteten Pfarrer, an den auch das Meßkorn und kirchliche Gebühren für Amtshandlungen von den Dorfbewohnern zu zahlen waren.
Im Dorf konnte es auch Handwerker geben, die auf kleinen Grundstücken saßen oder zur Miete wohnten. Die Dorfgemeinde war rechts- und geschäftsfähig.
Solche Dorfgründungen wurden vom Orden, den Bischöfen, den Domkapiteln und Städten vorgenommen.

E 20 Konrad von Thierberg, Vizelandmeister und Marschall in Preußen, erneuert die von Hermann Balk den polnischen Rittern des Kulmerlandes gegebenen Rechte

1278 November 17, Rehden
Kopie des 14. Jahrhunderts auf zwei Pergamentblättern
GStA PK XX. HA Schiebl. VII n. 4

Auch die im Kulmerland ansässigen polnischen Ritter erhielten vom Orden mit genauer Aufzeichnung ihrer Rechte und Pflichten ihren erblichen Lehnsbesitz verbrieft. Die Leistungen bestanden in Kriegsdiensten und Abgaben, es gehörten also auch Polen zum Heeresaufgebot des Ordens.
Nach Angabe der Urkunde war die ältere Verleihung im Prußenaufstand verloren gegangen. Die Heerespflicht er-

streckte sich auf Polen, Pommern (Pommerellen) und Preußen. Außerdem wird das Erbrecht geregelt, das eingeschränkter ist als in der Kulmer Handfeste (wohl nach polnischen Rechtsvorschriften), ferner die Zehntpflicht vom Getreide für die Ritter und ihre Untersassen. Verliehen werden auch Rechte der Fischerei und Bienenzucht, nicht aber die Anlage von Städten und Mühlen, diese behält sich der Orden vor.

Es gibt Anzeichen dafür, daß die polnischen Ritter im Laufe des 14. Jahrhunderts zum besseren Kulmischen Recht hindrängten und dies oft auch erhielten. Sie verschwägerten sich sowohl mit der deutschen kulmerländischen Oberschicht als auch mit ihren Standesgenossen in Kujawien. Von dort kamen die Einflüsse, die den kulmerländischen Adel später zum Mittelpunkt ständischer Bestrebungen gegen den Orden machten.

Auch die polnischen Bauern im Kulmerland wurden nicht benachteiligt. Z. T. nahmen sie am Siedlungswerk teil. Kleine Gruppen und einzelne Polen sind auch in die altpreußischen Siedlungsgebiete im Norden zugewandert.

E 21 **Dietrich Stange verschreibt dem Schulzen Arnold eine Handfeste über das Dorf Brakau in Pomesanien unter genauer Angabe der Grenzen**

1303 August 24
Ausfertigung auf Pergament mit Siegel des Ausstellers

GStA PK XX. HA Schiebl. XXII n. 2

In Dietrich Stange haben wir einen der wenigen ländlichen Großunternehmer vor uns, die der Orden in Preußen ansetzte. Die Stange wurden mit 1200 Hufen versehen, auf denen sie Dörfer anlegten. Die Familie aus Mähren stand in Zusammenhang mit den Sachsen-Altenburgischen Burgmannen.

Innerhalb der beschriebenen Grenzen soll der Lokator ein neues Dorf anlegen und erhält das Schulzenamt, einen Krug, Gerichtsrechte und 10 Hufen für sich selbst. Im übrigen soll er so viele Hufen an Siedler ausgeben, wie er vermag. Die Siedler sollen nach 9 Freijahren jährlich jeder eine halbe Mark Pfennige entrichten. Die Kirche soll drei Hufen erhalten. Hier haben wir eine typische Dorflokation zu Kulmischem Recht vor uns.

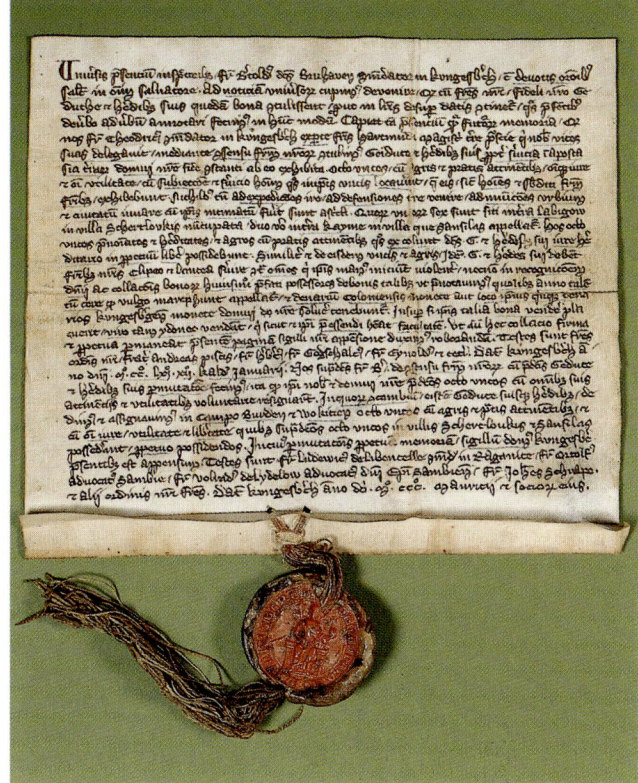

E 22

E 22 **Bertold Bruhaven, Komtur von Königsberg, schließt mit dem Prußen Geduthe und dessen Erben einen Tauschvertrag; diese treten dem Orden 8 ihnen 1261 verliehene Haken Landes ab und erhalten dafür andere 8 Haken im Felde Burden und Wokitien im Samland zu gleichen Bedingungen**

1300 September 22, Königsberg
Besiegelte Ausfertigung auf Pergament

GStA PK XX. HA Schiebl. XXXIV n. 2

E 23 a

Die Prußen wurden weder des Landes verwiesen noch, wie eine neuzeitliche Legende wollte, ausgerottet, sondern galten als Ordensuntertanen als rechtsfähige Partner des Landesherrn. Ihre Oberschicht erhielt Rechtsverleihungen und leistete Wehrdienst. Im Samland hatte der Orden auch im Ständekrieg seine treuesten Anhänger.

Bei der prußischen Bevölkerung haben wir große und kleine Freie, zusammen etwa ein Viertel bis ein Drittel der Gesamtbevölkerung, sowie hörige Bauern zu unterscheiden. Der Orden stützte sich von der zweiten Hälfte des 13. Jahrhunderts an auf die Freien, deren Parteiungen untereinander er benutzte, und privilegierte seine Anhänger unter ihnen mit Gütern. So gewann er diese Schicht bis zum Ende des 13. Jahrhunderts für sich. Im vorliegenden Fall haben wir es mit einem solchen kleinen Freien zu tun (8 Haken = etwa 68 ha). Die Familie war schon nach dem großen Aufstand 1261 mit einem solchen Gut ausgestattet worden, für ihre treuen Dienste in der Notzeit des Ordens. Hier wird nun 39 Jahre später ein Landtausch vorgenommen.

Die prußischen Bauern, soweit sie nicht als Hintersassen von den prußischen Freien abhängig waren, lebten in landesherrlichen Hakenzinsdörfern zu prußischem Recht. Aufstiegsmöglichkeiten hatte ein Pruße über den Dienst als kleiner Freier oder in einem niederen Ordensamt (Tolk = Dolmetscher, Kämmerer u. a.). Der hier genannte Geduthe hatte von seinem Freigut Heeresdienst mit Lanze und Schild und eine geringe Geld- oder Wachsabgabe als Anerkennungszins zu leisten, ferner Dienste beim Burgen- und Städtebau. Er besaß das Gut zu freiem Erb- und Verkaufsrecht.

E 23 Einsatz der Mühlen im Ordensland

a) Große Mühle zu Danzig
Photographie eines Stiches aus dem 17. Jahrhundert
Reinhold Curicke, Beschreibung von Danzig

GStA PK Slg. Dr. Nickel

b) Die Danziger Große Mühle
Photographie um 1920

GStA PK Bildersammlung

c) „Zeichnung einer Bock- oder Steert-Mühle, zu Ausschöpfung des Binnenwassers aus den eingedeichten Poldern, F.S. 1801"
Farbige Handzeichnung

GStA PK XX. HA Karte 3317

d) Karte „Das Weichsel-Delta um 1300"
Nach den in den Jahren 1907 und 1922 hergestellten Rekonstruktionen von H. Bertram

Farbphotographie aus H. Bertram, W. La Baume und O. Kloeppel, Das Weichsel-Nogat-Delta, Danzig 1924

GStA PK

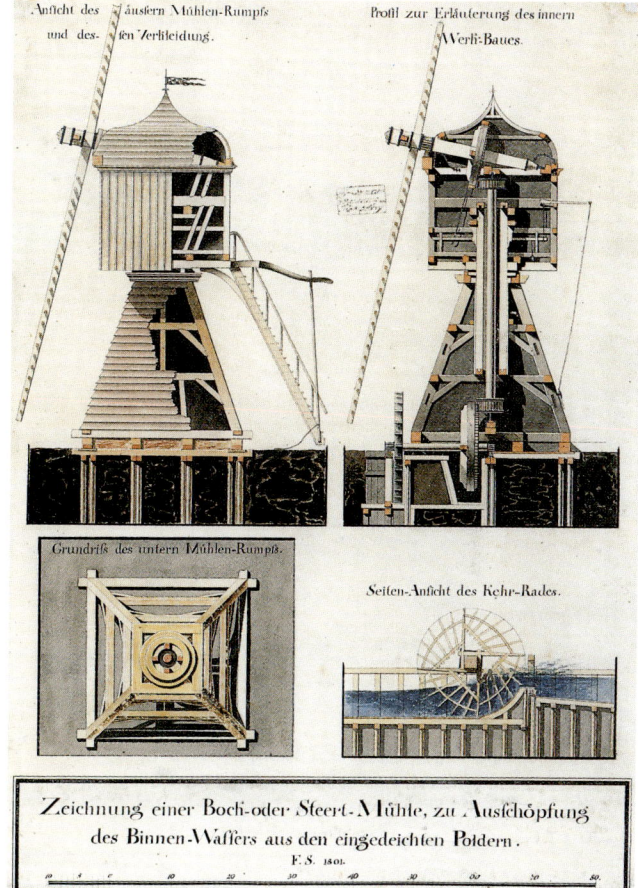

E 23 c

Mühlen waren die Maschinen des Mittelalters. Sie konnten als Korn-, Säge-, Walk-, Loh- und Schöpfmühlen gebaut werden, betrieben durch Wind- und Wasserkraft oder durch Pferdegespanne. Der Orden setzte sie auf dem Lande und in den Städten ein. Das Mühlenrecht gehörte zu den landesherrlichen Rechten. Von ihm machte der Orden weitgehend selbst Gebrauch, so auch in den Städten und bei seinen Burgen. Die Mehrzahl seiner Mühlen wurde durch Wasser betrieben. Die größte Ordensmühle aus der Mitte des 14. Jahrhunderts stand in Danzig. Im Weichsel-Nogat-Delta entwässerte der Orden das zuvor eingedeichte Land durch Schöpfwerke, die noch im 19. Jahrhundert verwendet wurden. Das Prinzip der Schöpfmühle war noch das gleiche wie im Mittelalter, die Technik in der Neuzeit etwas verfeinert. Niederländische Kolonisten wurden bevorzugt herangezogen. Durch Anlage zahlreicher Dörfer gewann der Orden hier im Frieden eine kleine Provinz.

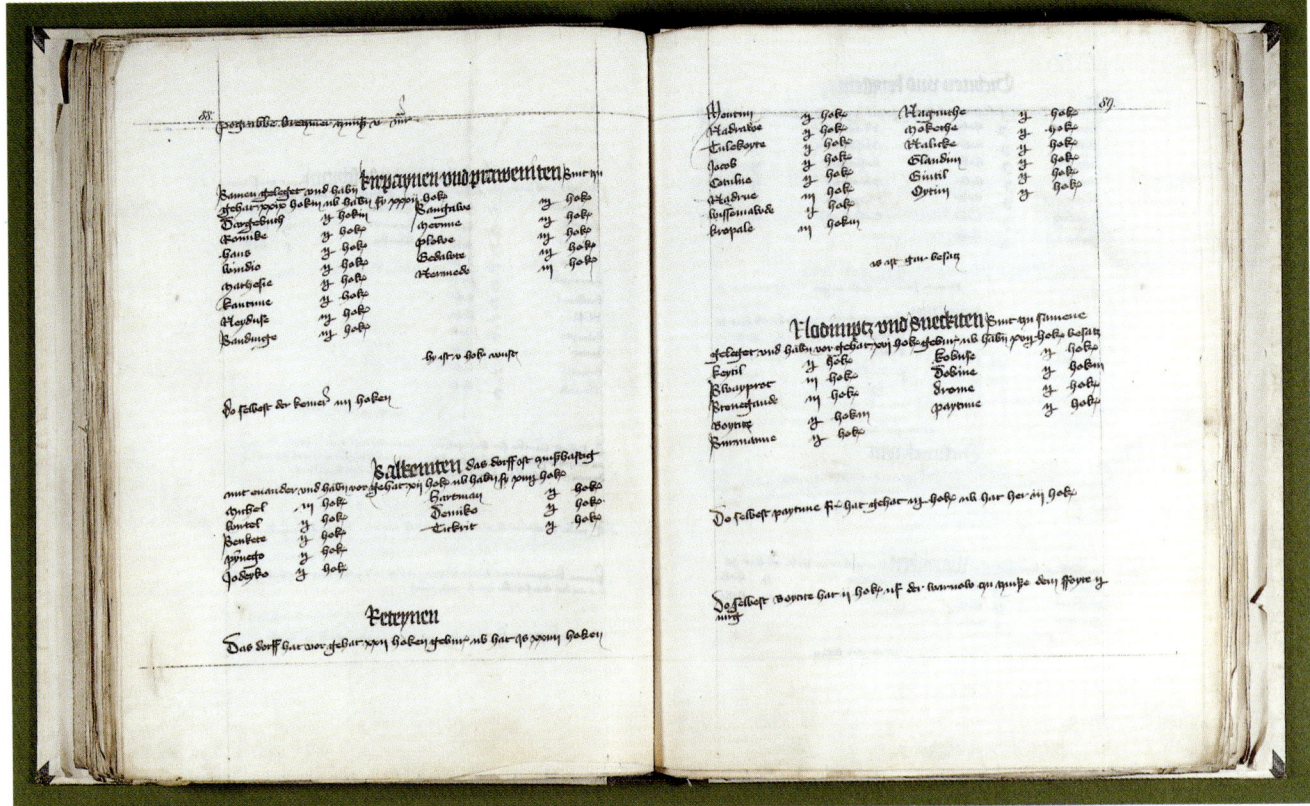

E 26 a

E 24 Das Pfennigschuldbuch der Komturei Christburg

1381—1413
Amtsbuch, Papier in geprägtem Ledereinband
Größe aufgeschlagen: 32 × 50 cm

GStA PK XX. HA OF 161

Das Schuldbuch wurde von der Komturei geführt. Es zeichnet die unterschiedlichsten Arten von Schulden für landesherrliche Abgaben, grundherrliche Abgaben oder für private Leihverhältnisse auf. Für Wirtschafts-, Verfassungs-, Bevölkerungs- und Sozialgeschichte ist es eine ebenso wichtige Quelle wie für die Sprachwissenschaft. Aus ihm ergibt sich, daß im Landgebiet der Komturei Christburg in den erfaßten Jahren 1381—1413 der prußische Bevölkerungsanteil in den Hakenzinsdörfern den deutschen in den Hufenzinsdörfern noch etwas überwog. Unter dem auf Bl. 100 aufgeschlagenen Ort Colthenynen (Koltheney Kr. Mohrungen) findet sich z. B. der Eintrag links oben an dritter Stelle: „Heynrich der fry t. 12 m. vor synen wepener, der czur Willen gefangen wart im XCIIII iare, den wir loszeten", was bedeutet, daß 1394 ein Gewappneter des Freien Heinrich auf dem Kriegszug gegen Wilna gefangen wurde, den der Orden für 12 Mark auslöste, die Heinrich nun schuldet.

E 25 Siedlungsgebiete der Komturei Christburg

a) Wald- und Siedlungsgebiete vor Beginn der deutschen Siedlung um 1280

b) Die Siedlungen um 1390, dargestellt nach Rechtsgruppen
Größe je 51 × 60,5 cm

Hergestellt auf Grund des Pfennigschuldbuchs (E 24) und ergänzender Quellen von Heide Wunder in: Siedlungs- und Bevölkerungsgeschichte der Komturei Christburg, Wiesbaden 1968

Die erste Karte zeigt die Waldverteilung um 1280, grün schraffiert die späteren Rodungsflächen. Die zweite zeigt rot die Hufenzinsdörfer des Ordens, grün die Hakenzinsdörfer, blau die Güter der Freien. Ein Vergleich ergibt die Anlage der deutschen Dörfer überwiegend auf Rodungsland, eingelagert in die Gebiete der prußischen Dörfer. Doch nahmen auch Prußen am Neusiedelwerk des Ordens teil.

E 26 a Haken- und Hufenbuch des Samlandes

Um 1400
Amtsbuch auf Papier
Größe aufgeschlagen: 36 × 58,5 cm
GStA PK XX. HA OF 109

Am Ende des 14. Jahrhunderts ging der Orden im Zuge einer großen Verwaltungsreform zu einer umfassenden Neuvermessung des Landes über; diesem Unternehmen entstammt das vorliegende Buch für das Samland. Es zeichnet wie ein Kataster alle Besitzverhältnisse der Dörfer und Freien auf. Aus ihm ergibt sich, daß das Samland um 1400 noch fast ausschließlich prußisch besiedelt war. Im 15. Jahrhundert nahmen im Zuge rechtlicher Angleichung die Freien die Sprache ihrer deutschen Nachbarn an. Erst im Lauf des 16. Jahrhunderts, nach der Ordensherrschaft, nahmen die Prußen allgemein allmählich ohne Zwang die deutsche Sprache an, ihre Träger waren Deutsche, im Süden des Landes auch Masuren geworden.

Die aufgeschlagenen Seiten 88/89 verzeichnen mehrere prußische Dörfer. In zwei Fällen zeigt die Erläuterung die Zusammenlegung kleinerer prußischer Siedlungseinheiten zu den deutschen Dörfern ähnlichen größeren Siedlungen: „Sint czusamengeleget und haben gehat 29 hokin, nu haben sy 32 hokin."
Damit war oft auch eine Umwandlung von Block- und Streifenflur verbunden. Die Namen Dargebuth, Romike, Windio, Mathesie usw. sind prußisch, dazwischen der aus dem Deutschen entlehnte Name Hans, der aber in diesem Zusammenhang einem Prußen gehört.

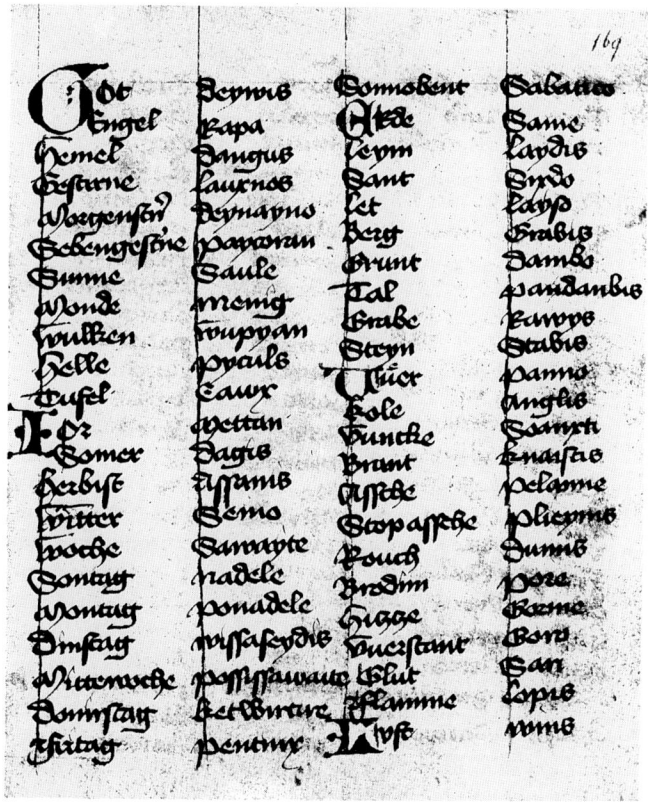

E 26 b

E 27

E 26 b Das Elbinger Deutsch-Prußische Vokabular

Ende des 14. Jahrhunderts
Photographie eines Lichtdrucks einer Seite nach der Handschrift auf Papier
Aus: Das Elbinger Deutsch-Preussische Vokabular, hrsg. von A. Bezzenberger und W. Simon, Königsberg 1897

GStA PK XX. HA UB Königsberg n. 111

Das Vokabular ist ein kleines Wortverzeichnis, das für rund 750 deutsche Wörter die entsprechenden prußischen zusammenstellt, jedoch nicht alphabetisch und daher zu schnellem Nachschlagen nicht geeignet. Erfaßt sind vor allem Hauptwörter aus dem Bereich des Alltags, der Wirtschaft und der Religion. Sein Zweck war am ehesten, als kurzer Sprachführer einem Deutschen die Möglichkeit zu geben, sich mit der prußischen Landbevölkerung schnell über die Begriffe des täglichen Lebens zu verständigen.

E 27 Preußischer Bauer bei der Feldarbeit

Farbige Initiale aus dem Elbinger Wiesenbuch
Anfang 15. Jahrhundert
Photographie
GStA PK

Das Bildnis zeigt den Bauern eines Elbinger deutschen Stadtdorfes bei seiner Tätigkeit. In dieser Zeit war bei den Bewohnern Preußens ein Landesbewußtsein schon vorhanden, so daß man den Nachfahren der deutschen Einwanderer als „Preußen" bezeichnen kann, ebenso wie die Abgesandten der preußischen Hansestädte auf den Tagfahrten als Preußen bezeichnet wurden.

E 28   Stadtrechte im Ordensland Preußen und Livland

Historische Karte
Entwurf: Friedrich Benninghoven
Kartographie: Stefan Mielke

In Preußen galt ganz überwiegend das Kulmische Recht, in Livland das Rigische Recht, nur in den drei Städten des ursprünglich dänischen Nordestland sowie in wenigen Städten Preußens das Lübische Recht. Sie leiten sich sämtlich aus norddeutschen Rechtsquellen her.

Deutlich wird aus der Karte auch, wie ungleich dichter das Städtenetz im damals besiedelten Teil Preußens war, im Gegensatz zu Livland. Das hing mit der größeren Siedlungsdichte im Westen zusammen, wohl aber auch damit, daß in Livland eine bäuerliche deutsche Siedlung fehlte.

E 29   Papst Alexander IV. gestattet dem Deutschen Orden in Preußen, in anderen Ländern seine Waren zu verkaufen und andere einzukaufen

1257 August 6, Viterbo
Ausfertigung auf Pergament mit Bleibulle an rot-gelben Seidenfäden
GStA PK XX. HA Schiebl. 4 n. 46

Im 13. Jahrhundert erhielt der Deutsche Orden zwei päpstliche Privilegien, die ihn zum Handel ermächtigten. Wenn auch in erster Linie an Deckung des eigenen Bedarfs und Abgabe von eigenwirtschaftlichen Überschüssen gedacht war, so wurden diese Privilegien doch die Grundlagen für eine Teilnahme des Ordens auch am allgemeinen Handel. Das führte von seiten der Städter schon im ausgehenden 13. Jahrhundert zu ersten Klagen, so in Livland. Grund dafür war die Wettbewerbssituation. In einer ständisch denkenden Welt wurden zwischen dem Erwerb von „Bürgernahrung", geistlicher und kriegerischer Tätigkeit grundsätzliche Unterschiede gesehen.

E 30   Teilnahme am Handel

a) Beladen eines Seeschiffes im 15. Jahrhundert
Photographie einer Abbildung zur Handschrift des Trojanischen Krieges von Conrad von Würzburg um 1440

b) Das Ordensland innerhalb des hansischen Handelsnetzes
Karte aus Westermanns Atlas zur Weltgeschichte, Braunschweig 1956
GStA PK

Innerhalb des hansischen Handelsnetzes hatte der Ordensstaat eine günstige Lage. Nicht nur die Seestädte, auch der Hochmeister galt mit seinem Orden als Glied der Hanse. Die Handelsbeamten betrieben auch Partenreederei mit eigenen Schiffsanteilen. In Krisenzeiten, so im Krieg der Hanse mit König Waldemar IV. von Dänemark, unterstützten die Preußen die hansischen Belange. Auch die Ausrüstung einer Flotte gegen die Vitalienbrüder auf Gotland 1398 durch den Hochmeister diente den Interessen des Seehandels.

E 31   Marienburger Treßlerbuch

1399—1409
Amtsbuch auf Papier
Größe aufgeschlagen: 42 × 69 cm
GStA PK, XX. HA OF 140

Der Treßler führte die hochmeisterliche Kasse, hatte aber über die Einnahmen und Ausgaben nur begrenzte Verfügungsgewalt. Oberster Finanzbeamter im Ordensstaat war vielmehr der Hochmeister mit dem Gebietigerrat. Gleichwohl war die Stellung des Treßlers bedeutend. Da sich das staatliche Wirken im Finanzwesen gut widerspiegelt, gibt das Treßlerbuch die vielfältigsten Auskünfte über das damalige politische, wirtschaftliche, soziale und alltägliche Leben. Im Haupthause Marienburg wurden drei große Kassen verwaltet: der Tressel (Ordensschatz), die Treßlerkasse für die Ausgaben des Hochmeisters, z. B. für seinen Hofstaat und seine persönlichen Bedürfnisse, und die Marienburger Konventskasse mit den Ausgaben und Einnahmen des Haupthauses und seines Gebiets. Das Treßlerbuch verzeichnet die Buchführung für die Treßlerkasse. Für seine Amtsführung verfügte der Treßler auch über Hilfspersonal. Als Beispiel eines Eintrags sei der Posten ganz rechts unten auf der rechten aufgeschlagenen Seite zitiert: „Item 2 1/2 marc vor eyne breffswege (Briefschweike = Postpferd) in den briefftal gekoufft am sontage noch sente Pauwils tage (St. Paulstag)." Die Sorge für die Poststation gehörte also zu den Aufgaben des hochmeisterlichen Hofes.

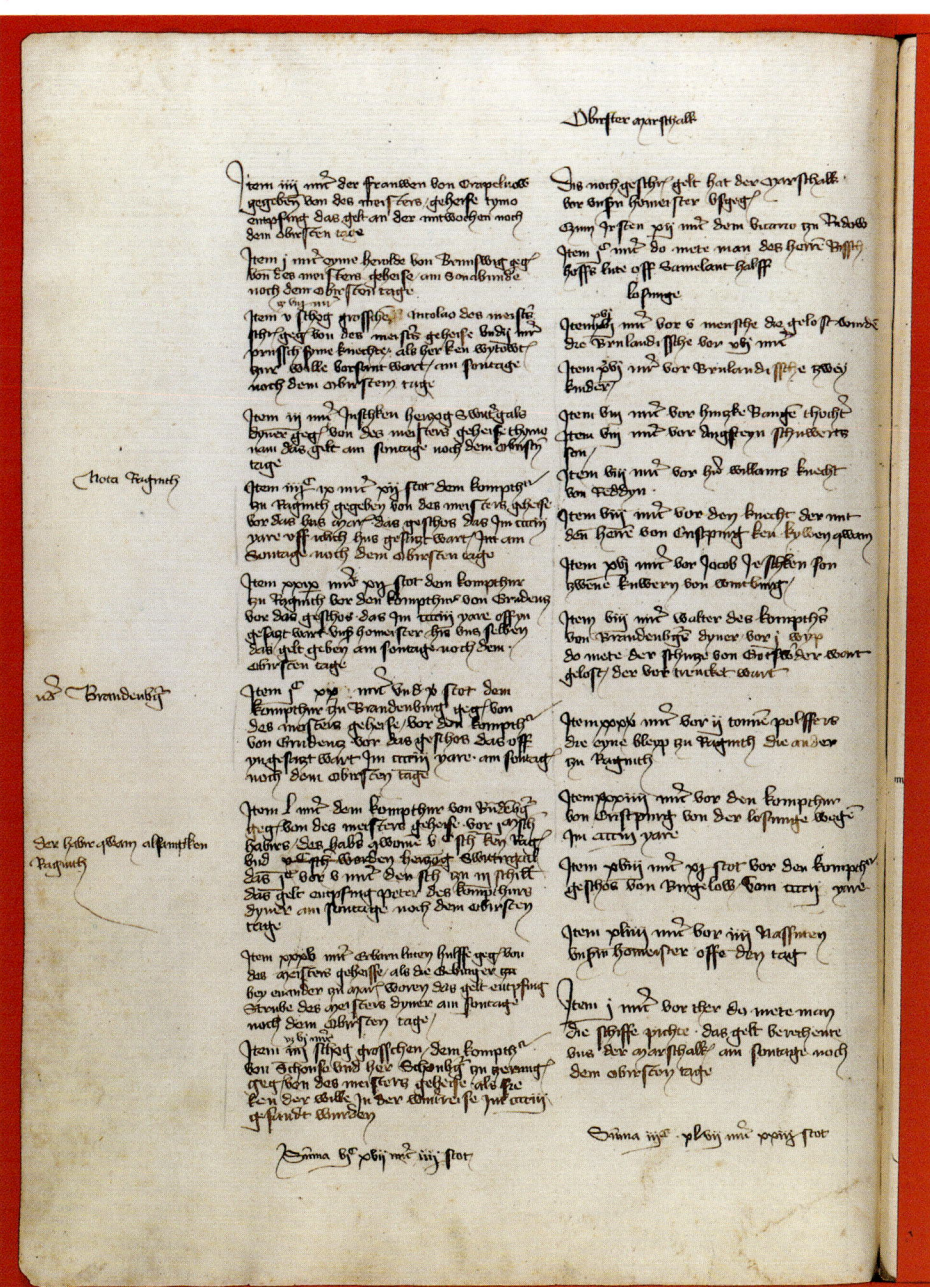

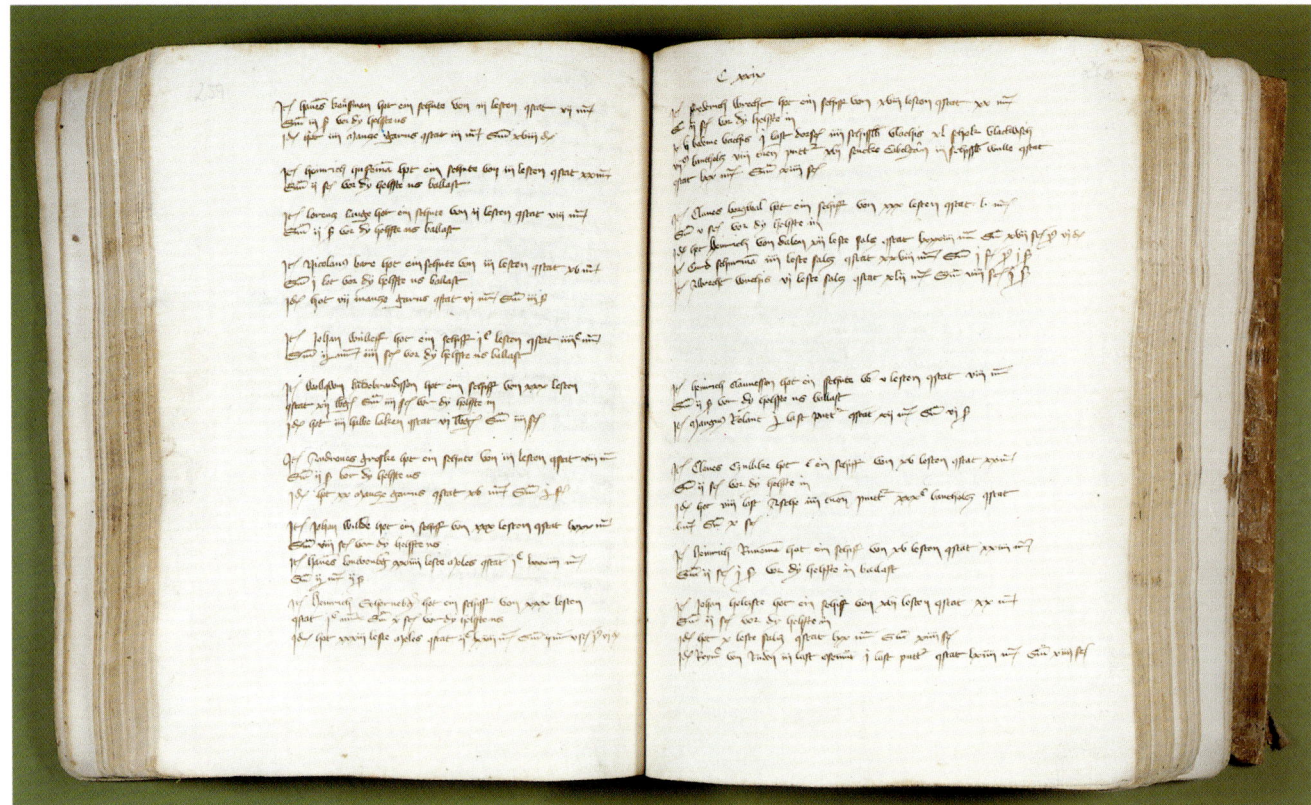

E 33

E 32 Rechnungsbuch des Großschäffers zu Königsberg

1400
Amtsbuch auf Papier, Einband in Leder gebundene Holzdeckel
Größe aufgeschlagen: 29,5 × 48 cm

GStA PK XX. HA OF 141

Für seinen Eigenhandel unterhielt der Orden zwei Großschäffereien in Marienburg und Königsberg. Den Großschäffern unterstanden Handelsbeamte, sogenannte Lieger, in Brügge, Lübeck, Danzig, Elbing und Thorn, ferner eine Anzahl von Dienern als Unterbeamte. Die Ausfuhr in Königsberg bestand in erster Linie aus Bernstein, Wachs, Pelzen und ungarischem Kupfer, in Marienburg aus den über den Eigenbedarf hinausgehenden Überschüssen an Zinskorn und Mehl. Die Ordensbeamten führten Tuche, Wein und Gewürze ein. Der Eigenhandel des Ordens war den aufstrebenden Städten ein Dorn im Auge und wurde einer der Gründe für den Aufstand von 1454.
Die aufgeschlagene Seite 121 zeigt, wie unterschiedlich die gehandelten Waren sein konnten. Der zweite Eintrag rechts oben lautet: „Item eyn vurman von Strasborg us Elzassen (Elsaß) tenetur 2 marc. vor eyne tunne vernis (Firnis)." Der Eintrag ist gestrichen zum Zeichen, daß die Zahlung erfolgt war. Offengeblieben war aber z. B. der folgende Eintrag: „Heynrich Kuche, eyn becker tenetur 6 marc. vor unsern hengist Trampusch, terminus uff wynachten, wen man schribet 1400 und czwey yar."

E 33 Pfundzollregister von 1409

Amtsbuch, Papier in Pergament gebunden, Rücken mit Leder verstärkt
Größe aufgeschlagen: 29 × 51 cm
GStA PK XX. HA OF 159

Bis zur Katastrophe von Tannenberg kam der Orden finanziell ohne Landessteuern aus, mit Ausnahme des Pfundzolls, der von den Ladungen der Seeschiffe nach Gewicht erhoben wurde. Dieser war seit 1361 ursprünglich eine Einrichtung der Hansestädte. Seit 1403 geschah die Umwandlung in einen landesherrlichen Zoll, der Orden war zu einem Drittel beteiligt. Später wurde der Pfundzoll zu einem der Gründe für den Abfall der Städte vom Landesherrn. Die aufgeschlagenen Seiten zeigen die Eintragungen der Abgaben nach den Ladungen der einzelnen Schiffe mit Namen des Schiffers, der Warenart und dem Wert sowie der Zollsumme.

E 34 Die Postwege des Deutschen Ordens in der ersten Hälfte des 15. Jahrhunderts

a) Begleitschreiben des livländischen Meisters zu einer Sendung von Briefen, mit Anweisungen für die Beförderung und mit Durchgangsvermerken der Poststationen
1421 Februar 28, Riga
Ausfertigung auf Pergament mit Oblatensiegel
GStA PK, XX. HA Schiebl. LS VI n. 4

b) Karte der Lieferung 1 des Historisch-geographischen Atlas des Preußenlandes, hrsg. von Hans Mortensen, Gertrud Mortensen, Reinhard Wenskus; bearbeitet von H. Mortensen, Jürgen Jahnke und Heinz Zimmermann, Wiesbaden 1967

Aus dem Brief geht hervor, daß er von Riga bis Elbing eine Laufzeit von 9 Tagen hatte, was ungefähr 60—70 km am

E 34 a

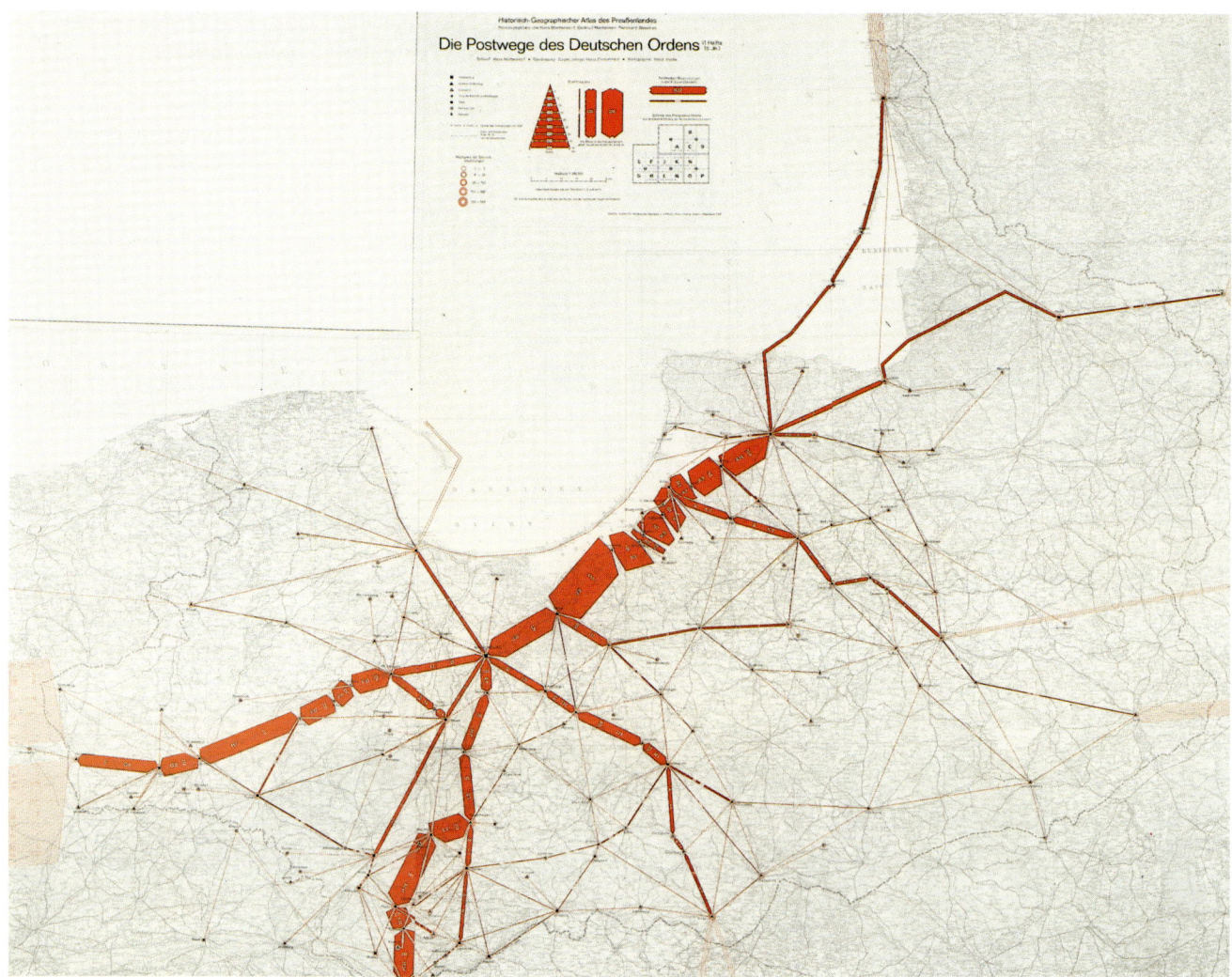

E 34 b

Tage entspricht. Die Post des livländischen Meisters an den Hochmeister konnte also über rund 600 km in 10 Tagen befördert werden. Aus einer Anzahl von mehreren tausend solcher Vermerke ist die Karte erarbeitet worden, die die Wege und ihre Benutzungshäufigkeit zeigt. Da Marienburg als letzte Station fast nie vermerkt wird, muß man sich hier die roten Linien viel stärker vorstellen. Die Post war reine Amtspost, nicht für Privatleute.

Die Postorganisation zeigt, wie stark die Verschriftlichung der Verwaltung im Ordenslande war. Für die Beförderung wurde eine besondere Pferderasse gezüchtet, die sogenannten Briefschweiken. Die Briefe mußten in jeder durchlaufenen Komturei dem Gebietiger vorgelegt werden, zur Kontrolle der Beförderungsart, Eil- und Wichtigkeitsstufe, und Eintragung der Ankunft und Abfertigung mit Angabe der Uhrzeit.

E 35   Münzen des Deutschordenslandes

a) Brakteat (Hohlpfennig)
14. Jahrhundert
Ohne Inschrift
In der vertieften Mitte ein von einem glatten Ring eingeschlossener Ordensschild neuerer Form
DOM Bad Mergentheim Inv.Nr. 3256

b) Brakteat aus Elbing
15. Jahrhundert
Ohne Inschrift
In einem von einem erhabenen Ring eingeschlossenen Schild das Wappen Elbings, zwei Kreuze, das obere vertieft, das untere erhöht
DOM Bad Mergentheim Inv.Nr. 2160

c) Halbschoter aus der Zeit Winrich von Kniprodes (1351—1382)
Vorderseite
Umschrift: + MONETA DOMINORVM PRVSSIE
In einem Sechspaß der Hochmeisterschild
Rückseite
Umschrift: + hONOR MAGRI IVDICIVM DILIGIT
In einem Vierpaß das Ordenskreuz mit dem Kreuz von Jerusalem, an den Enden mit Lilien verziert
DOM Bad Mergentheim Inv.Nr. 1909

d) Schilling aus der Zeit Winrich von Kniprodes (1351—1382)
Vorderseite
Umschrift: + MAGST WVNRICS PRIMS
Hochmeisterschild
Rückseite
Umschrift: + MONETA DNORVM PRVCI
Ordensschild
DOM Bad Mergentheim Inv.Nr. 2162

e) Vierchen
2. Hälfte 14. Jahrhundert
Vorderseite
Umschrift zwischen Perlenreihen: + MAGISTER GENERALIS
Umschrift und äußere Perlenreihe hier verwittert
Hochmeisterschild
Rückseite
Umschrift zwischen Perlenreihen:
+ DOMINORVM PRVSSIE
Umschrift und äußere Perlenreihe hier verwittert
Freistehendes Kruckenkreuz
DOM Bad Mergentheim Inv.Nr. 2163

f) Schilling aus der Zeit Konrad von Jungingens (1393—1407)
Vorderseite
Umschrift zwischen Perlenreihen:
+ MAGST CORADVS TERCI
Hochmeisterschild
Rückseite
Umschrift zwischen Perlenreihen:
+ MONETA DNORVM PRVCI
Ordensschild mit schlichtem Kreuz
DOM Bad Mergentheim Inv.Nr. 2138

g) Schilling aus der Zeit Michael Küchmeisters (1414—1422)
Vorderseite
Umschrift zwischen Perlenreihen:
MAGS T MIChAEL PRIM
Hochmeisterschild auf langem, die Umschrift teilendem Kreuz
Rückseite
Umschrift zwischen Perlenreihen:
MONETA DNORVM PRVC
Schild mit langem, die Umschrift teilendem Kreuz
DOM Bad Mergentheim Inv.Nr. 2143

h) Schilling aus der Zeit Michael Küchmeisters (1414—1422)
Vorderseite
Umschrift zwischen Perlenreihen;
* MAGST*MIChAEL:PRI
Hochmeisterschild
Rückseite
Umschrift zwischen Perlenreihen:
* MONETA*DNORVM*PRV
Schild mit einfachem Kreuz
DOM Bad Mergentheim Inv.Nr. 2142

i) Schilling aus der Zeit Michael Küchmeisters (1414—1422)
Vorderseite
Umschrift durch halb liegende Kleestengel geteilt:
*MAGST MIChAEL PRI
Hochmeisterschild
Rückseite
Umschrift: *MONETA DNORVM PR:
Schild mit einfachem Kreuz

DOM Bad Mergentheim Inv.Nr. 3373

k) Schilling aus der Zeit Paul von Rusdorfs (1422—1441)
Vorderseite
Umschrift zwischen Perlenreihen:
MAGST·PAVLVS PRIM
Hochmeisterschild auf langem, die Umschrift teilendem Kreuz
Rückseite
Umschrift zwischen Perlenreihen:
MONETA DNORVM PRVC
Schild auf langem, die Umschrift teilendem Kreuz

DOM Bad Mergentheim Inv.Nr. 2148

l) Groschen des Hochmeisters Johann von Tiefen (1489—1497)
Vorderseite
(verwittert, Umschrift kaum lesbar und hier nach der Literatur wiedergegeben)
Umschrift: MAGST IOhNS DE TIFENI
Hochmeisterschild auf langem, die Umschrift teilendem Kreuz
Rückseite
Umschrift: MONETA DNORVM PRVS

DOM Bad Mergentheim Inv.Nr. 2152

m) Groschen des Hochmeisters Albrecht von Brandenburg (1511—1525)
1513
Vorderseite
Umschrift:
+ ALBERTVS: D:G:MAGISTER : G
Der Brandenburgische Adler mit Brustschild der Hohenzollern
Rückseite
Umschrift: SALVA : NOS : DOMIN A: 1513
Schild mit Hochmeisterwappen auf langem, die Umschrift teilendem Kreuz

DOM Bad Mergentheim Inv.Nr. 2094

n) Groschen des Herzogs in Preußen, Albrecht von Brandenburg (1525—1568)
1543
Vorderseite
Umschrift: ALBER D G MAR BRAN DVX PRVSS
Adler mit Brustschild mit S (Sigismund von Polen), um den Hals eine Krone
Rückseite
Umschrift (beginnend mit dem Hohenzollernwappen):
IVSTVS EX FIDE VIVIT 1543
Kopf des Herzogs im Profil

DOM Bad Mergentheim Inv.Nr. 3375

o) Schilling des Meisters in Livland Hermann von Bruggeney (1535—1549)
1538; Prägeort Reval
Vorderseite
Umschrift: MAGISTR LIVONIE:
Durchgehendes langes Kreuz
Rückseite
Umschrift: MONET REVALIE 38
Revaler Stadtwappen

DOM Bad Mergentheim Inv.Nr. 2154

p) Schilling des Meisters in Livland Hermann von Bruggeney (1535—1549)
1537; Prägeort Riga
Vorderseite
Umschrift: HER D BRVG HAM LIVO
Auf langem durchgehendem Kreuz das Geschlechtswappen — drei Balken
Rückseite
Umschrift: MONE NO RIGENSIS 37
Rigas Stadtwappen — zwei gekreuzte Schlüssel, darüber ein Kreuz

DOM Bad Mergentheim Inv.Nr. 2153

E 35 c d m n

Als Landesherr prägte der Deutsche Orden in Preußen und Livland eigene Münzen. Die ersten in Thorn sind für 1238 bezeugt. Die Kulmische oder Preußische Mark wurde folgendermaßen eingeteilt: 1 Preußische Mark = 4 Vierdung = 24 Skot = 60 Schillinge = 720 Pfennige.
Von diesen wurden bis 1380 nur die Pfennige als Münzen ausgeprägt, die anderen waren Rechnungseinheiten.
Als Gewichtsmark hatte die Preußische Mark ursprünglich etwa 190 g Feinsilber. Sie war ursprünglich mit der Zählmark identisch. Da der Feingehalt der Pfennige aber im Lauf der Jahrhunderte sank, mußte bald zwischen Zählmark, Gewichts- und lötiger Mark unterschieden werden. Um 1400 hatte eine Zählmark noch immer 720 Pfennige, die Gewichtsmark aber 870 und die lötige Mark 1680 Pfennige, entsprechend dem Feingehalt der Pfennige.
Münzprägestätten gab es in Thorn, Elbing, Königsberg und Danzig, ob auch in Kulm, ist ungewiß. Seit 1380 ließen Winrich von Kniprode und nach ihm seine Nachfolger Schillinge prägen, von denen 112 auf eine Mark gehen sollten, tatsächlich später aber 113 auf die Mark gingen. Um 1370 begann der Orden auch mit der Prägung von Halbschotern und Vierchen. Der Halbschoter war die Groschenmünze des Landes, ähnlich dem Prager Groschen, und Preußen das einzige deutsche Küstenland der Ostsee, das Groschenmünzen herstellte.
Der Halbschoter galt 16 Pfennige. Ein Vierchen hatte den Wert von einem Viertel des Halbschoters oder vier Pfennigen. Seit Konrad von Jungingen (1393—1407) wurden auch preußische Gulden geprägt, die aber schon um 1420 wieder aus dem Verkehr kamen (vgl. G 11). Im Lauf des 15. Jahrhunderts kam es wiederholt zu Münzverschlechterungen und Bemühungen um Reformen, insbesondere bedingt durch Kriege und Münzveränderungen in den Nachbarländern. Unter Hochmeister Friedrich, der wieder Goldgulden prägen ließ, ist folgendes System anzunehmen: 1 Gulden = 3 Vierdung = 15 Groschen = 45 Schillinge = 270 Pfennige. Dies deutet auf Anlehnung an das sächsische System. Hauptsächliche Münze in der Zeit des letzten Hochmeisters in Preußen, Albrecht von Brandenburg-Ansbach, war der Groschen, der zu drei Schillingen oder 18 Pfennigen gerechnet wurde. Nur im Reiterkrieg nach 1520 treten noch andere Prägungen auf, die hier nicht gezeigt werden.
Bemerkenswert ist das Auftreten des Ordenskreuzes und des Hochmeisteradlers auf den Münzbildern. An den Münzen läßt sich gut ablesen, wie dieser Adler im täglichen Gebrauch zum preußischen Landeswappen wird, sich im Bewußtsein der Bevölkerung verankert. Als die Stände 1454 vom Orden abfielen, behielten sie gleichwohl den schwarzen Adler als Zeichen bei, während das Kreuz im Westen Preußens verschwand. Hochmeister Friedrich hat offenbar einmal auf einer Goldmünze sogar den Doppeladler des Reiches gezeigt. Der letzte Hochmeister ließ auf den Münzen neben dem Hochmeisteradler auf der Vorderseite schon den brandenburgischen Adler mit dem Wappen der Hohenzollern prägen (1513). Nachdem er den Orden 1525 aufgelöst hatte, tritt auch auf den Münzen des östlichen Preußen der schwarze Adler als Wappen des Herzogtums auf. Er ist über den Adler des Königreichs 1701 später zum einköpfigen Adler des Deutschen Reiches von 1871 fortentwickelt worden. Von dort führt eine ununterbrochene Tradition durch alle heraldischen Wandlungen bis in die Gegenwart.
In Livland prägten die (Erz-)Bischöfe von Riga und die Bischöfe von Dorpat und Ösel zunächst allein, da der Orden nur abgeleitete landesherrliche Rechte hatte. Erst nach dem

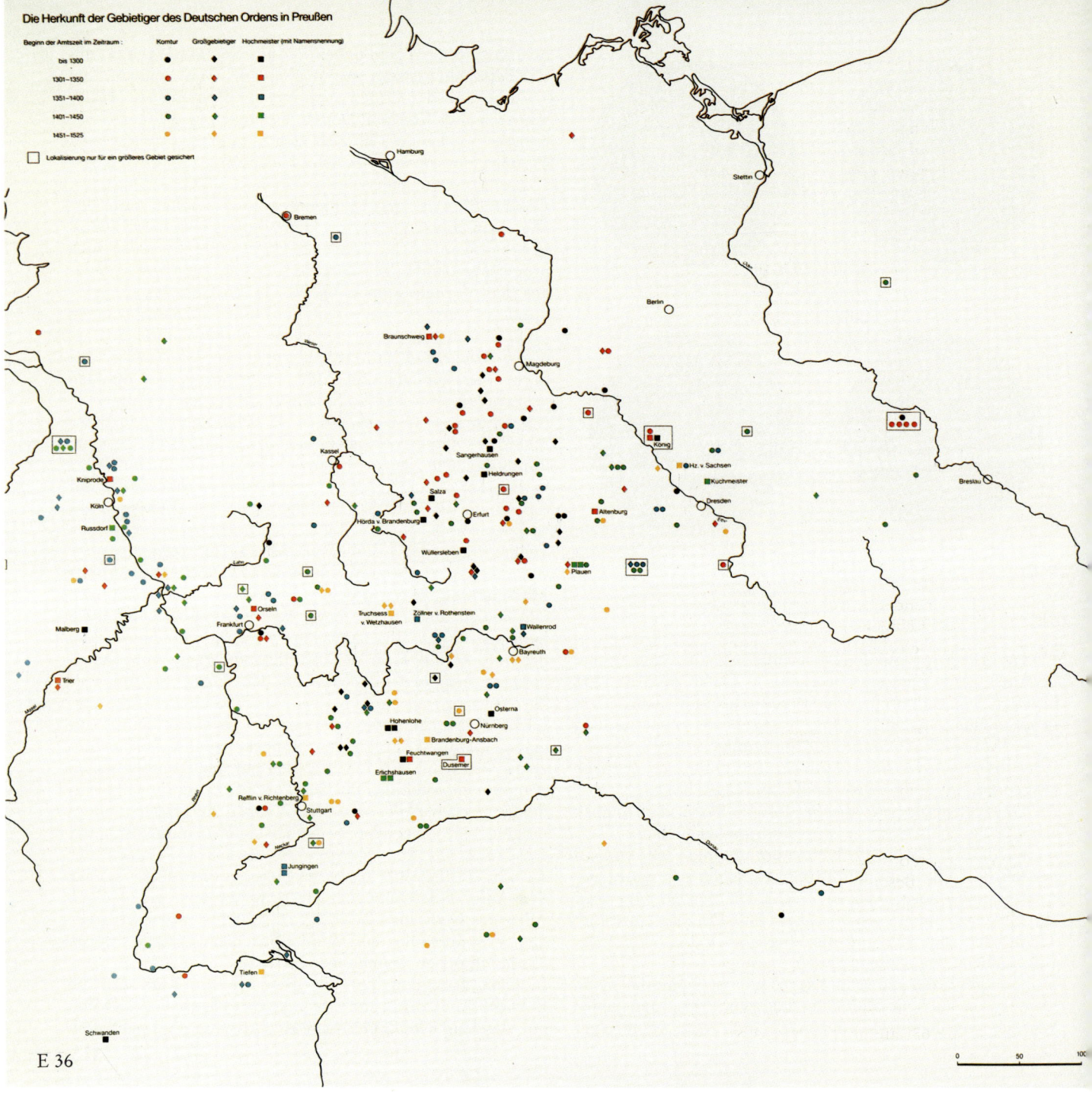

Erwerb von Reval 1346 konnte der Meister dort gemeinsam mit der Stadt, die seit 1262 eine Münzgerechtigkeit hatte, prägen. In Riga erhielt der Orden 1452 ein Drittel der Münze, prägte zunächst allein, später zeitweise gemeinsam mit dem Erzbischof. Schließlich gab es seit dem 15. Jahrhundert auch in Wenden eine Münzstätte. Von den livländischen Prägungen werden hier zwei des 16. Jahrhunderts gezeigt.

E 36 Die Herkunft der Gebietiger des Deutschen Ordens in Preußen

Historische Karte, aufgrund des Historisch-geographischen Atlas (wie E 34 b) hergestellt von Stefan Mielke

GStA PK

Als Herkunftsräume heben sich vor allem Mitteldeutschland, das Rheinland, Franken und Südwestdeutschland heraus.
Die Übereinstimmung der Dichte der Signaturen in diesen Räumen mit der Lage der Ordensbesitzungen ist natürlich kein Zufall, sondern zeigt den engen Zusammenhang der Familien der Stifter des Besitzes und des Ausstrahlungsbereichs der Kommenden mit der Häufigkeit des Eintritts in den Orden in den einzelnen Gebieten auf. Livland ist nicht erfaßt; sonst würden auch Westfalen und Sachsen stärker in Erscheinung treten.

E 37 Das Große Ämterbuch

1400—1444
Amtsbuch auf Papier
GStA PK XX. HA OF 130

Im Zuge seiner geordneten Verwaltung legte der Orden 1400 ein großes Bestallungsbuch an. Es sollte Rechenschaftsberichte darüber enthalten, wie jeder Gebietiger sein Amt übernahm und wie er es an seinen Nachfolger abgab. Das Buch umfaßte sämtliche Komtureien, Vogteien und Pflegen in Preußen außer der Marienburg, für die ein eigenes Buch vorgesehen war. Die aufgeschlagenen Seiten (503) vermitteln einen Einblick in die Bibliothek der Komturei Königsberg, die 68 lateinische Bücher umfaßte, dazu acht "deutsche bucher", unter denen sich auch ein Buch vom neuen und alten Testament ("von der newgen und alden ee") befanden. Außerdem werden alle Arten von Vorräten aufgezählt.

E 38 Das Große Zinsbuch

1414—1438
Amtsbuch auf Papier in Pergamenteinband von 1562, Rücken verstärkt, Blattgröße: 29 × 21 cm
GStA PK XX. HA OF 131

Das Buch wurde als praktisches Handbuch über die Einkünfte des ganzen Ordenslandes Preußen für den täglichen Kanzleigebrauch angelegt und enthält daher auch Änderungen und Zusätze. Es wurden auch die Mitglieder der einzelnen Konvente verzeichnet, mit Angabe ihrer landsmannschaftlichen Herkunft. Ein solches Verzeichnis (163) für Balga ist hier aufgeschlagen. Beginnend mit „Item her Hetczel von Czeßingen eyn Swobe mit sinen p(ferden) und h(arnasch)" folgt namentlich genannt jeder einzelne Bruder. Die früher nicht üblichen Zusätze der Herkunft fallen in eine Zeit, als in den preußischen Konventen der Kampf der Oberdeutschen gegen die Rheinländer um die anteilige Besetzung der Gebietigerstellen ausbrach. Da bekamen solche Zusätze ihre eigene Bedeutung, sie mochten einen Überblick geben, wie das Stärkeverhältnis war.

E 39 Leo, Adrian und Faustin von Waiblingen: Chronik des Deutschherrenordens

1528 mit Nachträgen von 1579
Handschrift auf Papier in Schweinsledereinband mit Resten der Schließen
Größe: 33 × 23 cm
GStA PK XX. HA UB Königsberg 1

Diese Chronik enthält für jeden Hochmeister und für den ersten Herzog in Preußen je ein dekoratives Wappen in farbiger Handzeichnung. Aufgeschlagen sind die Wappen der Hochmeister Heinrich Reuß von Plauen (1467—1470), Heinrich Reffle von Richtenberg (1470—1477) und Martin Truchseß von Wetzhausen (1477—1489). Im Schild wird

503.

legend besamet / legende de tempe / ye latinschbucher biblie / Item biblie / buch de sco nicolas / das erste buch biblie / der vater buch / buch rulandi / Judith / Item deutsche bucher / ewangeni der neuen ec / buch von unsers herren kintheit / buch von der neuigen vnd altes ee / buch das hebt sich an das sint die worende / vnde rastkoning / vnd is thomas de aqno / die preusche sthora / der zelen trost / buch das heyset der meliste gyl / passional besamt / silbern tougel / sylbern monstranz die her frednyer Item got gnade her genempt / vnd habs zym no longer / vnamt zen waldow / spenali / kesseli / albersten / glocke / das is zurmygente / Troppene / Item tusent elen zustnulicher leynwand / byc elen zpolster leynwand / dc elen sacheleywand / hemde vnd brueh vff je jar / je par leynenhosen / zweyt me allem gente / zvij hinten zj haroschin dem marschalk in hampsten dem zowent enthuser zu drinhundert pferden / zj eysel bloc buch ebre eyn stuff / zn hundssbog den herrn zu dumen monaten / Item Barthorosse / Item j leste trosen mel / zj leste zoiken mel / zowent keller / Item vj vas alt bir das vas vm vj turn / vj vas myrster das vas von vj turn / zm zowent bir / sterich von je pf malts / Welharos / Item j pf malts / keys is gerste / Torchen / Item hern stuken vleisch / Cornharos / Item zxvij leste magen / xvj last kom / xxvij pf haber / Stuharos / Item xij tucher lider vnd schosselle / xvj malis / jo par izegilt / x par gemuchter smere / vnste vesl eyn jar / Smer is nach hinderstellis vom apostheffer / Emsede / Item in vas ozemind / j schoy zsennbike / zm sten stoll / xv par zusengius ysen / Babeln / vnd mue zu reizzerelle j schoy j schoy stalizsen / Smishaws / Item zxj schoy vnde jz zerozye armbroste am syf rymen vnd sennen zj schoy vnd vij bogen zj schoy vnd jen benuer / Armbruste am ruste / j schoy vnd vij rugarmbroste am ruste / ij schoy vnd vij bogen zu rugarmbroste / j schoy vnd vier alt bogen / ze vondarmbruste / am ruste / zm bogen zu vomdarmbroste zm schoy pfil / Pulver kemer / Item xvj stenbuhsen / xvij lotbuhsen / viij turn poluer / j turn sulpetir xvj schoffgreysen / ixc lb salpeter gestossen vnd gereden / nec lb swebel auch ungemacht / als es syus sol / vj turn kolen ganzgespoten vnd neden / Jm Vehhoffe / Item xl ochsen / lxxx mastsroein / lxxv neheswoeine / kxxm houpt vnt zj gestozsen vnd neden / Jm kurrenshoffe / Item xl stuke vndreich / lxxxiij sroein / xxxj zithend zweyn schepssen / zj pferde / Jm kurrenshoffe / Item xl stuke vndreich / zin pferd zum moltwagen / zim pferde / v volen vij zougen pferd / ij pfird zum kurenburge kornwage / zim pferd zum molwagen / zim hengstwilen / Capiow / Item zxj rot pferde / ij rot solen / zxxvj monnichenysze / blint pferd / zj selen die der jar vozgeweniget seyn / xvj volen die man zuz vorhwengen / jare volen / Jm andern jare / lxj volen von dysem jare / lxij alt kobelen / xvij kobelen / Jm dritten jare / xvij kobelen / Jm andern jare / jen kobelfolin von dysem jare / xv vnd xl pf haber / Waldow / Item xe zithend pferde / v pferd / Jm dritten jare zj pferd / Jm andern jare / xlm houptrundvih / lxxxj sroeine / zi zigen / xxvij mastsroein xc stuken vleisch / jo vnd / Jm Salzse / L last kom / j last kom ndur enole / h last malz / ndur enole zxj pf haber / Cappen / Item xlvj alt kobelen / xxiij kobelen / die noch vor jar sullen zu rosze gehen / xj kollen / Jm andern jare / jo kobelen von dysem jare / ij zweylen / zxxij houpt rindvih / xx pf kom / xij stuken / sleysch / ij ochsen / Jm Salze / Brunchoff / Item xe alt kobelen / viij kobelen die nosse no jar sullen zu rosze gehen / xj kobelen von ij jaren / v kobelen von dysem jare / xxvij pflug pferde / zm pferd von drin jaren vnd sullen ure rase zu pfluge zehen / vij pferde / Jm andern jare / vij sollen von dysem jaw Debolen / Item xlij zithende pferde / v pferd von iij jaren / zxj solen von dysem jare / Backyenovo Item lxxxj zithende pferde / viij pferd / Jm dritten jare / zxj pferd / Jm andern jare / zxij solen von dysem jare / ij magenpferd / lxxxm houptrindvih / ij ochsen / Jm Salze / lxxv neher swein / vij alsstreoe / j last kom / xl pf roege / je pf haber / L pf armois / Emtisberg / j vnd zxim Jonene pferde / mit allem vmpth leuten / Jn heun keller / Item xin turn honygh / ij vas Stor /

Balge

Item hr Hatzel von Bessingen eyn sweste mit sien p vnd h

Ite hr Frederich von polen eyn medrale mit steue p vnd h

Ite hr walthern huttloen eyn Rynnar mit ij pferden vnd sine har

Ite hr goze vd steudeuil eyn Rynnar mit p vnd h

Ite hr Johan klottelich eyn heysse mit p vnd h

Ite hr Bast vd winter hedessen eyn hesse mit ij pferde vnd sine har

Ite hr Bilsenbach eyn hesse mit synen harnasche vnd p

Ite hr Heynrich vd ufferheym eyn medrale mit steue h vnd p

Ite hr Nuclos lange eyn arnisser mit sien pferden vnd harnasch

Ite hr Gehart von gorpitz eyn arnisser mit p vnd h

Ite hr Berlach von buchsen eyn medrale mit ij pferde vnd harnasch

Item hr Johan Schmerstat eyn hesse mit ij p vnd h

Ite hr Heynrich lemaer eyn Rynnar mit steue p vnd h

Ite hr walthen monthlich eyn swobe mit ij p vnd h

Ite Berthart vd Helwid eyn swobe mit ij p vnd h

Ite hr vd heynbrag eyn franke mit j p vnd sv h

Ite hr phelyps bretenken eyn medrale mit j p vnd h

Ite hr lampertz vd wenns eyn Rynnar mit sv p vnd h

Ite hr frantzke heyne eyn franuke

Ite hr alsinger ey swobe

Ite hr Anshelm vd heelreysel eyn medrale

Ite hr Johan voicht eyn In senger

Ite hr Johan Kame eyn Eessnch kuchmerster

Ite hr Sales Schumach mit ij p vnd h

Ite Snedemeister mit ij p vnd h

Ite hr Thorhel Spitzmeister mit sine harnasche

Ite hr erettich alde kuchmeister

E 39

schon außer dem Amtswappen auch das jeweilige Geschlechterwappen geführt, ein im 15. Jahrhundert aufkommender Brauch.

Hochmeister Albrecht von Brandenburg hatte am 16. April 1513 den Brüdern und Ordensherren Leo, Adrian und Faustin von Waiblingen das Schloß Lochstädt im Samland verschrieben. Sie stammten aus einem schwäbischen Adelsgeschlecht. Von ihnen war Leo, der jüngste, 1511—1520 Bernsteinmeister in Lochstädt. Adrian, um 1460 geboren, nahm 1497 am Türkenzug des Hochmeisters Hans von Tiefen teil.

E 40 a

1522 wurde er Hauskomtur (ständiger bevollmächtigter Vertreter des Komturs) von Königsberg. Adrian blieb 1525 zunächst dem katholischen Glauben treu, wurde aber später doch Kommissar des nunmehrigen Herzogs Albrecht. Faustin war 1515—1521 Pfleger von Lochstädt, dann Komtur von Rhein. 1528 schrieben die Brüder die jüngere Hochmeisterchronik ab und sandten sie mit Ergänzungen an den Landkomtur an der Etsch und im Gebirge, Heinrich von Knörringen, auf dessen Wunsch. Sie standen auch später mit dem Deutschmeister in Verbindung. Der Text der jüngeren Hochmeisterchronik war in Holland entstanden und über Livland nach Preußen vermittelt worden. Er ist von begrenztem Quellenwert. Interessant sind die Zusätze und die dekorativen Wappenzeichnungen.

Die Verschränkung des hochmeisterlichen Amtswappens mit dem Geschlechterwappen des Trägers kommt zuerst bei Hochmeister Friedrich von Sachsen vor.

E 40 Älteste Karten von Lochstädt mit der Nehrung

a) Burg Lochstädt und die Frische Nehrung

b) Dasselbe mit dem projektierten neuen Tief

Farbige Handzeichnungen, um 1500
Größe: 21,8 × 62,6 cm

GStA PK XX. Karte G 10993

Zwei der frühesten Beispiele der Kartographie im Ordensland. An dieser Stelle plante der Orden die Erneuerung des Lochstädter Tiefs, das verlandet war, also der Durchfahrt vom Frischen Haff in die Ostsee.

Das Lochstädter Tief war vom 13. bis zur Mitte des 14. Jahrhunderts die wichtigste Durchfahrt durch die Nehrung von der Ostsee zum Frischen Haff. Nach der Mitte des 14. Jahrhunderts begann das Tief zu verlanden. Wie die Karten zeigen, wurde vor dem Durchbruch des neuen Pillauer Tiefs 1510 offenbar erwogen, das verlandete Tief neu herzustellen. Die Länge des Projekts wird mit 74 Faden, die Breite mit 25 Faden angegeben. Kanalbauten hatte der Orden bereits im 14./15. Jahrhundert angelegt. Im Vordergrund links sieht man eine recht deutliche Zeichnung der Burg Lochstädt. Die Ostsee hebt sich vom ruhigen Haff durch stärkeren Wellengang ab.

E 41

E 41 Grabmal des Hochmeisters Luther von Braunschweig (um 1275—1335) im Dom zu Königsberg

Modell
Herstellung: Horst Dühring, Dortmund

Das bald nach 1335 geschaffene Grabmal mit der aus Holz geschnitzten Figur befand sich im Chor des Königsberger Doms, die Figur war überlebensgroß. Der Hochmeister war ein Nachfahre Heinrichs des Löwen und mit Elisabeth von Thüringen verwandt. Sein Vater hatte einen Kreuzzug nach Preußen unternommen, sein Großvater 1240 die Burg Balga gerettet. Der Hochmeister war ein großer Förderer des Sie-

E 43

delwerks, der Musik und der Dichtkunst, sang und dichtete auch selbst. Um den Bau des Doms von Königsberg machte er sich sehr verdient.

Der um 1300 in den Orden eingetretene Welfe wurde 1308 Komtur von Gollub, 1313 Hauskomtur in Marienburg, 1314 Komtur in Christburg. Zehn Jahre lang war er Oberster Trappier. Im Gebiet von Christburg und im Lande Sassen sorgte er für die Anlage zahlreicher neuer Dörfer und den Bau neuer Kirchen, die sich baukünstlerisch deutlich von denen benachbarter Gebiete unterscheiden. 1331 wurde Luther zum Hochmeister gewählt. Auf seine Anregung geht der Ausbau der St. Annen-Kapelle in der Marienburg zurück. Nach Ende des Waffenstillstands ließ er einen Feldzug nach Kujawien führen, nach 1332 herrschte wieder Waffenruhe. Luthers Gedicht über das Leben der heiligen Barbara ist leider verloren. 1333 begann der Ordenspriester Nikolaus von Jeroschin auf des Meisters Anregung die Übersetzung der Chronik Peters von Dusburg in deutsche Verse. So hat er das Ordensland Preußen noch vor der Zeit Winrich von Kniprodes zu einer ersten geistigen Blütezeit geführt.

E 42 Innere Ansicht der Domkirche in Königsberg

Lithographie, 1833
Größe: 62,5 × 47,5 cm
Aus: Der Dom zu Königsberg in Preussen, acht Abbildungen

GStA PK XX. HA. Kart. C 374 Nr. 6

E 43 Der Dom zu Königsberg

Modell, Maßstab 1:200

Herstellung: Horst Dühring, Dortmund
GStA PK

Das Modell ist ein Rekonstruktionsversuch des mittelalterlichen Zustandes. Es ist der zweite Dom in Königsberg, dessen Erbauung von Hochmeister Luther von Braunschweig seit 1333 sehr gefördert wurde, dem in der Überlieferung auch der Baubeginn zugeschrieben worden ist.
Im Dom wurden nach 1466 mehrere Hochmeister beigesetzt, nachdem die Grabkapelle in der Marienburg verloren war. Die preußischen Herzöge ruhten hier ebenso wie der brandenburgische Kurfürst Georg Wilhelm und die Gemahlin des Kurfürsten Johann Sigismund. Im 19. Jahrhundert fand Immanuel Kant am Dom seine letzte Ruhestätte.

E 44 Chormantel des Danziger Paramentenschatzes

Grüner Seidensamt, einfarbig, Muster durch glatte Bindung neben Flor. Zeichnung: Symmetrische Ranken mit Distelblüten auf fünfblättrigen Rosen. — Italien, 15. Jahrhundert. Die vorderen Kanten besetzt mit 143 cm langen, 20,5 cm breiten Stickereistreifen auf Leinen. Stickerei aus vielfarbiger Seide auf Goldgrund mit Szenen der Magdalenen-Legende. Arbeit wahrscheinlich Danzig, 1. H. 15. Jahrhundert

Evangelische Kirche der Union, Paramentenschatz Nr. 25

Der Danziger Paramentenschatz gehört zum Kostbarsten und Vollständigsten, was auf diesem Gebiet überliefert ist. Die Szenen auf den Stickereistreifen zeigen: Links: 1. Magdalena umgeben von den bösen Lüsten in Gestalt von Menschen- und Tierköpfen, 2. Die Frauen am Grabe Christi, 3. Christus als Gärtner vor Magdalena, 4. Magdalena spricht zu den Aposteln, 5. Predigt der Magdalena. Rechts: 6. Magdalenas Schiff wird ins Meer gestoßen, 7. Magdalena erscheint dem schlafenden Fürsten von Marseille, 8. Magdalena predigt vor dem Fürsten und seiner Frau, 9. Seefahrt des Fürsten, Magdalena erscheint auf dem Felsen bei der Fürstin und ihrem Sohn, 10. Kommunion der Magdalena.

E 45 Aus den Kirchen des Deutschordenslandes Preußen

a) Thorn, Johanniskirche
Schöne Madonna
Deutsch, Kalkstein, um 1395

Bildarchiv Foto Marburg 619119

b) Danzig, Marienkirche
Schöne Madonna
Deutsch, Kalk- und Kunststein, um 1400

Photo Deutsche Kunst im Osten

c) Landkirche Falkenau
Schnitzaltar, um 1430
Thomas, Jacobus und Simon von Cana

Bildarchiv Foto Marburg 189205

d) Juditten
Madonna, um 1515

Bildarchiv Foto Marburg 188833

e) Löwenstein
Altarschrein, um 1500
Maria, Petrus und Paulus

Bildarchiv Foto Marburg 189093

f) Kumehnen im Samland
Altarschrein, um 1510

Bildarchiv Foto Marburg 188777

g) Juditten
Inneres der Kirche
Erbaut um 1300

Bildarchiv Foto Marburg 188832

E 45 h

h) Kremitten
Altarschrein
Anfang des 16. Jahrhunderts

Bildarchiv Foto Marburg 188775

Als Kolonialland hat Preußen in seiner bildenden Kunst mannigfache Einflüsse von außen empfangen, später jedoch auch im Lande selbst tätige Künstler hervorgebracht. Aus dem Reichtum überlieferter Formen sind hier acht Beispiele ausgewählt worden, teils aus den Stadtkirchen, vor allem aber aus den Gotteshäusern der Landkirchspiele. Die Muttergottes in der Thorner Johanniskirche (a) gehört zum Kreis der Schönen Madonnen und ist wie die Schöne Madonna in Breslau und eine weitere im Rheinischen Landesmuseum in Bonn dem gleichen Meister zugeschrieben worden, der aus dem böhmisch-schlesischen Raum herkam. Die drei Figuren haben die gleiche Größe und gleiche Stilelemente. In ihrem lieblreizenden und hoheitsvollen Ausdruck gehört diese Skulptur des „weichen Stils" zu den Hauptwerken der deutschen Plastik des ausgehenden 14. Jahrhunderts. Verwandt ist ihr auch eine weitere Schöne Madonna in Stralsund in Pommern.

Die Schöne Madonna aus der Marienkirche in Danzig (b) wird einem Schüler des Thorner Meisters zugeschrieben und ist bald nach 1400 entstanden. Schmid hat vermutet, daß die Thorner und Danziger Madonna ursprünglich in den 1454 zerstörten Ordensburgen gestanden haben. Doch kann auch das wohlhabende Bürgertum sie in Auftrag gegeben haben.

In der um 1350 erbauten Pfarrkirche von Falkenau befand sich ein wertvoller geschnitzter Altarschrein (c) mit einer sitzenden Muttergottes und den Figuren der Apostel, von denen hier drei gezeigt werden. Der Stil zeigt Beziehungen zum Kreis der Schönen Madonnen. — Eine vortreffliche Madonnenfigur stand überlebensgroß auch in der Kirche von Juditten im Samland (d). — In dem um 1500 entstandenen Flügelaltar der 1374 dotierten Kirche zu Löwenstein bei Rastenburg befand sich im Schrein Maria zwischen Petrus und Paulus (e). — Die Pfarrkirche von Kumehnen im Samland (1390) besaß den Schrein eines Schnitzaltars mit der Heiligen Familie aus der Zeit um 1510, der in Berührung mit der Werkstatt von Veit Stoß geschaffen worden ist (f). — Einen Blick ins Innere einer Landkirche erhalten wir in Juditten (g), die etwa ab 1300 aus Feld- und Backstein errichtet und in der zweiten Hälfte des 14. Jahrhunderts eingewölbt wurde. Bemerkenswert ist der breite Triumphbogen dieser einst berühmten Wallfahrtskirche. Ein Beispiel der Wandmalereien ist in F 1 zu sehen. — Eines der bedeutendsten Altarwerke Ostpreußens, ein Altarschrein mit Doppelflügeln, befand sich in der um 1340—1370 erbauten Kirche von Kremitten bei Wehlau (h). Im Schrein vom Anfang des 16. Jahrhunderts wird die Krönung der Maria dargestellt; die begleitenden Figuren zeigen vielleicht die Heiligen Georg und Urban. Schwäbische und Nürnberger Einflüsse sind in der Arbeit des Altars erkennbar.

BARUCH STO REDE BARUCH

Durch den berg Syon das d vor
stour ist das dy vuyse dar uffe
gewundirt habin. Abir here du
blibist ewreluchin dyn gesele
geburt zu geburt. worume vor
gist du vnsir ewreluch, worume
rregebist du vns so lange zage.
Bekere vns here. zu dir so werd
wir bekart worume vfetage als zu ande
rin. Abir du hast vns wegge
wurfin vir werkebin du bist se
re zornig wurdin widir vns.

Vz ist ieremias der pphete.
hi begynnet sich du vo
rede uff lu
das buch
das bi d
narum
bu
ich
kenmerkt
ist habin
di hebreu
nicht in
ire duch ea zu andirm alleyne in d
gemeynin tolkunge. Der gluche
ist ouch theremien epistl. Jdoch
durch kuntschaft der leser sint sy
hi geschribin wan sy vil von cristo
vnde von den letzin gerztin be
dutin.

Vz ist dy vorrede. hy begynnet
baruch das erste capitil.

[B]Aruch Jonus elchien Jonus Jon
schreip zu Babylonien in deme
vumffin iare an dem sibindin
tage des mandin in der zit do dy
chaldein therusalem gewunnin
vnd brantin si mit vuer. Vnde
baruch las dy wort dis buchis zu
den orin Jechonien Joachinus So
nus des konyges vonIuda. Vn zu
den orin alle des volkes das do qm
zu dem buche. vnd zu den orin d
mechtigin konigis sone. vnd zu
den orin der prister. vnd zu de orin
des volkes von dem minstin bis
an den grostin alle der dy do wo
netin zu Babylonien by dem was
ser sody. Do di wortin do weynetin
si vnd vastin vnd vetin vor gotis
angelichte. vnd samentin gelt
noch deme als eynis iczlichin hant
vormochte. vnd santin das zu the
rusalem zu Joachim elchien sale
mis Jonus son deme prister. vn zu
den pristern. vnd zu alle dem vol
ke des da vundin wart mit im zu
therusalem. do si emphingin dy
vas des tempels des herren dy do
weg genomin warin von deme

E 46 Deutschordensbibel

1338—1359
Prachthandschrift auf Pergament mit farbigem und vergoldetem Buchschmuck, eingebunden in mit rotem Leder bezogenen Holzdeckeln
Enthält die Übersetzung der Propheten von Claus Cranc, des Buches Hiob und der Apostelgeschichte ins Deutsche
Größe aufgeschlagen: 38 × 64 cm

GStA PK XX. HA Hs 1

Die Übersetzer stammen aus dem Ordensland, die Texte sind z. T. auffallend verwandt mit der Bibelübersetzung Luthers 170 Jahre später; beiden lag die ostmitteldeutsche Mundart als Grundlage unseres Hochdeutschen zugrunde. Die drei Teile der Handschrift wurden noch im 14. Jahrhundert zusammengebunden. Die Ordenskonvente verfügten über Bücherbestände meist geistlicher Schriften, über die wir aus den Inventaren der Häuser unterrichtet sind.

E 47 Gotischer Abendmahlskelch

Ostdeutsch, 14. Jahrhundert, H. 15,5; D. 12 cm
Evangelisches Zentralarchiv, Berlin, Best. 503 n. 183

Silber, vergoldet, kegelförmige Kuppa, in den vierpaßförmigen Endflächen des sechsstrahligen Knotens eine fünfblättrige Rosenblüte in Aufsicht und in Majuskeln „YesVs", auf der Ober- und Unterseite des Knotens zungenartige Fenster, auf den Schaftstücken ober- und unterhalb des Knotens Wellenranken mit Blättern, auf dem Fuß fünf Rundmedaillons mit der Kreuzigung Christi und den vier Evangelistensymbolen Adler, geflügelter Mensch, geflügelter Stier und geflügelter Löwe mit Heiligenschein und Spruchband, zwischen den Rundmedaillons dreiteilige Blätter mit kurzen Stielen.

E 47

E 48 Aus der geistlichen und weltlichen Literatur des Ordenslandes

a) Szenen aus der Bilderhandschrift der Apokalypse des Deutschordensbruders Heinrich von Heseler (um 1270–1347)

b) Seite aus der Kronike von Pruzinlant des Nikolaus von Jeroschin (um 1290– um 1345)

Photographien

Stuttgart, Landesbibliothek

Die Apokalypse Heselers, von der fünf Exemplare überliefert sind, war in den Deutschordenshäusern in Preußen mehrfach vertreten. Das vor 1312 begonnene Werk umfaßte fast 23 000 Verse und schaltete in den Bibeltext Auslegungen und Ermahnungen ein. Die Kronike von Pruzinlant gehört in die Tradition der Deutschordensgeschichtsschreibung, hier in deutschen Versen. Auf der gezeigten Seite wird die Gründung des Hospitals durch Lübecker und Bremer geschildert. Den Ordensbrüdern wurde bei Tische aus solchen Texten zur Erbauung vorgelesen.

E 49 Winrich von Kniprode, Oberster Marschall, erteilt dem Konrad von Doberin eine Handfeste für das Dorf Heiligenwalde (Kr. Königsberg) zu Kulmischem Recht

1344 Mai 30
Ausfertigung auf Pergament mit dem Siegel des Ausstellers

GStA PK XX. HA Schiebl. XXXV n. 4

Vereinzelt, 1262, 1288, findet sich die deutsche Amts- und Geschäftssprache neben dem Lateinischen in Urkunden des preußischen Ordens schon früh, seit 1316 dringt sie zunächst im Christburger Gebiet unter Luther von Braunschweig ein, allgemeiner erst um die Mitte des 14. Jahrhunderts, dann aber um so umfassender. Sie war ostmitteldeutsch, nur in den Seestädten z. T. mittelniederdeutsch, und steht unserem Hochdeutsch auffallend nahe. Die vorliegende Handfeste ist schon deutsch geschrieben, in einer Zeit, in der auch die Laienschriftlichkeit wieder Fortschritte

E 50 b

macht und nicht nur Geistliche schreiben können, sondern auch Kaufleute und Ritter. Dabei dringt die Kunst des Schreibens beim Bürgertum schon im 13. Jahrhundert vor (Kaufmannsbücher schon um 1275), im Adel und Rittertum im Laufe des 14. Jahrhunderts. Es ist die Zeit, in der auch das Papier seinen Siegeszug antrat und das Pergament verdrängt, besonders im Brief- und Geschäftsverkehr. Kaum ein Zufall ist, daß parallel mit dieser Entwicklung die Ausbreitung der Muttersprache im Schriftgut sichtbar wird.

E 50 Musik und Spiel

a) Mittelalterliche Spielleute mit Businen, Rahmentrommel und Sackpfeife vor Markgraf Otto IV. mit dem Pfeile von Brandenburg (1266—1308)
Faksimiledruck aus dem Codex Manesse
DOM Bad Mergentheim Inv.Nr. 4806

b) Spielleute mit Krummhorn, Zink und Fidel vor König Wenzel II. von Böhmen (1278—1305)
Faksimiledruck aus dem Codex Manesse
DOM Bad Mergentheim Inv.Nr. 4806

c) Fidel- und Portativspieler
Italienische Buchmalerei, 14. Jahrhundert
Photographie
Biblioteca Casanatense, Rom, MS 4182

Im Orden waren zunächst die Priesterbrüder die Träger des Musiklebens. Zu den vorgeschriebenen Zeiten hielten sie im Beisein der Ritterbrüder den Chorgesang in der Kapelle in Form der Gregorianischen Gesänge, einstimmig und unbegleitet. Die Ritterbrüder hatten sich dabei auf eine Anzahl von Vaterunsern und Ave-Maria zu beschränken. Gradualien und Antiphonarien gehörten zum Buchbestand der Ordenshäuser, nachweislich in Preußen, doch wohl auch schon im Heiligen Lande. Durch die Vornehmen der Kreuzfahrer kamen auch fremde Spielleute nach Preußen und Livland, die der Orden besoldete. Der hier gezeigte König Wenzel, ein Förderer des Ordens, dichtete selbst deutsche Minnelieder. Er übertrug 1301 den Schutz Pommerellens dem Deutschen Orden. Otto IV. stand 1308 zwar in Danzig gegen den Orden, aber sein Oheim Otto III. war dreimal als Kreuzfahrer in Preußen gewesen und hatte zweimal die Burg Brandenburg am Haff erbaut. Um 1400 bekundet das Treßlerbuch vielfach Ausgaben für Spielleute. Hochmeister Konrad von Jungingen ließ sich in seinen Räumen der Marienburg eine Orgel aufstellen, vielleicht ein Portativ. Von einigen seiner Spielleute sind auch die Namen überliefert, so „Pasternag und Hensel" oder „Pasternak, des meysters fedeler". Bei den Kreuzfahrten erklangen Marienlieder oder „Christ ist erstanden". Auch in den Städten waren die Spielleute an den Festen und Kriegszügen beteiligt, auch in den Städten wurde in den Kirchen die geistliche Musik gepflegt. Bei dem großen Fest zu Beginn der Regierung Winrich von Kniprodes wurde im Schloß von den weltlichen geladenen Gästen, u. a. den Bürgern Marienburgs, zu weltlicher Musik getanzt. Leider sind die Texte nicht überliefert.

E 51 Notenhandschriften aus einem Deutschordenskonvent

a) Blatt aus einem Graduale in gotischer Choralnotation
Handschrift auf Pergament, farbig verziert
14./15. Jahrhundert, aus einem Buch geschnitten
GStA PK XX. HA unsigniert

E 51 a

E 52

b) Liturgische Sequenz mit zwei einstimmigen Meßgesängen in gotischer Choralnotation für ein Marienfest
Konzept auf Papier, zwischen 1446 und 1478

GStA PK XX. HA unsigniert

Das Blatt a erhielt sich als Einband eines Folianten der herzoglichen Zeit, da nach der Reformation die herzogliche Kanzlei die lateinischen Handschriften der Kirchenmusik für entbehrlich hielt und aus Gründen der Sparsamkeit als Bucheinbände in der Verwaltung verbrauchte. So wurde das Blatt kürzlich entdeckt und restauriert.
Das Blatt b wurde ebenfalls kürzlich in einem ungeordneten Bestand entdeckt. Nicht erkennbar ist, ob hier ein Kompositionsentwurf oder eine Gedächtnisstütze vorliegt. Die Notierung auf fünf statt vier Linien ist beim Choral eher ungebräuchlich. Hatte der Schreiber sonst mit mehrstimmiger Musik zu tun? Es ist zu vermuten, daß beide Handschriften aus dem Königsberger Konvent, also aus dem Marschallamt, stammen.

E 52 Gerader Zink

Ahorn geölt, Messingmundstück
Holzblasinstrument der Renaissancezeit
Nachbildung: Instrumentenstudio Celle

DOM Bad Mergentheim Inv.Nr. 4804

Als Instrumente im Ordensland sind Lauten, Fideln, Posaunen, Hörner, Trommeln, Sackpfeifen, Orgeln, die Leier (als Bettlerinstrument) und Pfeifen (Flöten und andere Holzblasinstrumente) in den Quellen erwähnt. Eine Vorstellung von einem dieser Blasinstrumente vermittelt der gezeigte Zink.

E 53　**Schachfigur**

Bischof zu Pferde, umgeben von Armbrustschützen
Elfenbein, 14. Jahrhundert, süddeutsch
Nachbildung des Originals in der Skulpturengalerie
Preußischer Kulturbesitz

SMPK Gipsformerei Inv.Nr. 4429

Zur Unterhaltung war den Ordensbrüdern unter anderem das Brettspiel erlaubt. Besonders das Schachspiel wird genannt. Das Würfelspiel hingegen war verboten. Es gab einfache und kostbare Figuren. Steine wie die hier gezeigte Figur waren sicherlich nur bei hochrangigen Personen im Gebrauch.

So findet sich in den Visitationsvollmachten die Bestimmung: „In dem remther sal man nymands gestaten keynerley spil umb gelt, sunder schachczabel und czackunenspele und andere spele, die verbieten wir nicht, ane worfel und ane geltspil; das die glocke das speel scheide beyde czu den geczeiten und ouch czu dem trynken." Die kanonischen Stundengebete und die collacio (das Abendtrinken) setzten dem Spiel, das im Remter stattfand, jeweils ein Ende. Das „czackunen"-Spiel, auch "schaggûn" genannt, war vermutlich ein Ballspiel. Daß es auch zu ausgelassenen Spielen und zum Armbrust-Preisschießen, wenn nicht um Geld, so doch um Wein kam, wird schon im 13. Jahrhundert berichtet.

E 54　**Samlandküste bei Warnicken**

Photographie um 1920

GStA PK Bildersammlung

Das Samland, obwohl waldreich, war eine der am dichtesten besiedelten ostpreußischen Landschaften. Vor allem hier und auf der Nehrung wurde der kostbare Bernstein gewonnen.

Die Gewinnung geschah im Mittelalter durch das Sammeln und das Schöpfen. Vor allem die Nordweststürme spülten den in der Schicht der sogenannten blauen Erde gelagerten Bernstein, ein urzeitliches Baumharz, frei und trieben ihn an die Küste. Seit dem Beginn seiner Landesherrschaft hatte der Orden das Bernsteinregal durch das kaiserliche Privileg von Rimini. Dieses landesherrliche Recht hatte im 13. Jahrhundert im westlich benachbarten Pommerellen auch der Herzog, dessen Bernsteinrechte später auf den Orden übergingen, verwaltet vom Komtur in Danzig. Im Ordensgebiet wurde die Bernsteinküste schon 1258 geteilt, der Bischof erhielt ein Drittel des Strandes; 1264 erfahren wir, daß sich dies auf die Bernsteingewinnung bezog. Der Bischof war verpflichtet, den in seinem Gebiet gewonnenen Bernstein an den Orden zu verkaufen. Der Orden ließ den Bernstein durch hierzu verpflichtete Fischer gegen Bezahlung gewinnen, die der Aufsicht eines Bernsteinmeisters auf der Burg Lochstädt unterstanden. Bernsteindiebstähle am Strande wurden streng geahndet. Der Beamte, in dessen Hand die gesamte Bernsteingewinnung des Landes zusammenlief, war der Großschäffer in Königsberg.

Im Jahre 1401 hatte der gesamte gesammelte Bernstein einen Wert von 1500 Mark Preußisch. Hinzu kam der Gewinn, den der Großschäffer bei der Ausfuhr erzielte.

E 55　**Sitzende Maria**

Bernstein, Ostpreußen, 1. Hälfte 15. Jahrhundert
Aus dem Schatz der Goldenen Tafel, Lüneburg
Höhe 11,5 cm

Or: Hannover, Kestner Museum Inv.Nr. WM XXIa, 43
(Wurde während der Ausstellung in Berlin gezeigt.)
Nachbildung aus Naturbernstein und Elfenbein: Georg Horn, Berlin
GStA PK

Der Bernstein ist bereits in der antiken Welt bis in den Mittelmeerraum gehandelt worden und war eine begehrte Ware. Verarbeitet wurde er zu Schmuck und kunstgewerblichen Gegenständen. Auch Heilkräfte wurden ihm zugeschrieben. In der Ordenszeit sind Bernsteinkunstwerke bezeugt. So ließ der Oberste Marschall 1399 für den Hochmeister ein Tafelbild aus Bernstein und Tafeln mit Trachtenfiguren anfertigen. Erhalten haben sich in Deutschland solche Kunstwerke aus dem Mittelalter nur selten. Eins davon ist die sitzende Maria. Die Figur ist aus zwei Bernsteinstücken gearbeitet, das Gesicht aus Bein. Die Hände und das Kind sind verloren.

E 55

E 56 Samländischer Bernstein

a) Knochiger Bernstein

b) Buntknochiger Bernstein

c) Leichtflomiger Bernstein

d) Starkflomiger Bernstein

e) Schier klarer Bernstein

f) Schier klarer Bernstein mit Einschluß (Insekt)

GStA PK

Von den acht verschiedenen Arten des Bernsteins werden hier einige gezeigt.
Außer den gezeigten Arten gab es noch den blauen Bernstein des Handels, den feinknochigen und den Bastard-Bernstein. Die meisten der vorkommenden Stücke haben kleinen Umfang. Doch sind Stücke im Gewicht von 17, 14 und 13 Pfund Gewicht überliefert. Bei der urzeitlichen Entstehung des Bernsteins sind in das unter der damaligen Wärme dünnflüssige Baumharz, das aber rasch erkaltete, zahlreiche Kleinlebewesen eingeschlossen worden, die jetzt als „Einschlüsse" erscheinen. Sie sind schon seit der Antike bekannt und bis heute ein begehrter Handelsartikel geblieben.

E 57 Rosenkranz

Perlen Naturbernstein
Anhänger silbergravierter Bisamapfel
Anfang 16. Jahrhundert
Nach der Vorlage im Dommuseum Salzburg aus Naturbernstein und Silber gefertigte Nachbildung 1990

Hersteller: Georg Horn, Ralf Münchow, Berlin
DOM Bad Mergentheim Inv.Nr. 4829, Geschenk des Lionsclubs Bad Mergentheim

Am häufigsten wurde der Bernstein im Mittelalter zur Herstellung von Paternostern oder Rosenkränzen verwendet. Um sein Handelsmonopol besser zu sichern, duldete der Orden im Lande selbst kein Gewerbe der Paternostermacher oder Bernsteinschnitzer, sondern führte den Rohbernstein

E 54

lieber in Fässern vor allem nach Lübeck und Brügge aus. Dort saßen als seine Partner und Abnehmer die Bernsteindreher. In Preußen ist das früheste Amt der Paternostermacher in dem vom Orden abgefallenen Danzig 1480 bezeugt.

„Paternostermaker" sind in Lübeck seit 1294 bezeugt, in Brügge seit 1302. Die Paternoster waren ursprünglich im Volk verbreitete Gebetsschnüre mit Perlen, an denen die Zahl der gebeteten Vaterunser abgelesen wurde. Um 1396 kam der Rosenkranz auf, eine Reihung von Gebeten aus 15 „Gesätzen", bestehend aus je einem Vaterunser und 10 Ave Maria. In jedem Gesätz wird ein Heilsereignis aus dem Leben Jesu und Marias betrachtet. Die Perlschnüre hatten bald eine weite Verbreitung. Bernsteinschnüre mit Silberanhängern waren ebenso wie solche aus Edelsteinen, Gold und Elfenbein für wohlhabende Käufer bestimmt, einfachere Paternoster gab es aus Bein, Holz und Glas.

E 58 Mertin Winter, Bürger zu Augsburg, schließt für sich, Gothart Stamler und seine Gesellschaft einen Vertrag mit dem Hochmeister Hans von Tiefen über die Hälfte des am Strand gewonnenen Bernsteins auf 6 Jahre gegen feste Geldzahlungen

1496 März 15, Königsberg
Ausfertigung auf Pergament, Siegel verloren
Größe: 23 × 24,5 cm

GStA PK XX. HA Schiebl. XVI n. 4

Der Hochmeister nahm hier, in der Spätzeit des verkleinerten Ordensstaates, 1000 Gulden auf, er verpfändet also die Hälfte seines Bernsteingewinns an die Augsburger Gesellschaft. Er war zu gleicher Zeit auch andere Schuldverschreibungen eingegangen; im Gegensatz zur Zeit vor 1410 litt der verarmte Orden an Geldmangel. Doch war der Export des begehrten Bernsteins über weite Entfernungen auch jetzt ungebrochen im Gange.
Anders als in der Blütezeit des Ordenslandes wurde außer Lübeck und Brügge nun auch der Süden am Geschäft beteiligt, die Partner kamen aus der großen Handelsmetropole Augsburg. Hans von Tiefen stammte selbst aus dem alemannischen Raum.

E 59 Paternostermacher

Photographie nach Kupferstich im Hausbuch der Mendelschen Zwölfbrüderstiftung in Nürnberg
Nürnberg, Stadtbibliothek

Die Paternostermacher waren in Zünften organisiert. Der Deutsche Orden verkaufte den Bernstein in Lübeck und Brügge durch seine dortigen Lieger in ganzen Fässern an die Zünfte, die dann die Bezahlung und die Verteilung an ihre Mitglieder selbst übernahmen. Hier sieht man einen Paternostermacher bei der Arbeit. Verfahren und Werkzeuge sind noch fast die gleichen wie im Mittelalter.

E 60 Muttergottes mit Rosenkranzbetern

Um 1483
Titelbild aus dem Psalterium Mariae des Alanus de rupe
Photographie nach farbigem Holzschnitt

Bayerische Staatsbibliothek, München, inc. c.a. 316 4°

Vor der Muttergottes mit dem Kind knien Alanus und ein Ehepaar. Sie halten Rosenkränze in den Händen.

E 59

E 61 St. Georgs-Reliquiar aus Elbing

Um 1480
Silber getrieben, gegossen, ziseliert, graviert und teilweise vergoldet, Sockel ehemals teilweise emailliert
H. 30,5 cm

4 Photographien des Originals (Diapositive)
SMPK Kunstgewerbemuseum Inv.Nr. 78, 618

Nach der Legende erlitt Georg als christlicher Soldat im 4. Jahrhundert den Märtyrertod. Er galt als Helfer in Schlachten gegen Nichtchristen. Seit dem 11. Jahrhundert tritt er als Drachentöter in Erscheinung. Der Deutsche Orden führte den Heiligen schon 1232 auf dem Konventssiegel (vgl. D 1). In den livländischen und preußischen Städten wurde die Georgsverehrung noch durch eine andere Verbindung heimisch, die durch den Handel vermittelte englische Artussage. Bürger schlossen sich zu Georgsbruderschaften zusammen, so auch in Elbing. So ist die kleine, schon nach Elbings Abfall vom Orden geschaffene Figur auch Ausdruck des Selbstbewußtseins des preußischen Bürgertums. Die vergoldete Reliquienkapsel ist dem Drachenhügel vorn aufgesetzt.

F. Die Außenpolitik
Konflikte und Friedensschlüsse

Die Staatsgründung hob den Orden aus der rein geistlichen und militärischen Aufgabenstellung heraus und unterwarf ihn allen Bedingungen zwischenstaatlicher Politik, des Rechts und der Machtausübung. Insofern kamen in sein Leben notwendig weltliche Motive mit hinein. Wie jeder Staat mußte sich auch der Ordensstaat behaupten und Macht ausüben. Die Außenpolitik der Jahre von 1309 bis 1409 war bestimmt durch den Heidenkampf gegen Litauen und die Auseinandersetzung mit Polen wegen dessen auf Pommerellen erhobener Ansprüche.

In Livland führte die verfassungsrechtliche Verstrickung mit dem Erzbistum zum langdauernden, oft kriegerischen Konflikt mit dem Erzbischof und der Stadt Riga.

Mit Polen wurde der Konflikt von 1309 bis 1343 durch kanonische Prozesse und zeitweilige Kriege ausgetragen. Sie endeten mit dem Frieden von Kalisch. Mit Litauen herrschte ein dauernder, nur zeitweilig durch Waffenstillstände unterbrochener Kriegszustand, der erst im Vertrag von Sallinwerder 1398 einen vorübergehenden Abschluß fand.

Die Diplomatie des Ordens stützte sich auf einen ständigen Gesandten an der päpstlichen Kurie, den Generalprokurator, ferner auf die Verbindungen zu Kaiser und Reich und zu westeuropäischen Fürstenhöfen. Vor allem von Kaisern und Königen des Heiligen Römischen Reiches erfuhr der Hochmeister in dieser Zeit immer wieder Unterstützung. Der westeuropäische und deutsche Adel stellte bis zum Ende des 14. Jahrhunderts Kreuzfahrerheere zur Unterstützung. Es galt als Ehre, an Preußen- und Livlandfahrten teilgenommen zu haben.

Ein besonderes Mittel der Diplomatie waren die Geschenke von Jagdfalken, die damals in Fürsten- und Adelskreisen sehr begehrt waren. Der Orden unterhielt eine Falknerei und versandte die edlen und kostbaren Beizvögel zur Werbung an die Höfe der Mächtigen.

Hauptstütze im Kriege war in diesem Jahrhundert noch das Landesaufgebot. Schlachten waren im Mittelalter selten, die Technik bestand von alters her darin, den Feind durch Verheerung seines Landes zu schädigen. Dies ist die Bedeutung der vielberufenen „Reisen", einer alten vorordenszeitlichen Technik.

1346, nach einem Estenaufstand, gewann der Orden noch einmal eine Provinz im Frieden durch den Kauf des dänischen Nordestland. Infolge der dort viel stärkeren Stellung des Vasallenadels bedeutete dies jedoch eine Schwächung der Ordensherrschaft, da die Stände nun auch im übrigen Livland und in Preußen erstarkten.

F 1 a

F 1 Wandmalereien in Lochstädt und Juditten

Um 1390
Photographische Wiedergaben aus:
Conrad Steinbrecht, Schloß Lochstedt und seine Malereien, Berlin 1910

GStA PK Bibl. 17 S 43x

In den Räumen der Gebietiger des Ordens, in denen die politischen Entscheidungen dieses Staatswesens durchdacht und beschlossen wurden, sind in mehreren Schlössern Reste von Wandmalereien gefunden worden, die etwas vom Geist der Bewohner überliefern. Eine solche reiche Ausstattung ist selbst in den kleineren Burgen vorhanden gewesen.

Die hier gezeigten Malereien waren in den Wohnräumen des Gebietigers in Lochstädt angebracht, das letzte Bild in der Kirche von Juditten bei Königsberg. Sie zeigen von links nach rechts: Christophorus, die Kreuzigung Christi, den Erzengel Michael, der den Drachen der Sünde tötet, die Verkündigung, Christus und die Ehebrecherin, die Auferstehung, das Opfer Isaaks und die Gesetzgebung am Sinai, die neun starken Helden oder „neun Besten" — Hektor, Alexander, Cäsar, Josua, David, Judas Maccabäus, Karl der Große, König Artus und Gottfried von Bouillon. Es schließt sich ein schmaler Rundbogen mit den Darstellungen des Hochmeisters (nur durch Banner dargestellt), des Großkomturs, Obersten Marschalls, des Obersten Trappiers und des Obersten Spittlers an. Am Schluß stehen vier Bilder aus der Kirche in Juditten mit Ordensrittern, die ihre Geschlechterwappen präsentieren. Die Ritter auf allen Bildern tragen die Rüstungen des ausgehenden 14. Jahrhunderts mit Beckenhaube oder Stechhelm, Lendner statt der herkömmlichen Kettenrüstung, den Schwertgurt am unteren Lendnersaum.

F 1 b

Die Lochstädter Gemächer waren 1429 bis zu seinem Tode im gleichen Jahr die Wohnung des gestürzten Hochmeisters Heinrich von Plauen.

F 2 Aus den politisch motivierten Prozessen gegen den Deutschen Orden

a) Das Zeugenverhör des Franciscus de Moliano

(1312)
Handschrift auf Pergament, Rotulus
34 zusammengenähte Pergamentstreifen ungleicher Länge in 7 Rollen
Gesamtlänge 2490 cm

GStA PK XX. HA Schiebl. LS 41 n. 7

b) Bruchstück einer Deduktion des Prokurators des Deutschen Ordens zu den erhobenen Anklagen

(1312?)
Pergamentrotulus aus vier zusammengeklebten Streifen, L. 253 cm

GStA PK XX. HA Schiebl. LS VI n. 1

c) Die Bischöfe Hermann von Kulm, Eberhard von Ermland und Siegfried von Samland geben ihr Zeugnis zugunsten des Deutschen Ordens ab

1310 Oktober 18
Ausfertigung auf Pergament mit Feuchtigkeitsschäden, nur das mittlere der drei Siegel erhalten

GStA PK XX. HA Schiebl. XLVIII n. 10

F 2a

Die Auseinandersetzungen des Deutschen Ordens mit den Erzbischöfen und der Stadt Riga wurden seit 1297 auch kriegerisch geführt. Der Gewinn Pommerellens wurde von Polen angefochten. Diese Spannungen wurden auch auf rechtlicher Ebene durch kanonische Prozesse ausgetragen, 1312 und danach noch zweimal 1320—1321 in Inowraclaw und Brest und 1339 Warschau. 1312 war der Templerorden durch den französischen König und den Papst aufgelöst und vernichtet worden. Die Gegner des Deutschen Ordens wünschten diesem das gleiche Schicksal. Auf Klagen des Erzbischofs von Riga entsandte Papst Clemens V. seinen Kaplan, den Domherrn Franciscus de Moliano, zur Untersuchung nach Riga. Die erhaltene Befragung der Zeugen nach kanonischem Verfahren stützte sich nur auf ordensfeindliche Zeugen. Einen der Klagepunkte bildete die Behauptung, der Orden habe die Stadt Danzig erobert und dort 10 000 Einwohner umgebracht. Die Klage stützte sich auf Hörensagen, abgesehen davon, daß es so viele Danziger damals gar nicht gab. Die dem Ort nahe wohnenden Zeugen wußten nichts davon. Der wahre Kern war die Hinrichtung von 16 pommerellischen Rittern, Parteigängern der Askanier, wegen Straßenraubs, wohl Fehdezügen gegen den Orden, und die Niederlegung der Stadtbefestigung, ferner der freiwillige Wegzug einiger Bürger unter Abbruch ihrer Häuser. Gezeigt wird die Aussage des Öseler Kaplans Heinrich Langemann, er wisse, daß dies in Deutschland die öf-

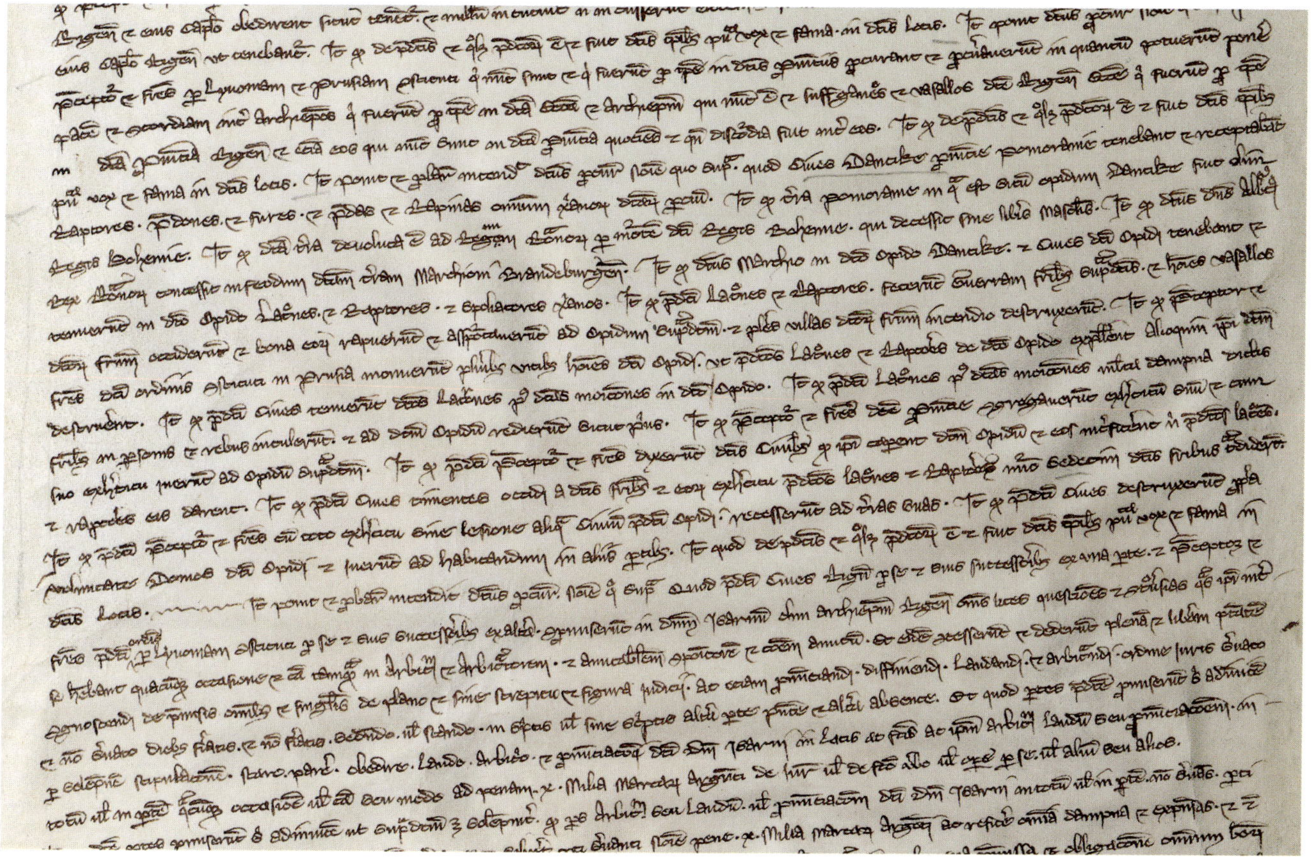

F 2b

fentliche Meinung sei, weil er es in Lübeck, Rostock und Stralsund gehört habe. Gesehen hatte er nichts, wußte auch nichts über die Einzelheiten und Ziffern. Die dem Schauplatz nahen Bischöfe von Kulm, Ermland und Samland gaben demgegenüber eine genaue Schilderung dessen, was sich wirklich begeben hatte, und entlasteten den Orden. Eine Rechtfertigungsschrift des Ordens kam zu einer ähnlichen Darstellung. Der Orden wurde vom Papst nicht verurteilt. Der Rotulus a hat noch die antike Buchform der Rolle. Obgleich nur ein Bruchstück des einst Vorhandenen, mißt er 25 m in der Länge. Die Sprache ist Latein. Auch b ist nur ein Teil des ursprünglich einmal vorhandenen Textes.

F 3 Konrad Bruel, Generalprokurator des Deutschen Ordens, quittiert über Ausgaben an der päpstlichen Kurie

1314 April 13, Orange
Ausfertigung auf Pergament, Siegel ab
GStA PK XX. HA Schiebl. 19 n. 18

Seit etwa 1220 kann ein ständiger Vertreter des Deutschen Ordens an der päpstlichen Kurie angenommen werden, für den seit 1257 der Titel Generalprokurator bezeugt ist. In der ausgestellten Urkunde gibt der Generalprokurator Rechen-

141

schaft über ausgegebene Summen an Papst Clemens V., dessen Neffen, Kardinäle und Ordensbeauftragte. Die größte Einzelsumme sind 4000 Gulden an den Papst. Die Ordensdiplomatie an der Kurie arbeitete mit Geld, aber das taten auch die Ordensgegner. Wo Bestechlichkeit üblich war, konnte ein Verzicht auf dieses Mittel unwiederbringliche Verluste bedeuten. Darum konnte sich in dieser Verfallszeit der Kurie auch der Orden der Verstrickung in solche Verfahren nicht entziehen, wollte er nicht seine Stellung einbüßen.

F 4   **Die Eingliederung der Stadt Riga in den livländischen Ordensstaat**

a) Friedensvertrag der Stadt Riga mit dem Deutschen Orden, sogenannter Sühnebrief

1330 März 30
Abschrift auf Papier in niederdeutscher Sprache

GStA PK XX. HA OBA 170

b) Gotischer Saal der Großen Gilde zu Riga, „Stube von Münster"

Anfang 14. Jahrhundert
Photographie

J. G. Herder-Institut, Marburg

F 4 c

F 4 b

c) Riga, Giebel des Schwarzhäupterhauses von 1334
Darin die Wappen der vier Hansekontore
Photographie

Bildarchiv Foto Marburg 150202

Nach dreiunddreißigjährigem Ringen, unterbrochen von Waffenstillständen, wobei die Rigaer Bürger mehrfach die heidnischen Litauer, ihre Handelspartner, zu Verheerungen ins Land gerufen hatten, bezwang der Orden die Stadt durch mehrmonatige Blockade. In der Stube von Soest faßte die Gemeinde, reich und arm, den Entschluß zur Kapitulation. Die anschließende Sitzung des Rates mit den Vornehmsten der Bürger in großer Zahl fand im oberen Refektorium des Domkapitels statt. Unter Tränen schilderten die beiden Bürgermeister Heinrich Meye und Johann von Fellin die Erschöpfung aller Nahrungs- und Hilfsmittel, gipfelnd in der Frage: „O Herr Gott, was sollen wir Elenden jetzt in dieser Notlage tun?" Der Beschluß der Gemeinde wurde, da man Mord und Totschlag unter den Bürgern fürchten mußte, bestätigt. Der Orden erhielt das halbe Stadtgericht und einen Sitz im Rat. Die Ratsherren mußten ihm Treue schwören. Die Stadt mußte dem Orden Heerfolge leisten. Die Stadt mußte dem Orden ferner im Tausch Platz für sein neues Schloß an der Düna einräumen und zeitweise auch die Gildestuben von Münster und Soest ausliefern. Das bürgerliche Selbstbewußtsein, gestützt auf wirtschaftliche Handelsmacht, blieb bestehen. Schon vier Jahre nach dem Sühnebrief führte Riga auf dem Markt das neue Gildehaus („Neues Haus") auf, später auch König Artus Hof oder Schwarzhäupterhaus genannt.

Die gezeigte Stube von Münster (b) war im Mittelalter die Stube von Soest. In diesem Saal faßte die Gemeinde den Unterwerfungsbeschluß.

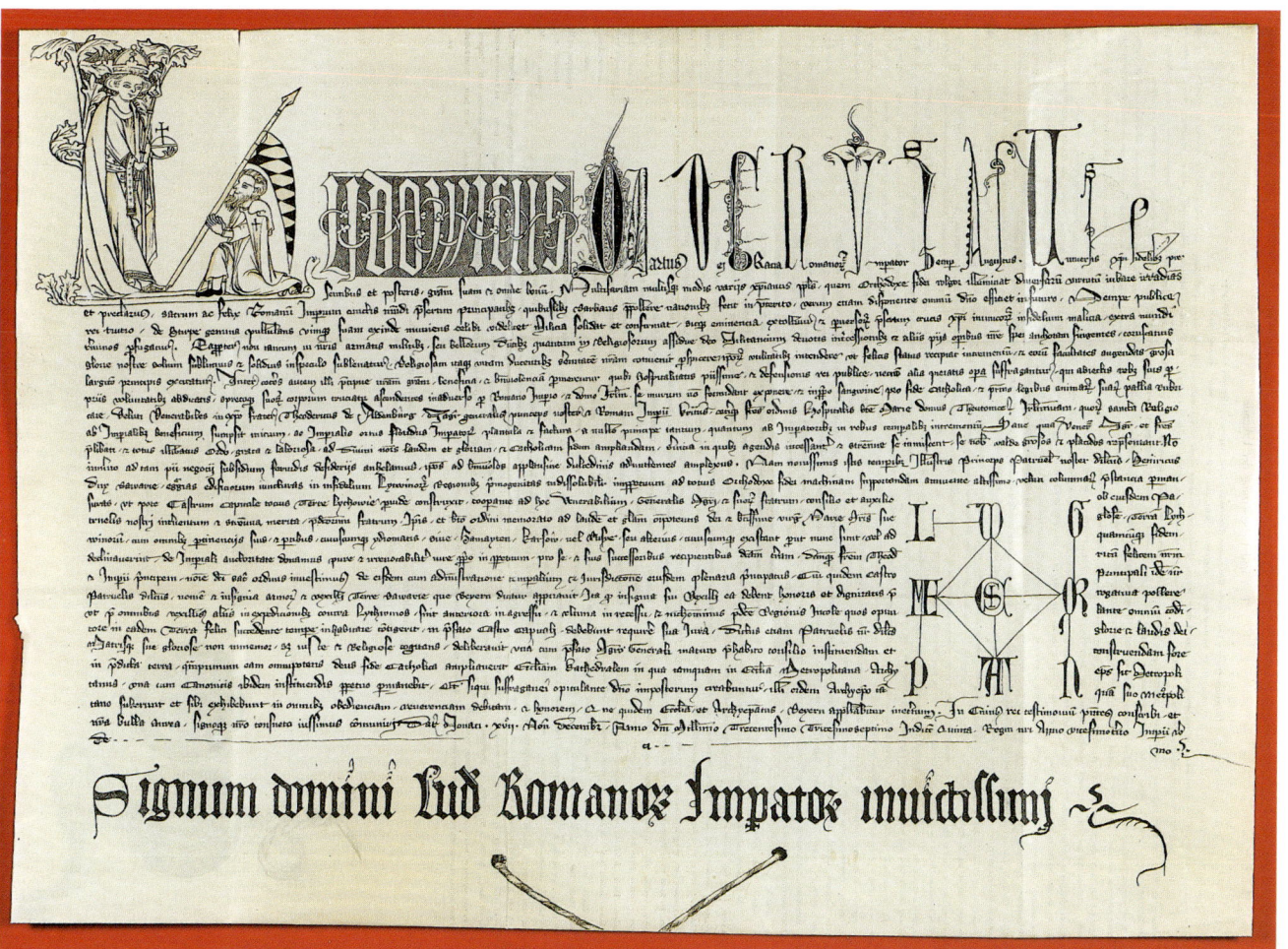

F 5a

F 5 b

F 5 a Kaiser Ludwig IV., der Bayer, schenkt dem Deutschen Orden das Land Litauen mit allem Zubehör, nachdem sein Oheim, Herzog Heinrich von Bayern, dort die „Beyernburg" gegründet hat

1337 November 15 (?), München
Faksimile nach der Ausfertigung auf Pergament,
Goldbulle 1945 verloren

GStA PK Faksimile nach XX. HA Schiebl. 20 n. 29

Im Streit des Kaisers mit der Kurie hielt der Orden zu Ludwig dem Bayern. Die Wittelsbacher unterstützten den Orden im Kreuzzug und durch das an den Auftrag Friedrichs II. anknüpfende Privileg. Herzog Heinrich von Niederbayern hatte damals auf einem Kriegszug am linken Memelufer zwischen Ragnit und Kaunas die „Beyernburg" gemeinsam mit dem Orden angelegt. Das Privileg des Kaisers sah als Programm auch die Einrichtung eines neuen Erzbistums für Litauen vor; dieses Erzbistum sollte „Bayern" heißen. Die Urkunde schließt auch die von Litauen eroberten russischen Fürstentümer ein. Zur Eroberung Li-

tauens kam es jedoch nicht mehr. Die Bayernburg mußte bald wieder aufgegeben werden.
Der Orden lehnte sich bei all seinen Erwerbungen im 13. und 14. Jahrhundert an die deutschen Kaiser oder Könige an, von denen er sich seine Rechte verbriefen ließ, so Rudolf von Habsburg, Heinrich VII. oder Karl IV. Die Bindung Preußens und Livlands an das Reich war für den Ordensstaat eine wichtige Stütze.

F 5 b Aus dem Mainzer Kurfürstenzyklus: König Ludwig der Bayer, König Johann von Böhmen und Rudolf II., Pfalzgraf bei Rhein

Um 1330, Sandsteinrelief 2 × 1 m
Photographie nach dem Original

GStA PK Sammlung Oertel

Die Reliefs schmückten als Zinnen die Hauptfassade des Kaufhauses am „Brand" in Mainz, das 1812 abgebrochen wurde. Der links mit Krone und Lanze dargestellte deutsche König Ludwig IV. (1314—1347) förderte den Orden durch das Privileg von 1337 (F 5 a). König Johann von Böhmen aus dem luxemburgischen Hause (1310—1346) war mit dem Deutschen Orden gegen Polen verbündet und kämpfte mit einem Heer dreimal gegen die Litauer und einmal gegen die Polen.
Die Fürsten sind in der Ritterrüstung des frühen 14. Jahrhunderts dargestellt. Topfhelme und Kettenrüstungen waren noch im Gebrauch. Wie die gezeigten Fürsten, zog damals und noch bis zum Ende des 14. Jahrhunderts der deutsche und westeuropäische Adel dem Orden als Kreuzfahrer zu Hilfe. Es galt als ruhmvoll, an Heidenfahrten teilzunehmen und am Ehrentisch des Ordens gesessen zu haben. Als Beispiele seien genannt Graf Günther von Schwarzburg, Graf Wilhelm IV. von Holland, Markgraf Ludwig von Brandenburg, Herzog Albrecht III. von Österreich, Graf Heinrich von Derby, der spätere König Heinrich IV. von England, Herzog Bernhard von Schweidnitz, Graf Johann II. von Namur, ein Pfalzgraf bei Rhein, König Ludwig von Ungarn, Herzog Peter I. von Bourbon, König Waldemar IV. von Dänemark, Graf Eberhard I. von Württemberg, Herzog Karl II. von Lothringen, Herzog Erich von Braunschweig und viele andere. Auch einige polnische Adlige haben an Preußenfahrten im 14. Jahrhundert (wie schon im 13.) teilgenommen. Alle Gäste, die auf eigene Kosten gekommen waren, wurden am Ehrentisch, meist wohl in der Burg Königsberg, bewirtet, und das konnten im Jahr mehr als 100 sein.

F 6 Der Friede von Kalisch zwischen dem Deutschen Orden und Polen

a) König Kasimir III. von Polen schließt Frieden mit dem Deutschen Orden und verzichtet auf Ansprüche auf Pommerellen und das Kulmerland

(1337 März 9)
Notariatsinstrument auf Pergament mit den Siegeln des Königs, des Hochmeisters und des Grafen Adolf von Berg

GStA PK XX. HA Schiebl. 60 n. 15

b) König Kasimir III. von Polen schließt Frieden mit dem Deutschen Orden und verzichtet auf Ansprüche auf Pommerellen und das Kulmerland

1343 Juli 8, Kalisch
Notariatsinstrument (Vidimus) von 1356 Oktober 19/20 auf Pergament

GStA PK XX. HA Schiebl. 60 n. 43

Der Friede wurde bereits 1337 mit fast gleichem Text beschlossen, wegen Nichterfüllung der Klausel der ungarischen Zustimmung aber nicht rechtskräftig. Erst 1343, als auch die polnischen Stände in eigenen Urkunden zustimmten, kam in Kalisch der Friede zustande, der dem Orden das westliche Preußen auch gegen polnische Forderungen sicherte und zwei Menschenalter lang Bestand hatte.
Dieser Friedensschluß wurde möglich, weil der streitbare König Wladyslaw Lokietek von Polen, der das in Teilfürstentümer zerfallene Reich geeinigt und danach jahrelang wegen Pommerellens Krieg geführt hatte, 1333 starb, und sein Sohn Kasimir III., der Große, eine nüchterne Realpolitik betrieb. So prozessierte er 1339 noch einmal gegen den Orden, verzichtete dann aber auf Pommerellen und das Kulmerland gegen die Herausgabe des 1332 vom Orden besetzten Kujawien, um freie Hand im Osten zu bekommen. Dem gleichen Ziel diente sein Ausgleich mit den Luxemburgern, indem er 1335 im Trentschiner Vertrag die seit 1289

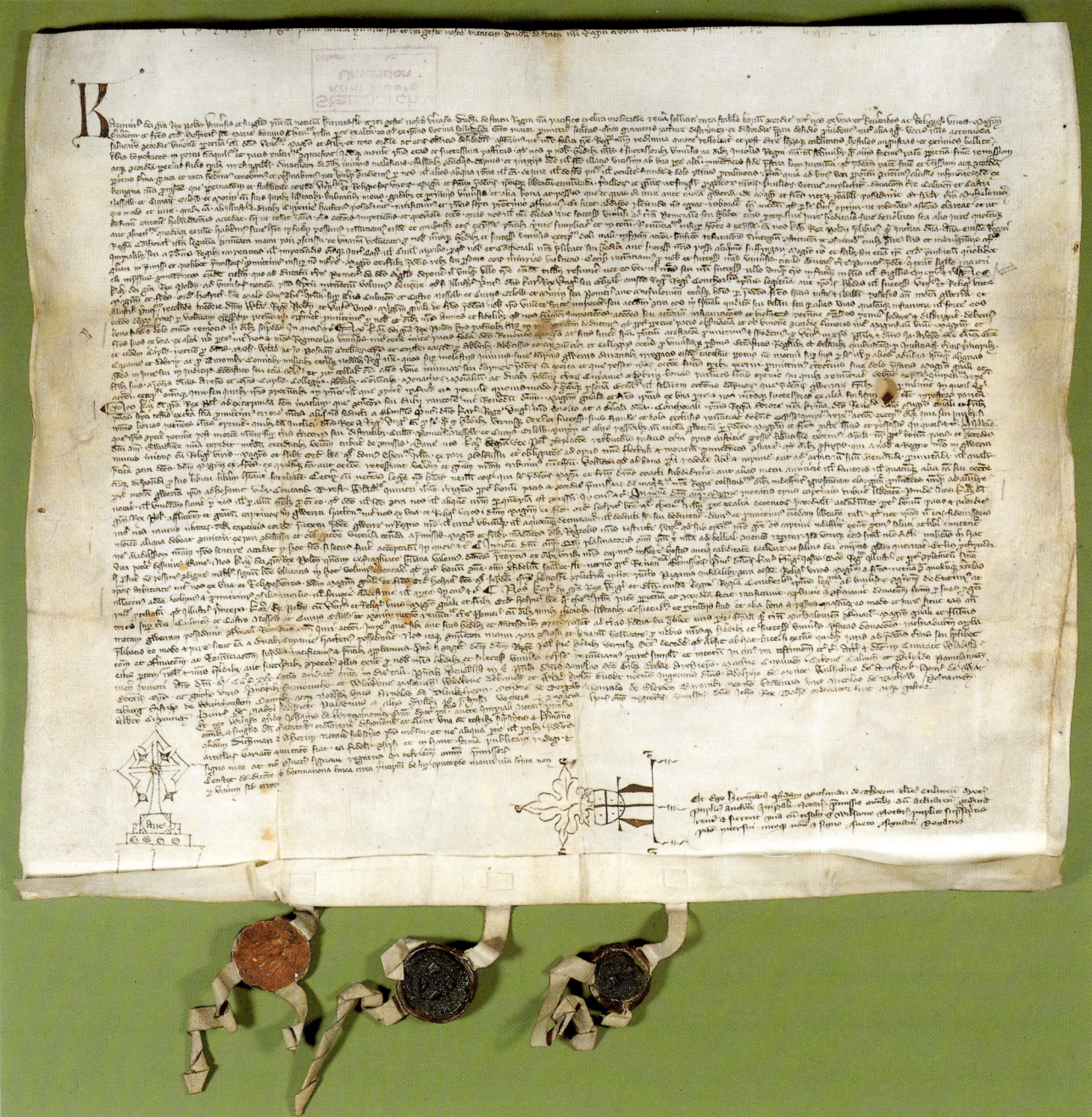

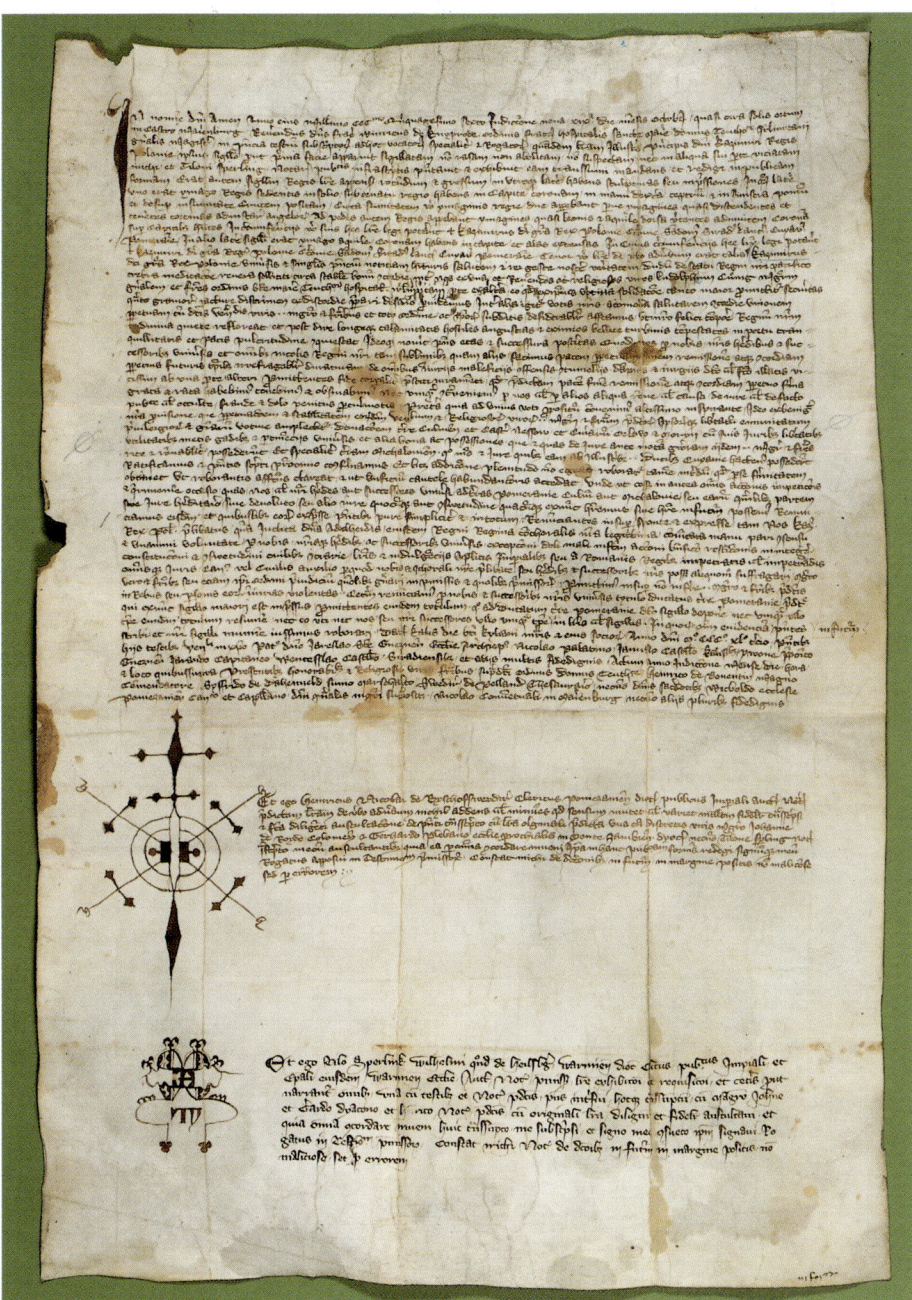

F 7 b

F 7 Der Deutsche Orden kauft Estland vom König von Dänemark

a) König Waldemar von Dänemark teilt Papst Clemens VI. und dem Kollegium der Kardinäle den Verkauf Estlands an den Deutschen Orden mit

1347 Juni 24, Kopenhagen
Ausfertigung auf Pergament mit Resten des Siegels
Größe: 16,5 × 30,5 cm

GStA PK XX. HA Urk. Schiebl. L S XXVIII n. 5.

b) Das Schloß in Reval mit dem Langen Hermann

Photographie

J. G. Herder-Institut, Marburg

c) Ansicht der Stadt Reval mit Olaikirche und den Mauertürmen „Dicke Margarete" und „Stolting" aus der Ordenszeit

Photographie

Bildarchiv Foto Marburg 151059

1343 erhoben sich die Esten im dänischen Nordestland und auf Ösel gegen die Herrschaft der Vasallen. Der zu Hilfe gerufene Orden schlug den Aufstand nieder. 1346 verkaufte der dänische König ihm das Land. Mehr als 200 Jahre lang unterstand es nun unmittelbar dem Hochmeister in Preußen, Reval wurde eine Ordensstadt. Der Orden ließ auf dem Domberg das von dänischen Königen und dem Schwertbrüderorden errichtete Schloß ausbauen, unter anderem mit dem Turm „Langer Hermann".

Reval war damals die zweitgrößte Stadt Alt-Livlands. Ihre Bevölkerung betrug am Ende der Ordenszeit innerhalb der Mauern 5000, auf dem Domberg 1000 und in den Vorstädten etwa 700 Menschen, zusammen 6700 Einwohner, davon etwa die Hälfte Esten und Nichtdeutsche.

im Gange befindliche friedliche Lösung Schlesiens von Polen und die längst bestehenden schlesischen Lehnsbindungen an Böhmen und das Reich anerkannte, nachdem die deutsche Ostsiedlung seit dem 12. Jahrhundert die ethnischen Verhältnisse in Schlesien ebenfalls grundlegend verändert hatte. Statt dessen stieß Polen nun durch den Erwerb des größten Teils der ostslawischen Fürstentümer Halič-Vladimir weit nach Osten vor. Dies gelang in Auseinandersetzungen mit den Litauern und Tataren, in deren Verlauf Polen mehrere Feldzüge führte.

F 8 Falken im Dienste der Diplomatie

a) Ludwig, Pfalzgraf bei Rhein, dankt Hochmeister Paul von Rusdorf für sechs Falken, erbittet ebenso viele im nächsten Jahr und die Übersendung neuer Nachrichten nach dem Tode des Großfürsten Witold

Neuenburg, 1431 Januar 1
Ausfertigung auf Papier
GStA PK XX. HA OBA 5564

b) König Konrad der Junge bei der Falkenjagd
Faksimiledruck nach dem Codex Manesse
DOM Bad Mergentheim Inv.Nr. 4806

F 7 c

F 9

Die Falkenjagd galt im Mittelalter als edelste Jagdart. Der Falke galt als königliches Symbol, die Jagd mit Falken war dem Adel vorbehalten. Das Zähmen der Vögel, ihre Abrichtung und der Vorgang der Jagd erforderten ein größeres und kostspieliges Gefolge. Auch als Symbol ritterlicher Tugenden und ritterlichen Lebens wurde der Falke gern gesehen. Kaiser Friedrich II. hat über die Falkenjagd ein eigenes Buch verfaßt. Der Deutsche Orden betrieb die Falknerei in Preußen und versandte die begehrten und kostbaren Jagdvögel gern als Diplomatengeschenke an Fürstenhöfe, wo er damit viele Sympathien erwarb.

Das Bild zeigt den letzten Stauferkönig Konradin in dem Augenblick des Aufsteigens des Falken vom Handschuh. Die Bracken vorn rechts haben die zu jagenden Vögel aufgespürt, die der Falke dann im Steilflug „schlägt".
In dem Schriftstück (a) haben wir einen der zahlreich erhaltenen „Falkenbriefe" vor uns, der diplomatischen Korrespondenz, die der Orden in Verbindung mit Falkengeschenken führte.

F 9 Die „Jungingensche Gnade»,
Rechte der Ritterschaft
in Harrien und Wierland

Abschrift des 16. Jahrhunderts in einem Sammelband auf Papier, eingebunden in pergamentverstärktes ornamentverziertes Leder

Text von 1397
Größe aufgeschlagen: 32 × 52 cm

GStA PK XX. HA OF 293

1393 gelang dem Orden mit päpstlicher Unterstützung die Inkorporation des Erzbistums Riga. Sie mußte nach einem Krieg mit dem widerstrebenden Bischof von Dorpat und seinen Vasallen teuer erkauft werden, einmal durch Verzicht auf die Heerfolge der Stiftsvasallen, zweitens durch eine in der Folge die Ordensherrschaft schwächende Erweiterung der Erbrechte der harrisch-wierländischen Ritterschaft. Dies war die „Gnade" des Hochmeisters Konrad von Jungingen. Der Hochmeister sah sich zu Zugeständnissen angesichts der Bildung der Großreiche Polen-Litauen und Dänemark-Schweden-Norwegen in der Kalmarer Union gezwungen. In Livland erstarkten die Stände, und auch in Preußen bildete sich in diesem Jahr der Eidechsenbund der kulmerländischen Ritterschaft, aus dem eine ständische Opposition erwuchs.

F 10 Hochmeister Konrad von Jungingen beurkundet einen ewigen Frieden mit Alexander oder Wytowt, Großfürst von Litauen und Reußen, unter Neufestsetzung der Grenzen

Ausfertigung auf Pergament mit 11 anhängenden Siegeln

1398 Oktober 12, Werder Sallyn
Größe: 46 × 62 cm

GStA PK XX. HA Schiebl. 53 n. 3

Nach dem Zusammenschluß Polens mit Litauen 1386 zu einem Großreich wurde der litauische Teil gleichwohl noch von einem eigenen Großfürsten regiert. Der Orden suchte einen Ausgleich mit dem jahrhundertelangen Gegner durch einen „ewigen" Frieden unter Preisgabe großer Landstriche an der Mittelmemel und im Süden Livlands im Tausch gegen Samaiten. Der Friede hatte nur wenige Jahre Bestand, weil die litauische Seite den Aufstand der Samaiten unterstützte. In Sallinwerder ist zum erstenmal ein Rückgang des Ordensterritoriums festzustellen, wenn auch gegen eine Kompensation, mit der der Orden hätte leben können.

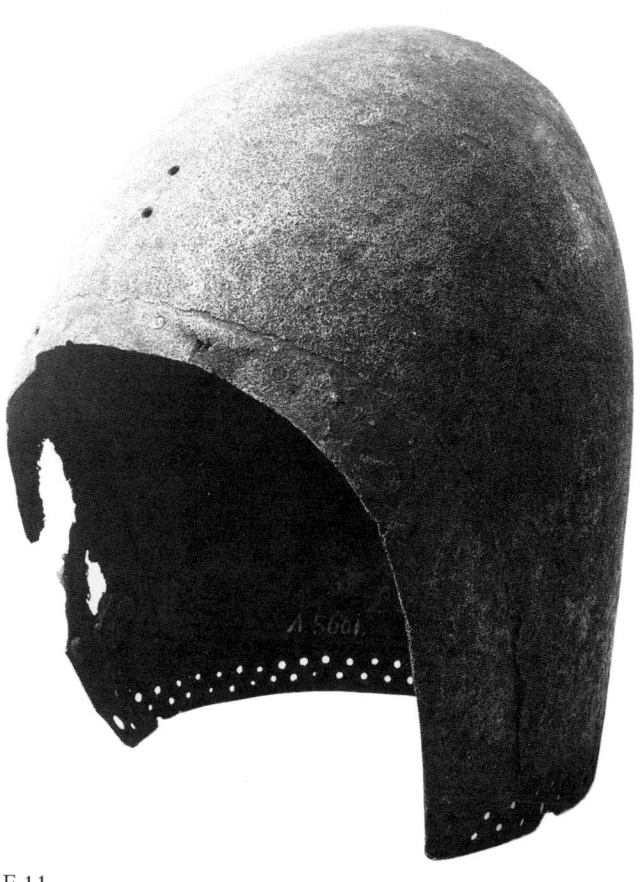

F 11

F 11   Beckenhaube

Eisen, 14. Jahrhundert
Bayerisches Armeemuseum, Ingolstadt, Inv. Nr. A 5661
Ab 1991: Nachbildung: Feldon, München

GStA PK

Der schwere Topfhelm, später auch als Kübelhelm mit gewölbter Decke ausgebildet, verschwindet in der ersten Hälfte des 14. Jahrhunderts auch im Ordensheer. Statt seiner wird nun die Beckenhaube getragen, die das Gesicht frei ließ, aber nicht an der Stirn fest anlag. Nasenschutz oder Klappvisier sowie die mit Draht befestigte Halsbrünne konnten als zusätzlicher Schutz befestigt werden. Die Beckenhaube ist in den Ordensquellen als „pekilhuwbe, pekelhewbichen" vom 14. bis zum 16. Jahrhundert bezeugt.

F 12   Steigbügel und Sporen

a) Dornsporn
Eisen, Dorn in Zwiebelform
Deutsch, 14. Jahrhundert

b) Gotischer Sporn
Eisen, Rad verloren
Deutsch, 14. Jahrhundert

c) Steigbügel
Eisen
Deutsch, 14. Jahrhundert

DOM Bad Mergentheim Inv.Nrn. 4586—4588

F 13   Standortverteilung der preußischen Ordensstreitkräfte zu Beginn des 15. Jahrhunderts

Historische Karte

Entwurf: Friedrich Benninghoven
Kartographie: Heinz Hinkel
Aus: Zeitschrift für Ostforschung,
13. Jg. 1964

Bis zum Ende des 14. Jahrhunderts bestand das Ordensheer weit überwiegend aus dem Landesaufgebot. Dieses setzte sich aus Ordensrittern, Dienern der Burgmannschaften, Inhabern von Dienstgütern und Freigütern mit oder ohne Gefolge, den Stiftsvasallen der Bistümer und ihrem Gefolge sowie städtischen Kontingenten zusammen. Die Stadtbürger dienten entweder selbst oder stellten geworbene Wäppner. Die Gesamtstärke des preußischen Aufgebots kann man auf etwa 10 000 Mann schätzen, sie wurde erst im Tannenberg-Krieg voll aufgeboten. In Livland betrug die Höchststärke rund 7000 Mann. Ordensritter gab es im 15. Jahrhundert in Preußen rund 450, in Livland rund 220. Zum Aufgebot traten bis zum Ende des 14. Jahrhunderts die jährlich kommenden und gehenden Kreuzfahrerkontingente.

Die Karte läßt auch die Verteilung der Streitkräfte deutlich erkennen, die unterschiedliche Aufgebotsziffer der kleinen Komtureien im Kulmerland und der großen an der Küste. Auch hier bildet die Wasserlinie Weichsel-Haff noch das geographische Rückgrat des Heeres. Bei einem Aufgebot konnte ein berittenes Heer, von seinem Nachschub einschließlich schwimmender Feldbäckereien auf den Wasserwegen begleitet, innerhalb des Landes täglich 40 km vorrücken, jenseits der Grenze wesentlich langsamer.

F 14   Litauerfeldzug im Winter 1218/1219

Historische Karte

Entwurf: Friedrich Benninghoven
Kartographie: Heinz Hinkel
Aus: Zeitschrift für Ostforschung,
19. Jg., 1970

Verheerungsfeldzüge aller Parteien wurden in den nordöstlichen Ländern wegen der besseren Gangbarkeit der Wege (Schlitten, Zufrieren von Flüssen, Seen und Mooren) gern im Winter durchgeführt, oft über sehr weite Entfernungen. Ein gut bezeugtes Beispiel ist der hier aufgezeichnete Feldzug der Litauer nach Livland aus der Zeit vor Ankunft des Deutschen Ordens. (Vgl. auch F 15).

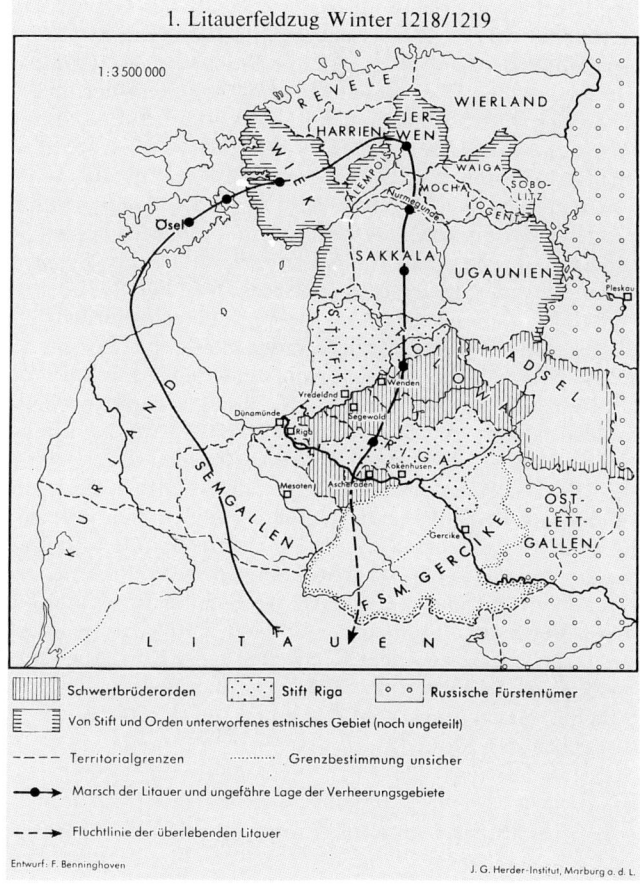

F 14

F 15 **Feldzug des Deutschen Ordens nach Litauen im August 1372**

Historische Karte

Entwurf: Friedrich Benninghoven
Kartographie: Heinz Hinkel
Aus: Zeitschrift für Ostforschung, 19. Jg., 1970

Die Kriegführung im Spätmittelalter führte nur selten zu großen Schlachten, wie etwa die von Saule, Durben, Rudau oder Tannenberg. Die Strategie war vielmehr eine Ermattungsstrategie, ihr Mittel die „Reise" oder der Verheerungsfeldzug. In ihm wurde ein ausgewähltes feindliches Gebiet geplündert, wehrfähige Männer erschlagen oder gefangengenommen, auch die Frauen und Kinder weggeführt, Häuser und Vorräte verbrannt, soweit man Beutegut nicht mitführen konnte. Die Gefangenen konnten gegen Lösegeld wieder freikommen. Diese Technik war im Ostbaltikum schon vor der Ordenszeit üblich. Das Beispiel der Litauer 1218 belegt, über wie weite Entfernungen solche Züge in wenigen Wochen gingen, hier sogar über den zugefrorenen Sund nach Ösel. Im Winter zog man mit Schlitten. Der Orden hat die Technik übernommen, wie F 15 zeigt, wo nacheinander in Samaiten neun Standlager bezogen und die umliegenden Dörfer in dieser Weise angegriffen wurden, alles innerhalb von 14 Tagen. Abgesehen von der Gefangennahme der Bevölkerung war die Technik in den Schweizerkriegen und im englisch-französischen Hundertjährigen Krieg die gleiche.

F 16 **Zur Burgenarchitektur des Deutschen Ordens**

a) Lageplan des Schlosses Engelsburg
Beispiel einer frühen, geländeangepaßten Anlage (Abschnittsburg)

b) Grundriß der Burganlage in Mewe (früher Konventshaustyp), vier Flügel sind quadratisch um einen Innenhof angeordnet

c) Schloß Mewe, Aufriß der Südseite mit Luken des Wehrgangs unter dem Dachansatz, Ecktürmen und den Fenstern des Kapitelsaals und der Kapelle
Erbaut zwischen 1290 und 1310

d) Mewe, Grundriß des Haupthauses, Hauptgeschoß mit Komturwohnung, Konventsremter, Kapitelsaal, Kapelle und Dormitorium (Schlafsaal)

e) Schloß Arensburg auf Ösel, Ansicht von Nordwest
Burg des Bischofs von Ösel-Wiek
Erbaut zwischen 1346 und 1381 in Anlehung an den Konventshaustyp des Deutschen Ordens

f) Grundriß von Arensburg (Südseite oben)

g) Marienwerder, bischöfliches Schloß mit Dom und dem ungewöhnlich lang herausgeschobenen Danzker, volle Übereinstimmung mit dem Konventshaustyp
Erbaut in der Zeit des „reichen Stils"
1. Hälfte des 14. Jahrhunderts bis 1380

h) Schloß Rehden, Hauptgeschoß des Haupthauses mit Turm, Dormitorium, Kapitelsaal, Konventsremter und Komturwohnung; „reicher Stil"
Erbaut um 1320 bis 1340

a-d, h) nach Steinbrecht, GStA PK Bibl. 17 S 43,2

e) Bildarchiv Foto Marburg 156019

f) GStA Bibl. 49, 75

g) Bildarchiv PK 118 a

Die Burgen waren Wohnanlage, Lebenszentrum, Verwaltungssitz, Vorratsspeicher, Wehranlage und Rüstungsbetrieb zugleich. Sie bildeten als System das Rückgrat des Ordensstaates. Ihre bauliche Entwicklung ging von der geländegebundenen Anlage, die sich in unregelmäßigem Grundriß den Bedingungen der Örtlichkeit anpaßte und vor allem in der Frühzeit vorkam, am Ende des 13. Jahrhunderts zum Typ des sogenannten Konventshauses über, wie es in E 1 schon am Beispiel der Marienburg gezeigt wurde. Ein solcher Bau ist in Mewe, begonnen um 1290, erhalten. Vier Flügel mit Wohn- und Wirtschaftsräumen legen sich quadratisch um einen Innenhof, dessen Seiten in Mewe innen 22 m maßen. Durch die gedrungene Geschlossenheit der Wände bei schmalen Ecktürmchen entsteht der Eindruck eines Bauwürfels, der nur durch die Fenster und oft ein Zickzack- oder Rautenmuster der Außenmauern aus dunklen glasierten Ziegeln aufgelockert wird und durch diese Gliederung einen eigenen Reiz erhält. Immer wird dem Betrachter aus diesen Bauten bewußt, daß er sich in einem wehrhaften Lande auf Kolonialboden befindet. Diese Bauten weisen innen und an den Portalen oft Reliefs oder figürlichen Schmuck auf und sind mit Wandmalereien in einzelnen Räumen geschmückt gewesen. Die Decken dieser gotischen Backsteinbauten bestanden aus Kreuz-, Stern- oder Netzgewölben. Man hat errechnet, daß zu einem solchen Konventsschloß etwa 3 Millionen Ziegel im Großformat verbaut wurden, der Bau etwa sechs Jahre dauerte. Die Außenseiten des Konventshauses in Mewe waren etwa 47 m lang. Im Hauptgeschoß lagen die Kapelle, der Kapitelsaal, der Speise- und der Schlafsaal und die Wohnung des Komturs, möglicherweise auch, wie in Rehden, die Firmarie (das Krankenrevier). Über diesem Geschoß zog sich ringsum der Wehrgang mit Schießluken hin. Keller und Böden waren Korn- und Vorratsspeicher. Das Erdgeschoß zwischen Keller und Hauptgeschoß beherbergte die Küchen- und Wirtschaftsräume. Die Harnisch- und Waffenkammer war oft mit der Komturswohnung verbunden. — Im Hof lief wie in Klöstern ein, oft doppelter, Kreuzgang um. — Die Burgenarchitektur der Bischöfe und Domkapitel lehnte sich im 14. Jahrhundert sehr stark an die Vorbilder des Ordens an. Als Beispiel dient hier Marienwerder mit dem außerordentlich weit hinausgeschobenen Danzker, ferner Arensburg auf Ösel als kleinere Anlage. Eine geräumige Vorburg diente zur Aufnahme von Menschen, Vieh und Vorräten im Belagerungsfalle. — Kleinere Verwaltungsburgen waren einfacher, mit nur einem Hausflügel, gestaltet. In der Spätzeit um 1400 wurde der Stil, wie in Ragnit, monumentaler und massiger. In Bütow zeigen drei breite runde Batterietürme zu flankierendem Feuer das Aufkommen der Artillerie an. Neue Konventshäuser entstehen nun nicht mehr, dafür aber reine Verteidigungsanlagen. Gotland und die Neumark werden von Vögten, nicht Konventen, verwaltet. Auch hier kündigt sich im Orden ein neuer Geist an. Der Grundriß von Rehden, einem typischen Konventshaus der frühen Zeit, leitet über zum Modell F 17.

F 17   Schloß Rehden im Kulmerland (1320—1340)

Rekonstruktion nach Steinbrecht
Modell von Albrecht Duwe, Essen

DOM Bad Mergentheim

Das Modell von Rehden zeigt den voll ausgebildeten Konventshaustyp mit Vorburg und Nebenanlagen.

Die Burg ist heute Ruine. Die Untersuchung der erhaltenen Teile und ein Vergleich mit der Architektur anderer Burgen haben jedoch schon Steinbrecht eine Rekonstruktionsdarstellung ermöglicht, nach der das Modell hergestellt wurde. — Rehden ist zuerst 1234 angelegt worden, wohl als Holz-Erde-Befestigung. Urkundliche Nachrichten über den späteren Steinbau fehlen weitgehend, er dürfte nicht vor 1310, wohl um 1320 begonnen worden sein. Dies ist aus stilisti-

F 17

schen Merkmalen erschlossen worden. Die Seitenlängen des Konventshauses betrugen 52,5 m, die des Innenhofes 23 m. Der Hof war mit einem doppelstöckigen, gewölbten Kreuzgang umgeben. Auch der Keller hatte zwei gewölbte Geschosse, die Dicke der Mauern im Erdgeschoß außen betrug 3 m. Im Hauptgeschoß lagen im Südflügel, getrennt durch einen kleineren Raum, links der Konventsremter, rechts die Kapelle. Die Kapelle hatte Sterngewölbe, eins der frühesten Beispiele dieser Gewölbeart. Im Westflügel schloß sich die Wohnung des Komturs an, nach Westen herausgeschoben war der Danzker. Daran schloß sich im Norden der mächtige Hauptturm an, mit einem Durchmesser von 13 m in achteckigem Grundriß. Er stand frei von allen umgebenden Mauern. Im Ostflügel lagen der Kapitensaal und der Schlafsaal (Dormitorium), im Nordflügel die Firmarie und der umfangreiche Kaminabzug der Küche. An den Ecken des Hauses erhoben sich schlanke Türme mit quadratischem Grundriß. Über dem Hauptgeschoß lief der Wehrgang um. Die Dächer waren gemauert. Ein Rautenmuster von schwarz glasierten Ziegeln gab den Außenfronten mit ihren wenigen Fenstern eine eindrucksvolle Gliederung an den gesamten Wänden der Türme und der oberen Hälfte der Mauern. Ingesamt zeigte die Burg, an die sich noch eine geräumige Vorburg mit Wirtschaftshäusern anschloß, eine Raumkunst von klassischer Schönheit.

F 18 Turmkrone der Burg Schlochau

Maßstab 1:50

Modell: Albrecht Duwe, Essen

DOM Bad Mergentheim Inv.Nr. 3820

G. Niedergang und Ende des Deutschordensstaates in Preußen und Livland

Im 15. Jahrhundert erstarkte im Innern des Ordensstaates die Kraft von Adel und Städten. Der Heidenkampf hörte nach der Taufe der Litauer auf, die Kreuzfahrerunterstützung blieb aus. Die Macht von Papst und Kaisertum wurde durch Kirchenspaltung, religiöse Gärungen, Reformkonzilien und den Verfall des Hauses Luxemburg geschwächt. Das durch die Heirat der polnischen Thronerbin Jadwiga mit dem litauischen Großfürsten Jagiello entstandene Großreich Polen-Litauen unterstützte die aufständischen Samaiten. 1410 erlitt der Orden, der gegen den Druck die Entscheidung der Waffen suchte, die verheerende Niederlage von Tannenberg. Trotz Wiederherstellung der Lage durch den energischen Hochmeister Heinrich von Plauen nahm die innere Schwäche in der Folge zu. Das in Europa aufgekommene Söldnerkriegswesen zwang den Orden unter den Kriegsdrohungen Polens zu gewaltigen Geldausgaben und daher Steuerauflagen, die die Hauptquelle der Unzufriedenheit der Stände wurden. Disziplinverlust im Orden durch Mißachtung der strengen Regel, Machtstreben des Deutschmeisters und der Aufstand einiger Konvente ließen das Ansehen des Deutschen Ordens sinken. 1440 gründeten die preußischen Stände den „Bund vor Gewalt", der sich theoretisch bereits zum Richter über Handlungen des Landesherrn setzte. Reformen und kluge Politik des Hochmeisters Konrad von Erlichshausen schoben den Bruch noch ein Jahrzehnt auf.

Aber 1454 kam es zum Aufstand und Krieg der Stände gegen den Orden, die bei Polen Unterstützung suchten und fanden. Nach der Erschöpfung des Landes im 13jährigen Krieg mußte der Orden auf das westliche Preußen (Pommerellen, Kulmerland, Danzig, Elbing, Thorn, Marienburg und Ermland) 1466 im 2. Thorner Frieden verzichten, der Hochmeister Treueid und Heerfolge gegenüber dem polnischen König übernehmen. Das abgetretene Gebiet wurde autonom unter der Krone Polens. Papst und Kaiser erkannten den Vertrag nicht an.

Der verbliebene Teil des Ordensstaates wandelte sich zum Fürstentum, suchte durch Wahl deutscher Fürsten zu Hochmeistern die Bindung ans Reich zu retten und die Fesseln abzustreifen. Friedliche und kriegerische Ausgleichsversuche mit Polen mißlangen, vom Reich kam keine Hilfe, Luthers Reformation faßte in Livland und Preußen Fuß und entzog dem Orden eine weitere ideelle Grundlage. In dieser Not löste Hochmeister Albrecht von Brandenburg-Ansbach 1525 den Orden in Preußen auf Luthers Rat auf und nahm das Land als Herzogtum vom polnischen König zu Lehen. Rückblickend betrachtet, hat er mit diesem Schritt, der Einführung der Reformation und Anlehnung an Brandenburg durch Mitbelehnung der brandenburgischen Kurlinie dem Land für vier Jahrhunderte seinen deutschen Charakter bewahrt. Die brandenburgischen Kurfürsten konnten 1660 die Lehnsbindung an die polnische Krone beenden.

In Livland behauptete der Orden sich gegen die im Osten erstarkende Macht des Moskauer Großfürstentums. Besonders der fähige Meister Wolter von Plettenberg bewahrte 1502 durch seinen Sieg am Smolina-See die livländische Staatenkonföderation vor dem Zusammenbruch. Doch entzog auch hier die Reformation dem Orden den ideellen Boden, das schwerfällige mittelalterliche Wehrsystem konnte trotz wirtschaftlichem Wohlstand die Landesverteidigung allein nicht sichern, und eine Anlehnung an Polen-Litauen schien notwendig. Durch den von Ivan IV. begonnenen Krieg ging auch in Livland der Orden unter, das Land wurde zur Beute der Nachbarn, der letzte Meister Gotthard Kettler nahm Kurland von Polen zu Lehen und übergab Livland an Polen. Estland wandte sich Schweden, Ösel Dänemark zu.

Die noch verbliebenen Besitzungen des Ordens im Mittelmeerraum gingen nach Tannenberg allmählich verloren. Nach 1561 war der Orden im wesentlichen auf die deutschen Balleien beschränkt. Seine Wandlungen in der Neuzeit liegen außerhalb des hier behandelten Themas. Die Strukturen, die der Orden Preußen und Livland gegeben hatte, wirkten nach seinem Fall vielfältig in allen Lebensbereichen weiter, wenn auch ohne ungebrochenes Fortleben der Ordensidee.

G 1 a

G 1 Bildliche Darstellungen der Schlacht von Tannenberg

Aus den Chroniken des Diebold Schilling in Bern

Photographien, Bürgerbibliothek Bern
Mss. h.h. I 1, S. 304 und Mss. h.h. S 1 b, S. 567

Im Frieden von Sallinwerder 1398 hatte Litauen dem Orden im Tausch gegen weite Landstriche im Osten Preußens und im Süden Livlands Samaiten gegeben. Aber die samaitische Bevölkerung widersetzte sich mehrfach in Aufständen der Einrichtung einer Ordensverwaltung.

Da die Unruhen der Samaiten von polnisch-litauischer Seite unterstützt wurden und ein friedlicher Ausgleich dem Orden nicht erreichbar schien, suchte er eine kriegerische Entscheidung herbeizuführen. Der Kampf wurde 1409 eröffnet und kurzfristig durch einen neunmonatigen Waffenstillstand unterbrochen. In einer bedeutenden organisatorischen Leistung gelang der polnischen Führung die Vereinigung des für damalige Verhältnisse gewaltigen polnisch-litauischen Gesamtheeres an einem Punkt. Die preußischen Streitkräfte, die ebenfalls einschließlich der Söldner das Äußerste aufgeboten hatten, werden auf 14 000 Mann, die polnisch-litauischen, in deren Reihen auch Tataren und Russen kämpften, auf 20 000 geschätzt.

Am 15. Juli 1410 wurde das zahlenmäßig unterlegene Ordensheer von der polnisch-litauischen Streitmacht vernichtend geschlagen, Hochmeister Ulrich von Jungingen fiel mit zahlreichen Ordensrittern und Gewappneten seines Aufgebots. Auf beiden Seiten wurden christliche Lieder als Kampfgesänge angestimmt, bei den Polen „Boga Rodzicza", bei den Deutschen „Christ ist erstanden". Der deutsche linke Flügel schlug das litauische Heer, entblößte aber dabei die Flanke des Zentrums, das nun von polnischen Truppen umfaßt wurde. Die Litauer griffen ebenfalls wieder ein, und in dem bereits kritischen Augenblick unterdrückte der Bannerführer des kulmerländischen Adels, Nickel von Renys, verräterisch sein Banner, worauf die Flucht allgemein wurde. Insgesamt wohl mehr als 8000 Tote beider Seiten deckten das Schlachtfeld. Furcht und Schrecken gingen dem Sieger voraus, als er nach wenigen Tagen nach Marienburg aufbrach.

Im Lande folgten ein allgemeiner Abfall und Huldigungen vor dem Polenkönig. Preußen schien dem Orden verloren zu gehen. Nicht nur wegen der Zahl der eingesetzten Streiter, auch wegen der Folgen gehört Tannenberg, von den Polen nach dem Ort „Grünfelde" auch „Grunwald" genannt, zu den bedeutendsten Feldschlachten des Mittelalters. Die Kunde verbreitete sich rasch in ganz Europa. Der Ordensstaat hat sich von dieser Niederlage nie mehr ganz erholt.

G 2 Gedenkstein für Hochmeister Ulrich von Jungingen auf dem Schlachtfeld von Tannenberg

1901
Photographie

GStA PK Sammlung Oertel

Der Orden errichtete für seine Gefallenen eine Kapelle auf dem Schlachtfeld, die später verfiel und im 18. Jahrhundert abgerissen wurde. Der gezeigte Gedenkstein wurde von deutscher Seite errichtet, als Tannenberg im Zuge der Nationalitätenspannungen im 19. Jahrhundert zu einem polnischen „Grunwald"-Mythos geworden war. Unabhängig von der ideellen Auseinandersetzung vermag das Bild nachdenklich zu stimmen und den Eindruck der Düsterkeit des Totenfeldes zu vermitteln.

G 3 Aus den Anfängen der Feuerwaffen: Conrad Kyesers Bellifortis

Um 1400
Conrad Kyeser aus Eichstätt, Bellifortis
Faksimile der Pergamenthandschrift Cod.ms.philos. 63 der UB Göttingen. Düsseldorf 1967

DOM Bad Mergentheim Inv.Nr. 4807

Eine erste Verwendung von Feuerwaffen in Europa wird schon den Tataren bei Liegnitz 1241 zugeschrieben. Im frühen 14. Jahrhundert tauchen erste Quellenzeugnisse in Südeuropa auf. Im Ordensland Preußen sind die ersten Feuergeschütze 1374 in den Inventaren nachweisbar. Die Zeichnung Kyesers zeigt eine Rohrwaffe, die von einem Schützen bedient wird. Genaues Zielen war schwierig, wenn nicht unmöglich. Die zielgenaueren großen Stein- und Lotbüchsen auf Holzkästen oder -lafetten ohne Räder waren zunächst ortsfest in und vor den Burgen zu verwenden. Zwar setzte der Orden bei Tannenberg eine Anzahl von Geschützen ein, doch kamen sie wegen der Schwerfälligkeit nicht recht zum Tragen. Eine leichter bewegliche Feldartillerie auf Rädern kommt erst am Ende des 15. Jahrhunderts auf. Heinrich von Plauen vermehrte nach der Katastrophe von Tannenberg die Burgenartillerie in den Jahren von rund 1410 bis rund 1415 von 162 auf 741 Rohre. Die polnischen Belagerer der Ma-

G 2

rienburg 1410 verfeuerten Granitkugeln von 37 cm Kaliber auf 250 m Schußentfernung.

Conrad Kyeser ist 1366 in Eichstätt geboren, studierte wahrscheinlich Medizin, kämpfte 1396 in Ungarn als Truppenführer gegen die Türken und starb 1405. Seit 1402 schrieb er sein Werk Bellifortis (Kriegsheld). Die Handschrift wurde von deutschen Malern der Prager Wenzelschule bebildert.

G 3

G 4 **Streitaxtklinge**

Deutsch, 15. Jahrhundert, Eisen
GStA PK, Erwerb 1988

G 5 **Soldbuch des Deutschen Ordens von 1410/1411**

Amtsbuch auf Papier
Größe aufgeschlagen: 31,5 × 46,5 cm
GStA PK XX. HA OF 258

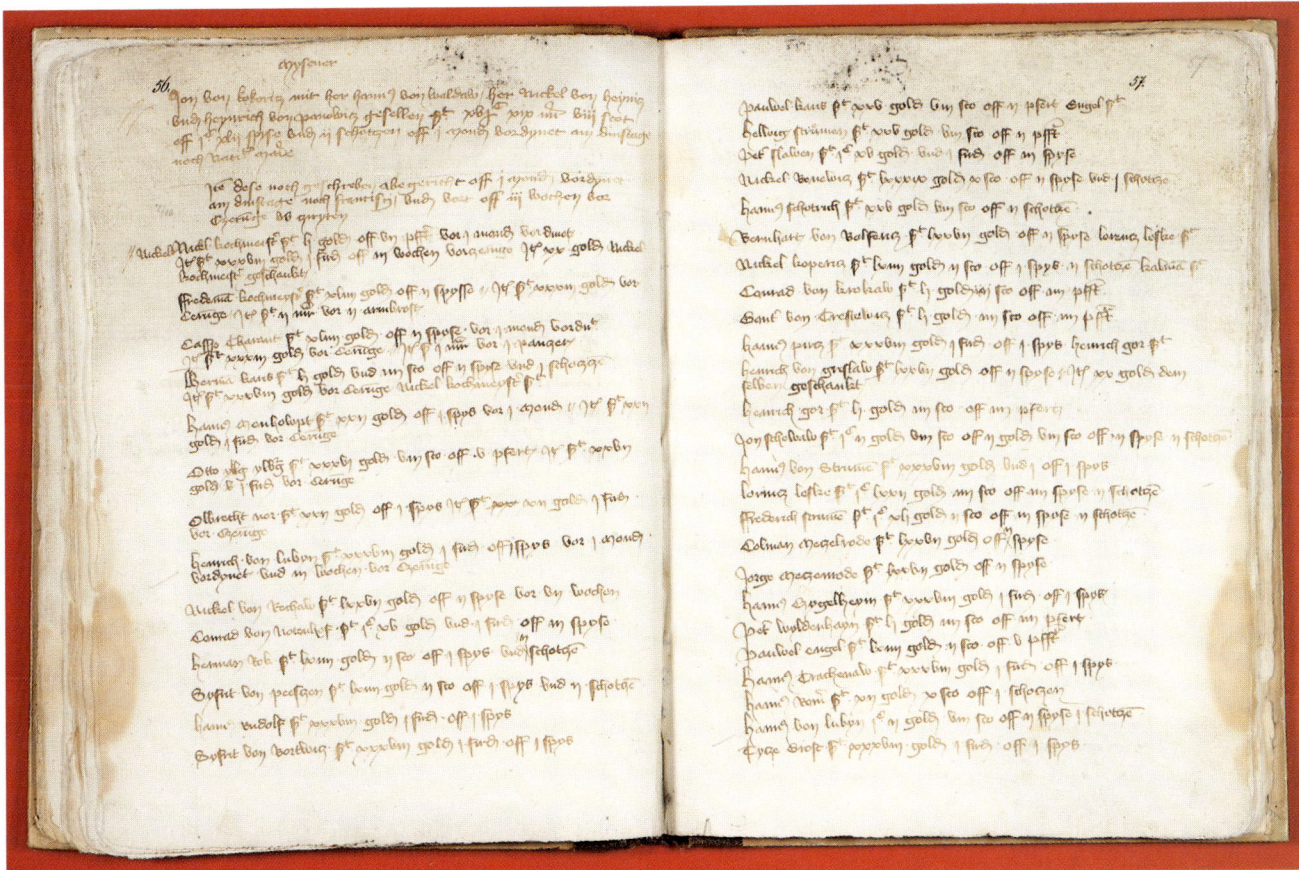

G 5

Das Buch verzeichnet die Soldausgaben des Deutschen Ordens für die geworbenen Söldner im „Großen Krieg". Die aufgeschlagenen Seiten 56 und 57 beginnen mit dem Eintrag: „Mysener (= Söldner aus Meißen). Jon von Kokericz mit her Hannus von Waldaw, her Nickel von Heynicz unde Heynrich von Panowicz gesellen sustulit 1569 m. 8 scot off 142 spyse unde 2 schotczen off 1 monden, vordynet am dinstage noch Nativitatis Marie". Die Genannten hatten mit 142 Spießen und 2 Schützen einen Monat lang gedient.

G 6 a Dolch (Basilard)

Blankwaffe zum Nahkampf, Eisen, wahrscheinlich 14. Jahrhundert
Länge: 38,5 cm
Breite der Klinge: 3,3 cm

Bayerisches Armeemuseum, Ingolstadt
Ab 1991: Nachbildung: Feldon, München
GStA PK

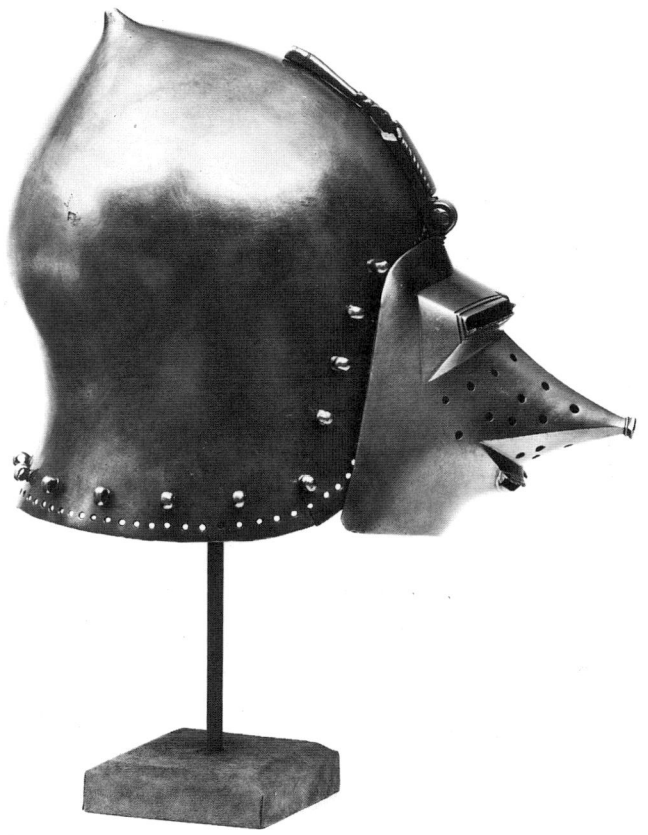

G 7

Der Dolch wurde im 13. Jahrhundert unter die ritterlichen Waffen aufgenommen. Er diente in der Regel dazu, einem bereits verwundeten Gegner den Todesstoß zu versetzen, und konnte auch zwischen den Harnischteilen eindringen oder Kettenpanzer durchstoßen.

G 6 b Helmbarte

Klinge Eisen, Schaft Holz, 14. Jahrhundert
Länge: 250 cm

Bayerisches Armeemuseum, Ingolstadt
Ab 1991: Nachbildung: Feldon, München
GStA PK

Die Helmbarte kommt im 14. Jahrhundert als Waffe des Fußvolks auf, vor allem durch die Schweizer und das Söldnerwesen. So ist sie nach Preußen zunächst wohl durch die Kreuzfahrer und deren Gefolge, vor allem aber dann nach 1400 durch die Söldner gekommen, soweit sie als Fußknechte dienten. Die Beilschneide diente zum Schlag, die Spitze zum Stoß. Das Wort bedeutet soviel wie „Stangenbeil" und ist in den fremden Sprachen später zu Hellebarde geworden.

G 7 Hundsgugel

14. Jahrhundert
Nachbildung nach einem Helm in den Kunstsammlungen der Veste Coburg
Plattnerarbeit: Walter Suckert, Ludwigsburg

Private Leihgabe

Aus der Beckenhaube entwickelte sich durch Aufsatz eines Klappvisiers in der zweiten Hälfte des 14. Jahrhunderts ein geschlossener Helm. Wegen des schnauzenförmigen Visiers wurde er Hundsgugel (Hundekapuze) genannt. Helme dieses Namens sind in den Ordensinventaren vielfach bezeugt.

G 8 Schloß Schwetz, Sitz einer Komturei

Ichnographia Castri Schwetz in Pomerellia 1655
Kupferstich der schwedischen Belagerung

GStA PK XX. HA Karten E 408

Nach der Schlacht von Tannenberg rückte das polnisch-litauische Heer vor die Marienburg und belagerte sie. Die Wende brachte der Komtur von Schwetz, Heinrich von Plauen, der an der Schlacht nicht teilgenommen, sondern die Südgrenze links der Weichsel gedeckt hatte. Er warf sich rasch mit einer Söldnerschar in die Marienburg, setzte sie in Verteidigungszustand und hielt sie acht Wochen lang, bis Vorratsmangel und Seuchen das feindliche Heer am 19. September zum Abzug zwangen. 14 Tage später war ganz Preußen dem Orden wieder zugefallen. Heinrich von Plauen wurde zum Hochmeister gewählt.

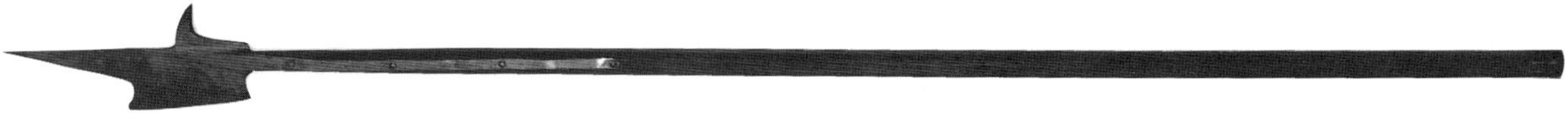

G 6

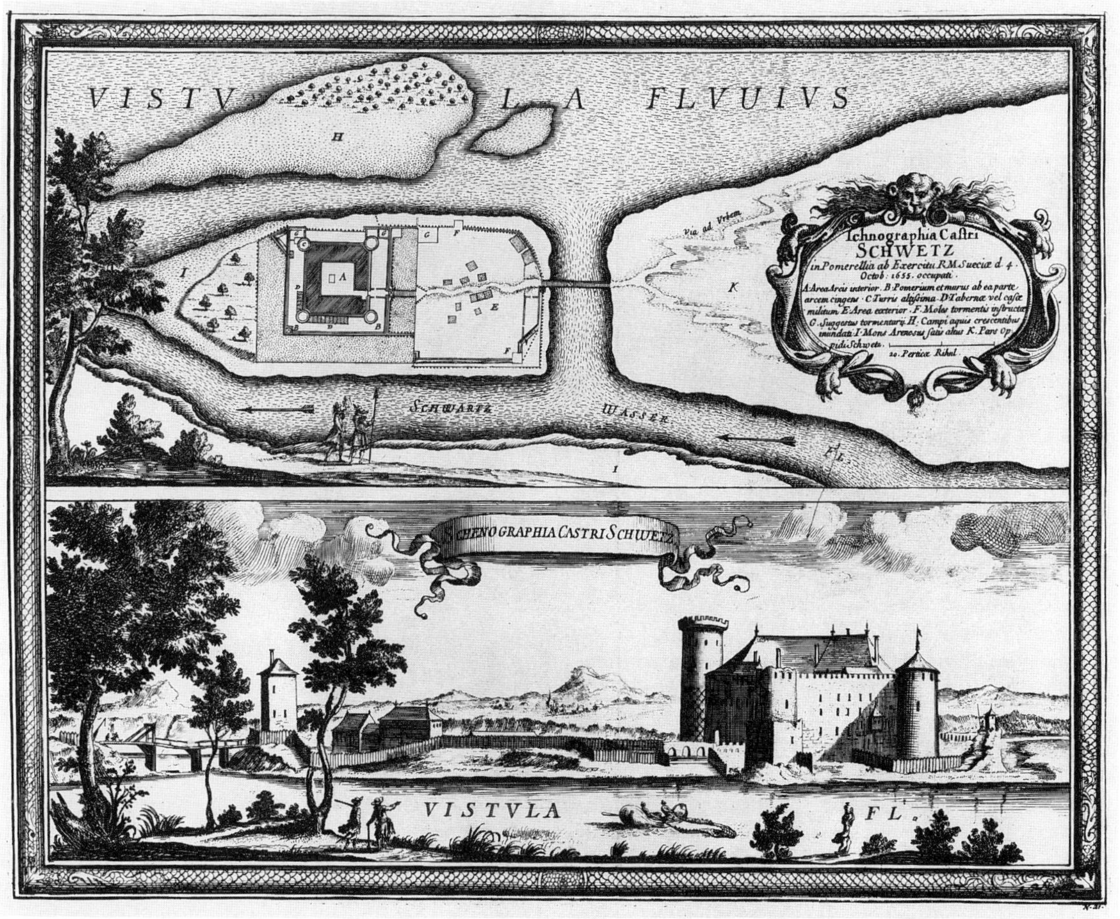
VISTV LA FLVUIVS
Via ad Vrbem
Ichnographia Castri
SCHWETZ
in Pomerellia ab Exercitu R.M. Sueciæ d. 4.
Octob: 1655. occupati.
A·Area Arcis interior. B·Pomerium et murus ab ea parte
arcem cingens · C·Turris altissima · D·Tabernæ vel casæ
militum E·Area exterior. F·Moles tormentis instructa
G. Suggestus tormentarij. H. Campi aquis crescentibus
inundati I·Mons Arenosus satis altus K. Pars Op-
pidi Schwetz.
20. Perticæ Rihnl.
SCHWARTZ WASSER FL.
SCHENOGRAPHIA CASTRI SCHWETZ
VISTVLA FL.

G 8

G 9 Der Erste Thorner Friede

Der Deutsche Orden schließt mit Polen unter Einbeziehung Litauens Frieden
1411 Februar 1, Thorn
Vidimus von 1412 Oktober 18 auf Pergament, besiegelt

GStA PK XX. HA Schiebl. 64 n. 7

In diesem Vertrag verzichtete der Orden lediglich auf Samaiten für die Lebenszeit des polnischen Königs und des litauischen Großfürsten und auf das Land Dobrin. Entscheidender war jedoch die neben dem Vertrag in einem Zusatzabkommen dem Orden auferlegte riesige Entschädigungssumme (G 10).

G 10 Hochmeister Heinrich von Plauen verspricht dem litauischen Großfürsten Witold die Zahlung von 5000 Schock böhmische Groschen bis Michaelis 1411

1411 Juni 24, Marienburg
Ausfertigung auf Pergament mit anhängendem Siegel
Größe ohne Siegel: 22 × 30 cm

GStA PK XX. HA Schiebl. 53 n. 16

In einem besonderen Zusatzabkommen zum Thorner Frieden hatte sich der Orden zur Zahlung der gewaltigen Summe von 100 000 Schock böhmische Groschen zur Auslösung vornehmer Gefangener verpflichten müssen. Damit hoffte Polen, die Ordenskassen zu erschöpfen. Heinrich von Plauen war jedoch entschlossen, die Zahlungen pünktlich zu begleichen, um seine Handlungsfreiheit wiederzugewinnen. Zur Verwunderung des Gegners liefen die Gelder pünktlich ein. Im vorliegenden Fall handelt es sich um eine solche Rate. Die Einschnitte im Pergament bedeuten die Tilgung der Schuld.
Die letzte Rate zahlte Plauen nicht, da Polen die Abmachungen nicht erfüllte und die Gefangenen nicht fristgerecht entließ.
Erst nach Verhandlungen und der Einschaltung des römischen und ungarischen Königs Sigismund kam es zu einem für den Orden unbefriedigenden Schiedsspruch und zur ter-

G 11 a

mingerechten Fortsetzung der Zahlungen. Die vorliegende Rate ist ein Viertel des an Witold fallenden Gesamtbetrages.

G 11 Gulden des Hochmeisters Heinrich von Plauen (1410—1413)

Original in Wien, D.: 21 mm
Photographie, stark vergrößert

Kunsthistorisches Museum, Wien

Die Goldprägung in Preußen begann unter Konrad von Jungingen in der Zeit der höchsten Blüte des Ordensstaates. Heinrich von Plauen nahm die Prägung nach Tannenberg trotz der wirtschaftlichen Not des Landes mit allem verfüg-

G 11 b

baren Gold wieder auf, um die Söldner zu entlohnen. Der Gulden, von dem nur noch zwei Exemplare vorhanden sind, ist von hoher künstlerischer Vollkommenheit. Er zeigt auf der einen Seite im Strahlenkranz die Jungfrau Maria mit dem Jesuskind, die Schutzpatronin des Ordens, auf der andern das Bildnis des Hochmeisters mit Schild und Schwert, in Ordenstracht und mit dem Geschlechterwappen der Plauen. Hier wird bereits die Gesinnung eines Landesfürsten sichtbar, der nicht mehr hinter dem Orden zurücktreten, sondern ihn führen will. Der begabte, weitsichtige, aber auch eigenwillige Hochmeister, der Preußen durch einen erneuten Waffengang gegen Polen dauerhaftere Ruhe verschaffen wollte, wurde 1413 von einer Opposition im Orden gestürzt.

Plauen hatte das Staatsinteresse über das Ordensinteresse gestellt. Er hatte die zahlungsunwilligen und zu Sonderinteressen neigenden Ratsherren von Thorn und Danzig zur Unterwerfung gezwungen und durch einen von ihm berufenen Landesrat aus Grundbesitzern und Bürgern sowie durch Opferung der Silbergeräte der Ordenskirchen die Voraussetzung zur Zahlungsfähigkeit des Ordenslandes wiederhergestellt. Verräter der Notzeit von 1410 wurden vor Gericht gestellt, eine kulmerländische Verschwörung unter dem Komtur von Rehden vom Hochmeister unterdrückt. Nach dem Sturz Plauens haben seine Nachfolger unter seinem Gegner Michael Küchmeister freilich den von ihnen gewünschten Frieden auch nicht erhalten können, da Polen seine Feindschaft aufrechterhielt. So beginnt mit ihnen der weitere Abstieg des Ordensstaates im Lauf von drei weiteren Kriegen, an deren Ende 1435 der ungünstige Friede von Brest stand, der den Ständen eine Aufsicht über die Außenpolitik einräumte.

G 12 Das Konzil zu Konstanz

Ulrich Richental, Das Konzil zu Konstanz, Faksimileausgabe und Kommentarband, Konstanz 1964

GStA PK

Das Konzil zu Konstanz beendete die große Kirchenspaltung, die seit 1378 bestand. Es sollte gleichzeitig die Häresie bekämpfen und eine Kirchenreform beschließen. In den Verhandlungen von 1414 bis 1418 kam endlich wieder eine einheitliche Papstwahl zustande. Unter Bruch königlichen Geleits wurde Johannes Hus als Ketzer von den weltlichen Gewalten verbrannt. Das Konzil war die größte Kirchenversammlung und zugleich der größte Kongreß der Gelehrten und Gebildeten des Mittelalters. Vor diesem Konzil erhob der Deutsche Orden Klage über seine Behandlung durch Polen-Litauen, das in Paulus Vladimiri seinen geschickten juristischen Verteidiger fand. Die Klagen des Ordensbeauftragten Peter von Wormditt waren vergebens. Der deutsche König Sigismund aus dem Hause Luxemburg verfolgte seine abweichenden eigenen Interessen; die Idee des Heidenkampfes hatte sich überlebt.

Die Zeichnung der Chronik zeigt die Verhandlungen 1413 zwischen Papst Johannes XXIII. und König Sigismund in Lodi, die zur Wahl des Konzilsortes Konstanz führten.

G 12

G 13 Bericht des Elbinger Hauskomturs an den Hochmeister über aufrührerisches Verhalten des Elbinger Konvents

1440 Februar 7, Elbing
Ausfertigung auf Papier mit beiliegendem Zettel

GStA PK XX. HA OBA 7643

Unter den Nachfolgern Plauens setzte auch eine innere Krise im Orden ein.
Gegen Ende der dreißiger Jahre kam es in den „niederländischen" Konventen in Preußen, vor allem in Balga, Brandenburg und Königsberg, zu Unzufriedenheitsbewegungen. Der Orden hatte in Brest 1435 einen Frieden mit Polen zu drückenden Bedingungen schließen müssen, den der Deutschmeister Eberhard von Saunsheim nicht anerkannte.

G 14

Die Folge war ein Konflikt des Deutschmeisters, der seine Stellung mit den gefälschten sogenannten Orselnschen Statuten zu verbessern suchte, mit dem Hochmeister Paul von Rusdorf. Landsmannschaftliche Gegensätze zwischen den Oberdeutschen und den Rheinländern mischten sich hinein. In den genannten Konventen hatten die Oberdeutschen die Mehrheit und suchten nun eine entsprechende Ämterbesetzung festzuschreiben. Der Aufruhr, der sich auch im Elbinger Konvent bemerkbar machte, verstieß gegen die Ordensregel und minderte das Ansehen des Ordens. Er trug zur Amtsentsagung Rusdorfs bei. Diese Situation stärkte die Stände und förderte das Entstehen des Preußischen Bundes im gleichen Jahr 1440.

Der Hauskomtur schreibt dem Hochmeister, er könne sich nur noch auf vier Brüder im Konvent verlassen. Ein Amtsträger habe einen jungen Bruder beiseite genommen und ihn zur Unbotmäßigkeit gegenüber dem Komtur aufgefordert. Der Hauskomtur selbst habe ein Anliegen des Hochmeisters im Konvent nicht zur Sprache bringen können, weil die Brüder sogleich von einer anderen Sache zu reden angefangen hätten.

G 14 Danzig

Gesamtansicht, kolorierter Kupferstich von Johann Friedrich Probst, Augsburg um 1750

GStA PK Sammlung Dr. Nickel

Danzig hatte am Ende der Ordenszeit mit Rechtstadt, Altstadt, Neustadt, Vorstadt und Hakelwerk sowie einigen vorstädtischen Siedlungen eine Ausdehnung erreicht, deren Umfang im wesentlichen später nur weiter ausgefüllt, aber kaum ausgedehnt wurde. Bastionen umgaben 1534 und moderner seit 1619 die besiedelte Stadtfläche, durch Ausbau und Neubauten entstand in der Generation nach dem Zweiten Thorner Frieden und fortlaufend im 16. und 17. Jahrhundert das charakteristische Bild der Stadt, wie es auf dieser Ansicht zu erkennen ist.

G 15

G 15 Danziger Krantor von 1443

Modell, Maßstab 1:100
Modellherstellung: Horst Dühring, Dortmund

GStA PK

Die Stadt Danzig nahm unter der Ordensherrschaft seit 1343 einen kräftigen Aufschwung, die alte Befestigung wurde 1343—1378 durch neue Mauern ersetzt, seither mit Türmen verstärkt. Die Bevölkerungszahl betrug 1380 um 10 000 Einwohner und stieg bis 1415 auf über 20 000. Danzig überflügelte in diesen Jahren Elbing und Thorn und wurde mittelalterliche Großstadt mit der größten Wirtschafts- und Finanzkraft in Preußen. Die Stadt versuchte schon 1410 eine eigenständige Politik, wurde aber 1411 (Tötung des Bürgermeisters Konrad Letzkau mit zwei weiteren Ratsmitgliedern auf der Ordensburg) zum Einlenken gegenüber dem Landesherrn gezwungen. Der Orden hatte 1380 die Jungstadt gegründet, um der allzu mächtig werdenden Rechtstadt ein Gegengewicht zu bieten. 1440 beteiligte sich Danzig am Preußischen Bund und wurde später dessen führende Kraft. Der Ausbau der Befestigung, u. a. durch das Krantor, war Ausdruck gestiegenen Selbstbewußtseins und Machtanspruchs.

Das Modell ist nach einer der ältesten Ansichten (17. Jh.) gearbeitet unter Weglassung der im Mittelalter hier seitwärts anschließenden Stadtmauern. Vor dem Tor liegt ein Flußboot des Weichselverkehrs.

G 16 Die Marienkirche zu Danzig

a) Ansicht der Marienkirche von Süden
Kupferstich nach Peter Willer, Amsterdam um 1685

GStA PK Sammlung Dr. Nickel

b) Südliches Seitenschiff von St. Marien, gezeichnet stylographisch, radiert von J. C. Schultz, Danzig 1849

GStA PK Sammlung Dr. Nickel

Die Marienkirche wurde als Pfarrkirche der Rechtstadt im gotischen Stil ab 1343 erbaut. Ihren vollen Ausbau, insbesondere den hohen Turm (sie wurde damit zur größten Backsteinkirche Deutschlands) erhielt sie erst nach dem Ende der Ordensherrschaft in Danzig bis 1502. Auch in diesem Bau drückten sich Stolz und Selbstbewußtsein der hansischen Bürgerschaft aus.

G 17 Grundriß der Stadt Danzig

Grundriss der Stadt Danzig
Gedruckter Stadtplan, koloriert
Weimar, im Verlag des Geographischen Instituts
o. J., um 1810
Größe: 21,5 × 26 cm

GStA PK Sammlung Dr. Nickel

Auf dem Plan mit seinen verschiedenen Farbgebungen unterscheiden sich deutlich die mittelalterlichen Einzelstädte oder Stadtteile Altstadt, Rechtstadt, Vorstadt und Speicherinsel. Nach Keysers Annahme wurde die Speicherinsel zur Insel erst 1576 durch Anlage der Neuen Mottlau. Neu hinzugetreten ist nach dem Mittelalter die Niederstadt jenseits der Speicherinsel, die zusammen mit dem Ring der Bastionsbefestigungen im zweiten Drittel des 17. Jahrhunderts planmäßig angelegt wurde. Bis zur Mitte des 19. Jahrhunderts hat also der Umfang der ordenszeitlichen Stadtanlage immer noch den Grundbestand der Stadt dargestellt. Sie war 1454 fertig ausgebildet, als sie die Ordensherrschaft abwarf.

G 18 Langer Markt und Rathaus in Danzig

Ansicht des Langen Marktes mit Rechtstädtischem Rathaus und Artushof
Kupferstich von Matth. Deisch
Danzig 1765

GStA PK Sammlung Dr. Nickel

Auch der Kern des heutigen Rathauses der Rechtstadt stammt noch aus der Ordenszeit. Es wurde an der Stelle eines älteren Rathauses, das zu klein geworden war, unter Leitung des Baumeisters Heinrich Ungeradin 1379—1382 errichtet und hatte auf einem Granitsteinuntergrund ein Kellergewölbe, ein Erdgeschoß, zwei Obergeschosse und einen Turm mit vier Geschossen und wohl flachem Abschluß, alle im gotischen Stil. Die Turmerhöhung folgte nach dem Abfall von der Ordensherrschaft nach 1486, die endgültige Gestalt der Turmspitze und der Erhöhung des Hauses sind ein Werk der Zeit bis ins 16. Jahrhundert gewesen. Das Haus diente von Anbeginn nur Verwaltungszwecken, vor allem den Sitzungen der Schöffen an der Seite des Langen Marktes und den Sitzungen des Rates an der Westseite. In diesem Haus wurden die Entscheidungen der städtischen Politik beraten und beschlossen, es war somit das politische Zentrum des Gemeinwesens und repräsentiert in seiner Baugestaltung in zentraler Lage ganz besonders das bürgerliche Selbstgefühl, auch gegenüber dem Orden. Der ganz in der Nähe erbaute Artushof als Sitz des „gemeinen Kaufmanns" war das Seitenstück dazu, das Zentrum des geselligen und geschäftlichen Lebens der regierenden Fernkaufmannsschicht.

G 16

G 21

G 19 Der Artushof in Danzig

Innenansicht des Artushofes
Radierung von J. C. Schultz
Danzig 1848

GStA PK Sammlung Dr. Nickel

Der Artushof kommt zum erstenmal 1350 in den Quellen vor, damals wie auch später in der ganzen Ordenszeit diente er der Gesellschaft des „Gemeinen Kaufmanns" oder der „Compagny" zu geselligen Zusammenkünften. Der erste Hof war klein und wurde 1370—1379 durch ein größeres Gebäude an der gleichen Stelle des Langen Marktes ersetzt, an der auch der heutige Hof steht. 1476 brannte dieses Gebäude des 14. Jahrhunderts ab und wurde durch einen doppelt so breiten Neubau 1477—1481 ersetzt. Sein Inneres stellte einen dreischiffigen Saal mit hohen Sterngewölben dar, die auf den Wänden und vier schlanken Pfeilern ruhten. Die Pfeiler und ihre Kapitelle stammen offenbar aus der 1454 zerstörten Ordensburg. Der Saal war mit Gemälden und kunstvollen Bänken reich ausgestattet. Auch hier zeigte sich der Geist des Selbstbewußtseins und des Anspruchs einer wohlhabenden Bürgerschicht, die gewillt war, die Führung im Lande zu übernehmen. Dem entspricht, daß eins der Gemälde die Eroberung der Stadt Marienburg durch die Danziger im Kampf gegen den Orden 1460 verherrlichte.

G 20 Bundesvertrag der preußischen Stände

1440 März 14, Marienwerder
Abschrift auf Pergament
GStA PK XX. HA OBA 7677

Nach dem Ersten Thorner Frieden hörten die Spannungen mit Polen-Litauen nicht auf und hatten zwischen 1414 und 1435 mehrere weitere Kriege zur Folge, in denen der Orden Nessau und weitere Gebiete im Osten Preußens verlor. Die Notwendigkeit der Unterhaltung von Söldnermassen zwang den Orden dazu, die Stände zu besteuern, gleichwohl konnte er in den Kriegen die Verwüstung des flachen Landes durch Polen nicht verhindern. Ritterschaft und Städte eines großen Teils des Ordenslandes nötigten den Hochmeister daher 1435 zum Abschluß des ungünstigen Friedens von Brest. Den Städten war der Eigenhandel des Ordens verhaßt, den Rittern die Umwandlung von Dienstgütern in Zinsgüter. Die inneren Schwächen des Ordens ausnutzend, drängten die Stände auf Beteiligung an der Landesherrschaft und gründeten 1440 den „Bund vor Gewalt" zum Schutz gegen Ungerechtigkeit, aber auch mit dem Ziel, über einen „Richttag" die oberste Entscheidung über Handlungen des Landesherrn an sich zu ziehen.

Der Orden versuchte sich des Bundes mehr als ein Jahrzehnt lang mit diplomatischen Mitteln zu erwehren und ihn zu spalten, jedoch vergeblich.

G 21 Prälaten und Ritterschaft des Königsberger Landes, besonders aber die drei Städte Königsberg, Bartenstein und 14 namentlich genannte kleinere Städte, Palatin Stibor von Baisen und Bannerträger Caspar Cremiten huldigen dem König Kasimir von Polen

Königsberg, 1454 Juni 19
Ausfertigung auf Pergament mit den Siegeln des Palatins und Bannerträgers an schwarz-roten und der drei Städte Königsberg und Bartenstein an schwarz-weiß-roten Schnüren
Größe: 33 × 59 cm
GStA PK XX, HA Schiebl. XV n. 40

Nachdem Hochmeister Ludwig von Erlichshausen den Bund vor dem Kaiser verklagt hatte und das Urteil zugunsten des Ordens auf Auflösung lautete, griffen die Stände zu den Waffen und erhoben sich gegen den Orden. In kurzer Zeit verlor der Orden fast alle Burgen und Städte. In Danzig, Thorn und Elbing zerstörten die Bürger sogleich die Ordensschlösser, um auch einem künftigen Herrn keine Burg in der Stadt einräumen zu müssen. Die Abgefallenen brauchten nach mittelalterlichem Recht einen Landesherrn. Brandenburg, Dänemark und Polen waren im Gespräch. Die südliche Mehrheit gab den Ausschlag für Polen. Nationale Motive im modernen Sinn gab es damals vorrangig nicht, sondern ständische Interessen. 1455 gewann der Hochmeister Königsberg durch einen spontanen Aufstand der ordensfreundlichen Gewerke und die samländischen Freien wieder zurück; die Stadt wurde nach dem Verlust der Marienburg Residenz.

Zu beachten ist die seltene Art der Siegelschnüre der vier Städte, die die schwarz-weiße Landesfarbe Preußens mit der weiß-roten der Städte vereint. Daß nicht die polnischen Farben gemeint sein können, geht daraus hervor, daß das Weiß bei Palatin und Bannerträger fehlt.

G 22 Die Schlacht bei Konitz

a) Situationsplan von der Königlich Westpreußischen Immediatstadt Conitz
Farbige Handzeichnung, aufgenommen und gezeichnet von Spiller 1810
Maßstab 1:2500
Photographie eines Ausschnitts

GStA PK AKs E 51113

b) Das Schlochauer Tor und die Mauer in Konitz
Photographie nach dem Druck eines Aquarells von Caesar Rave, aus: E. Maschke und K. Kasiske, Der Deutsche Ritterorden, Berlin 1942

GStA PK Bibl. 14 O 32

c) Schlachtfeld von Konitz mit Angabe der vermutlichen Ausgangsstellungen der deutschen und polnischen Heerhaufen
Ausschnitt aus dem Meßtischblatt von 1874

Maßstab 1:25 000
Blau: Ordenssöldner
Rot: Polnische Truppen

Entwurf: F. Benninghoven
Kartenvorlage: GStA PK AKs
Meßtischbl. Sektion Konitz

G 22 b

Außer der Marienburg verfügte der Orden nach dem Aufstand des Bundes in Preußen nur noch über wenige Stützpunkte, darunter die Stadt Konitz an der Straße zur Neumark und ins Reich. Die Stände hatten dem polnischen König die Huldigung angeboten. Am 17. September 1454 erschien er mit einem großen Heer, um Konitz wegzunehmen. Hier kam es am 18. September zur Schlacht mit einem zahlenmäßig unterlegenen deutschen Söldnerheer von etwa 7000 Mann, in der die Polen nachhaltig geschlagen wurden. Aus der Zeit hat sich das Schlochauer Tor und ein Teil der Befestigung erhalten; auf der Straße, die von ihm zum Danziger Tor führt, unternahm die Ordensbesatzung der Stadt den Ausfall in die Flanke des polnischen Heeres.
Die Folge der Schlacht war das Vorrücken des deutschen Heeres auf Marienburg, wonach ein großer Teil des Landes dem Orden wieder zufiel. Die Hoffnung des Bundes auf einen raschen Sieg hatte sich nicht erfüllt.

G 23 Verhandlungen der Söldner des Ordens mit den Polen und Bündischen über den Verkauf der Ordenslande

(1456)
Abschrift ohne Datum auf Papier, 5 Blätter
Größe: 32 × 22 cm

GStA PK XX. HA OBA 14726

Nach ersten Erfolgen für den Orden durch das geworbene Söldnerheer machte sich seit 1455 die zunehmende Erschöpfung der Kassen bemerkbar. In der Hoffnung auf einen durchschlagenden militärischen Erfolg und in seiner Notlage hatte der Orden 1454 den Geworbenen weitge-

Item das sie vns aller heupt lewte vnd rotmeyster vnd die hal der personen vnd pferde inslahe[n]
wolle in schrifften zu der ersten bezalunge geben solle, vnd das besetzige bey trauen, vnd vor
Itm das sie vns allensthalbe[n] den sie hwg konnstlich schute Johannis tage vnd sant Bartholomeus
tage entpfangen haben aber noch empfach[e]n, wolch[e] den solle[n] sie nicht thu[e]n audir schaffe[n] rechen[n]

Item das sie alle slosser die sie tzuvor in der halt muste haben hasty worden, also haste vnd auch
sulche solle[n] in sulche weyse das sie die bauleute dorinne wesende nicht slahen, auch die
zynße vor dem rechte[n] zyns tage nicht entnemen aber vbernemen sollen vnd die dorffer nicht
auszbiten aber borne vnde die holtzungs halt, vnd die kerste besetzen solle alß
ist vngenerlich[e]n

Item das alle rotmeyster hewpleute vnd ire geselschafft die vom vnser[e]n he[r]n konige vnd vns
gelt vnd gute empfang[e]n werde walde sie[n] hulde nicht nemen biß das sie auß dem
lande komen aber das van yn welch[e]n ins lande zyhe[n], will der sal vor rubich[n] huvor
vnser[e]n he[r]n konige vnd lande vnd steten setzen

It das sie alle slosse vnd stete die sie vns ubelanwortet solle yema[nt] vnuerseret vnzubroche[n]
vnvorwstit solle vnd vnvorbrant auszgenomen das do nicht zu selbe mystecht[e]

Itm noch der letzten bezalunge solle sie das gelt van vns enpfange[n] hab[e]n alle auß dem lande
zihen ane die bey vnserm he[r]n konige blibe[n] wollen

It das alle gefangen van beyde teyle[n] geystlich aber werlich zu der letzte bezalunge beyenander
kom[e]n solle vnd van beyde teyle[n] loß gelast vnd gegeben werd[e]n sunde alß vnuerdi[n]gt vnwilkurlich
nicht frey walde werd[e] auch ausfenbinde die rot sant Jacobs tage geslacht sin die sollen die
schatzunge geb[e]n

It iiii vngerische guldy vor iij vngerish[n], It ij postulaton var vngerishe[n] guld[y]
It die robelin nach der worge der vngerishe[n] gold[y]

It das man kuiet vnd dienste ha[n]dwerckende tzwgehorend van lande vnd stede[n] die bey vns in
wedde teile gewest sin komen aufgestasse[n] alle ire vbe guter legende funde die sal man yn
weder keren vnd gebe[n], vnd die sulbig[e]n solle gnade an vnser[e]m he[re]n konige suche[n] vnd seine
made sal ein genere sin vnd den zorn hewgigt[e], vnd abste bewerte vmach[n] so sal seine gnade
mit seiner mansteden vie preuileg[e]n vnd hantuesten besteigen vnd besorht[e] dye ste van
dem meister haben vnd solle bey recht vnd gewonheyt bleib[e]n

It ab sie der vorschrieb[e]n einig[n] bedneff[e]n, die sie ober die lande prenoffen van dem
meister vnd dem ordin gehat hab[e]n, wer die vnde in begeren de wurde sin, so sal man yn ein
v[er]dung das ist abgeschrafte vnder des ertzbischoffs inssigel geb[en]

Item das sie alle slosse vnd stete die zu dem besetzunge[n] vnd heimlich gehoren habe[n]
bleib[e]n solle in sulch[er] masse alß sie vorgehat habe[n]

Item alzuhebende van der ersten bezalunge so sal yderman frey in vnser stete zihen, wer do
will vnd mit seiner gutermache[n], seine[m] notzdirff[e]n zu keuffe[n] kauffmanschaft was das
were aufgenomen slid vnd salt, nutz der do salche kauffmannschaft an, keuffe[n] will
nicht weder eynem vngerish[e]n guld[y], do solle die eltyste[n] in der stadt worken[n], vnd
ane geyst auflasse[n] das sal gerechent werd[e] in die hundert tawsent guld[y] die man yn
aus urere herberge sal vber dorinn in der herberge ucht vorgert aber vnd do eine guld[y]
ucht vende keuff[e], der sal mit geretem gelde bezal[n]

It ab es sache were das man die suma an neun duzte vnd schade vor sant melaus
tage bezalen walde das sal zu vahe[n] vns tzwolff werd[e] yn wochs vor der bezalunge
vnd wen[n] sie van vns alß bezalung[s] newe[n] werd[e], so solle sie vns die slosse vneune
vnd abetreten

It ab ymande in dem lande nicht mowige zubleyb[e]n er sey van landilewte[n] aber auß dem flosse[n]
das sie dynne[n] gewesen waren, auß dem lande vnbehindert zyh[e]n mege vnd das selbe[n]
ire guet dhie yn lande mog[e]n vorkeuff[e]n vnd bekeyff[e]n

It das alle geistliche heymlich vnd pfarrer ihlich bey seine[n] reht bleib[e]n sal, was sie
mit geystlich[e]n rechte hab[e]n aber erhalt[e]n moge[n]

It das sie vns zu nutz thun solle, gewyss[e]n tue vnd den donnerstage nach sant
Lorentz tag nesto komende ap der kompthure[n] van Ilm[e]n vnd die stede[n] zu reichtsdom

G 24

hende Pfandzugeständnisse gemacht. Als er die Truppen nicht mehr bezahlen konnte, begannen die Söldner auf der Marienburg, die sich immer mehr als die Herren aufspielten, mit dem Gegner zu verhandeln und verkauften ihm schließlich die Marienburg 1457. Der Hochmeister wurde unter entwürdigender Behandlung zum Abzug gezwungen. Der Verkauf durch die Söldner war Rechtsbruch und Verrat. Der Verpfändungsvertrag war mit allen Söldnern geschlossen, von diesen lag in der Burg aber nur ein Drittel. Auch hatte der Orden, wenn auch in Raten, früher Geld geboten als der König. Schließlich galt es auch unter Söldnern als ehrloses Verbrechen, sich an den Feind zu verkaufen. Der Anführer, der böhmische Söldnerführer Ulrich Črvenk von Leditz, wurde deshalb auch von seinem Landesherrn, dem König von Böhmen, nach Aberkennung der Ritterwürde, eingekerkert. Auch im Reich verurteilte man die „Verkäufer", wie Zeitgenossen sie nannten.

Von diesem Rückschlag erholte der Orden sich nicht mehr. Der Krieg schleppte sich bis zur völligen Erschöpfung des Landes noch neun Jahre in Positionskämpfen hin. Der Bund errang keinen mit der Vernichtung des Ordens gekrönten Sieg, verdrängte den Orden aber aus den wirtschaftlich wichtigsten Gebieten Preußens.

G 24 Die Belagerung von Marienburg 1460

Photographie nach einer gedruckten Abbildung des früher im Danziger Artushof hängenden Gemäldes von 1480—1485, aus: W. Drost, Danziger Malerei vom Mittelalter bis zum Ende des Barock, Berlin und Leipzig 1938

Photo SBPK

Nach dem Verlust der Marienburg setzte die Stadt Marienburg, im September 1457 zurückgewonnen, ihren Widerstand gegen den Bund und Polen unter Führung ihres Bürgermeisters Bartholomäus Blume fort. Erst ein energisches Vorgehen eines Danziger Heeres führte am 6. August 1460 zur Übergabe auch der Stadt. Blume wurde zwei Tage später mit zwei Freunden hingerichtet. Die Danziger haben den Sieg durch ein Gemälde im Artushof verherrlicht, das seit 1945 als vernichtet gilt.

G 25 Eisenhut

Eisen, 15. Jahrhundert

Museum der Grafschaft Mark, Altena, Inv.Nr. N 2921 (K GStA PK; Plattnerarbeit: Walter Suckert, Ludwigsburg)

G 25

Fußknechte und Armbrustschützen waren im 15. Jahrhundert, wie auch früher schon, mit dem Eisenhut bewaffnet, dessen Formen wechselten. Das vorliegende Stück zeigt eine charakteristische Form des 2. und 3. Viertels des 15. Jahrhunderts.

G 26 Streitaxt

Klinge Eisen, Schaft Holz, 15. Jahrhundert

Bayerisches Armeemuseum, Ingolstadt, Inv.Nr. A 5592
Ab 1991: Nachbildung: Feldon, München

GStA PK.

Die Streitaxt in der langen Form war eine Waffe des Fußvolks und geeignet, auch Harnische und Helme zu zertrümmern. Sie war schon im Hochmittelalter gebräuchlich, seit dem 14. Jahrhundert in den Söldnerheeren verbreitet.

G 27 Kettenhemd

Panzerhemd aus geschmiedeten Eisenringen 15. Jahrhundert

Bayerisches Armeemuseum, Ingolstadt, Inv.Nr. A 3898
Ab 1991: Nachbildung: Feldon, München

GStA PK

Die Kettenrüstung, der Haubert, blieb bis weit ins 14. Jahrhundert der Panzer der Reiterei. Seit 1360 etwa beginnt die Verstärkung mit Plattenharnischteilen, nach 1420 die volle Plattenrüstung, unter der das Kettenhemd aber noch seine Aufgabe behielt. Das gezeigte Stück gehörte zur Ausrüstung eines Fußknechts. Beim Fußvolk kommt das Kettenhemd früh vor, im 15. Jahrhundert in der kürzeren Form. Die Zackenform des unteren Randes entstammt der gotischen Zeit.

G 26

G 28 Hakenbüchse und Kugel

Eisen, Kugel Blei, 15. Jahrhundert

Bayerisches Armeemuseum, Ingolstadt,
Inv.Nr. A 8011 und ohne Nr.
Ab 1991: Nachbildung: Feldon, München

GStA PK

Handfeuerwaffen kommen schon um 1364 in Europa auf. Um 1420 begegnen die Anfänge des Luntenschlosses, das sich im Laufe des 15. Jahrhunderts zum Schwammschloß entwickelt. In der Mitte des 15. Jahrhunderts kommt die sogenannte Hakenbüchse auf, wie sie auch in den Ordensquellen seit 1449 genannt wird. Der Name rührt von dem unten am mittleren Lauf angesetzten hakenartigen Eisenstück her, das zum Aufsetzen des Rohrs auf eine Unterlage bestimmt war. Über die romanischen Sprachen hat sich das Wort zur „Arkebuse" entwickelt.

G 29 Zweiter Thorner Friede

Friedensvertrag zwischen dem Deutschen Orden und Polen sowie dessen Bundesgenossen
1466 Oktober 19, Thorn
Photographische Wiedergabe der ersten Seite der Ausfertigung auf Pergament mit 20 Siegeln

GStA PK XX. HA Schiebl. 68 n. 7

Nach völliger Erschöpfung des Landes und militärischer Patt-Situation schloß der Hochmeister Frieden. Er mußte alles Land westlich der Weichsel, dazu das Kulmerland mit Thorn und Kulm, Elbing, Christburg, Marienburg und das Ermland an die polnische Krone abtreten, unter der das Land ein Jahrhundert lang eine autonome Stellung behielt. Der Hochmeister mußte ferner dem polnischen König Treueid und Heeresfolge zusichern. Ferner sollten in den Orden bis zu 50 v. H. Brüder aus Polen aufgenommen werden. Kaiser und Papst erkannten den Vertrag nicht an.
Da auch Deutschmeister und Gesamtorden nicht zustimmen konnten, weil so das Haupt des Gesamtordens in die Abhängigkeit vom polnischen König geriet, sahen sich alle künftigen Hochmeister unter dem Zwang der Notwendigkeit, die polnische Oberhoheit abzuschütteln und möglichst auch das westliche Preußen wiederzugewinnen, um die Einheit des Deutschen Ordens zu wahren.
Als Ergebnis des Dualismus von Landesherrschaft und Ständen war der Ordensstaat zerbrochen. Wohl hatte die Idee ständischer Freiheit ihre Wurzeln in den Verhältnissen im Reich, in der gesamten außerpreußischen Entwicklung. Hatte sie aber in den innerdeutschen Territorien keine außenpolitischen Folgen, so mußte sie im Randgebiet im Nordosten, gegenüber mächtigen Nachbarn, zur Sprengkraft gegenüber dem Gemeinwesen werden, sobald sie die fremden Herrscher in die Landesangelegenheiten hinein-

G 28

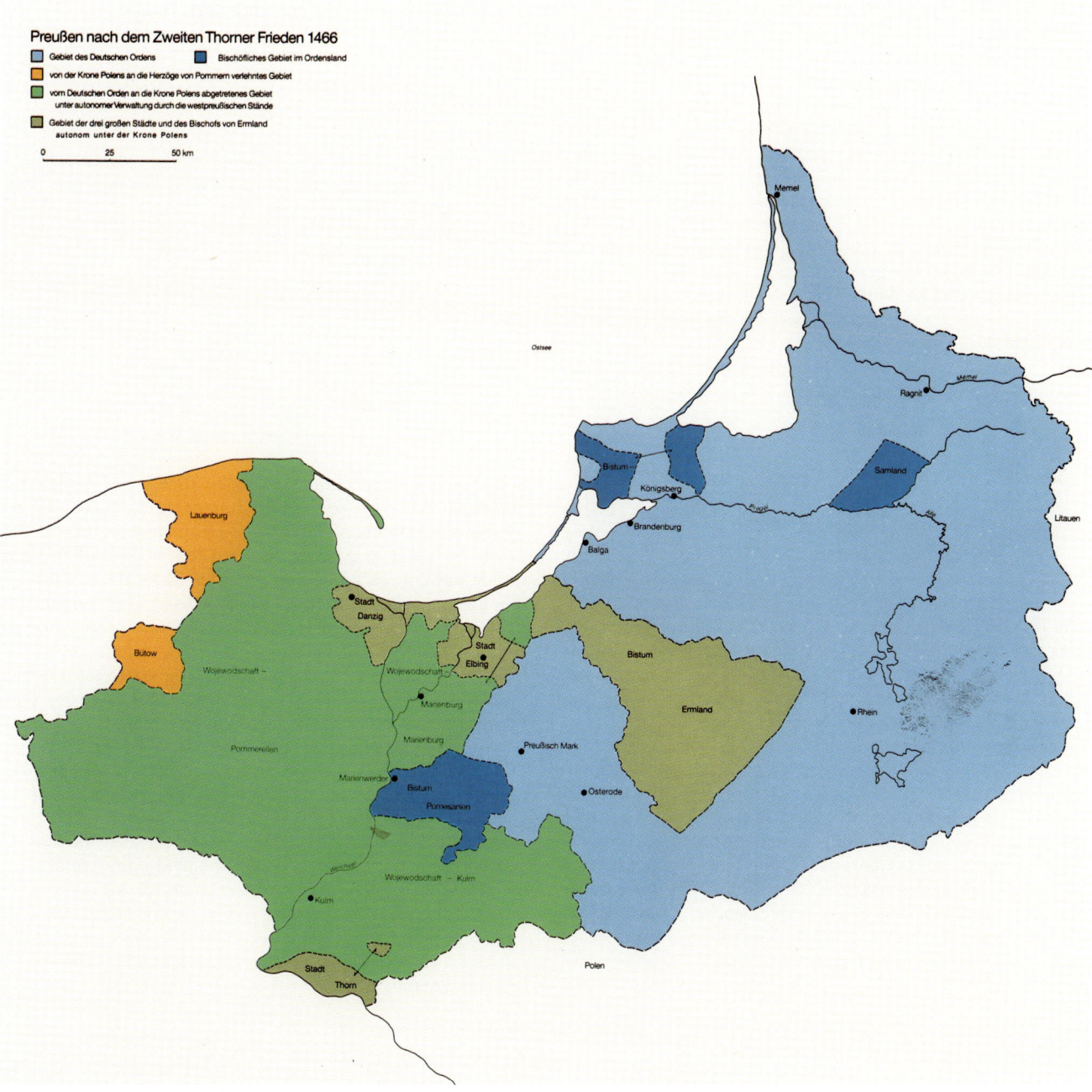

zog. Hierin liegt eine historische Verantwortung der in sich sonst durchaus berechtigten Ständebewegung in Preußen und ihrer absoluten Verfolgung der Sonderinteressen. Sicher war es dem Bund zu dieser Zeit noch verborgen, daß er sein Ziel eines autonomen ständischen Territorialstaats verlieren, ein Jahrhundert später schrittweise seiner Rechte beraubt und das Land in das polnische Reich eingegliedert sehen würde, von Danzig einmal abgesehen. Aber ein Bewußtsein um diese Gefahr war auch den Zeitgenossen schon gegenwärtig, so wenn die Vertreter der ordenstreuen Gebiete den Abtrünnigen zuriefen: „Uns dünket geraten, auf das wir uns nicht mengeten und mischeten mit der wendischen Nation und Undeutschen, wie wir wohl wissen, daß es in den Landen nimmer wohl gehet, wo der Undeutsche das Regiment hat, also wir wohl sehen in Litauen, Polen und so fort." Aber diese Einreden blieben fruchtlos. Das Rad der Geschichte ging darüber hinweg.

G 30   Preußen nach dem Zweiten Thorner Frieden 1466

Historische Karte

Kartographie: Stefan Mielke

Die Karte zeigt die unter G 29 beschriebene Landesteilung. Das abgetretene Gebiet, „Preußen königlich polnischen Anteils", wie es nun hieß, wurde autonomes Land mit eigenen Landtagen, deutscher Amtssprache, eigener Münze und eigenem Wappen unter der Krone Polens. Die Städte Danzig, Elbing und Thorn erhielten eine sehr weitgehende Autonomie, die bei Danzig sogar zur Unterhaltung eigener auswärtiger ständiger Gesandtschaften in fremden Ländern führte. Das Ermland wurde selbständiges Fürstbistum unter der Krone Polens, Bütow und Lauenburg fielen als Lehen an die Herzöge von Pommern, sie kamen mit Pommern 1648 an Brandenburg, das 1657 die Lehnshoheit ablösen konnte. Die Ost- und Südgrenze des verbleibenden Ordensstaates hat sich von 1422 bis 1945 fünfhundert Jahre lang erhalten und so als eine der dauerhaftesten Grenzen Europas erwiesen.

G 31   Hochmeister Friedrich von Sachsen (1498—1510)

a) Porträt des Hochmeisters Friedrich im Königsberger Dom
1945 verschollen
Photographie aus: Eduard Anderson, Das Bildnis des Hochmeisters Friedrich III., Herzog von Sachsen, im Königsberger Dom.
Mitt. d. Ver. f. d. Geschichte von Ost- und Westpreußen, Jg. 15, Nr. 4

GStA PK Bibl. 17 M 33

b) Prunkharnisch Friedrichs von Sachsen
von Koloman Helmschmied
Augsburg vor 1510
Photographie

Photo The Metropolitan Museum of Art, New York

Seit dem Zweiten Thorner Frieden suchte der Orden sich den darin ausgesprochenen Bindungen an die Krone Polens wieder zu entziehen. Dies war schon deshalb nötig, weil Deutschmeister und Livländischer Meister unter dem Reich standen und nicht von einem fremden Monarchen abhängig sein konnten. Der Orden wählte daher seit 1498 Angehörige deutscher Fürstengeschlechter zu Hochmeistern, um die Bindung ans Reich zu stärken.
Den 1473 geborenen Friedrich, Herzog von Sachsen-Meißen, einen Vetter Kurfürst Friedrichs des Weisen, hatte schon Hochmeister Hans von Tiefen († 1497) zu seinem Nachfolger empfohlen. Nach seiner Wahl bewirkte er viele Umgestaltungen. Außenpolitisch konnte er gegenüber Polen ohne Kriegsrisiko viel stärker auftreten, indem er sich als geborener Reichsfürst auf seine Beziehungen zu Reichsfürsten stützte. Beharrlich verweigerte er die Ausführung der Bestimmung des Thorner Vertrages, dem polnischen König einen Eid zu leisten. Das Heerwesen wurde von ihm reformiert. Zu seiner Zeit besserte sich auch die finanzielle Lage Preußens weiter. Das Land begann wieder zu einem Machtfaktor im europäischen Kräftespiel zu werden, wenn auch in bescheidenem Umfang.

G 32 Hofordnung des Hochmeisters Friedrich von Sachsen

(1499 Dezember)
Papierheft
GStA PK XX. HA OBA 18 215

Mit dem Hochmeister aus fürstlichem Hause zog fürstlicher Lebensstil ins Hochmeisterschloß ein. Nicht die Ordensregel bestimmte nun in erster Linie das Leben des Landesherrn, sondern fürstlicher Geist. Die Berater waren von auswärts mitgebrachte Räte. Friedrich hatte in Siena und Leipzig studiert und brachte den Humanismus nach Preußen. Seine Liebe zur Jagd und den Tafelfreuden verstieß gegen die Ordensregel. Der Ordensstaat wandelte sich unter ihm immer mehr zum Fürstentum. Der Hochmeister führte ein neues Hofgericht ein und fand auch zu einer besseren Zusammenarbeit mit den Ständen, deren Vertreter er an den Hof zog. Dem neuen Leben entsprach eine der frühesten deutschen Hofordnungen, die Aufgaben und Zuständigkeiten der Beamten regelte.
Sie erfaßte allerdings nur die selbständigen Ämter mit besonderer Zuständigkeit. Das Heft von Schreiberhand ist von einem der neuen Räte, Dr. Dietrich von Werther, korrigiert. Die aufgeschlagenen Seiten beziehen sich auf die Aufgaben des Hauskomturs und des obersten Kompans, einer Art Adjutant des Meisters. Links oben wird des Hauskomturs Aufsicht über die Schloßwache festgelegt: „Sal auch vorschaffenn mit den schutzen unnd ernstlich doruber haldenn, das sie das schlos des nachts unnd die weile mann die maltzeit heldt, geschlossen sey, unnd nymanth an sein wissen geoffennet werde."

G 33 Hochmeister Albrecht von Brandenburg-Ansbach 1522

Öl auf Holz, 59,5 × 44,5 cm
Hier Farbdruck nach dem Original im Münster zu Heilsbronn, Druck: Offset Repro Technik Kirchner u. Graser GmbH, Berlin
Foto: Heinz Schmid, Heilsbronn

GStA PK mit Genehmigung des Evangelisch Lutherischen Pfarramts Heilsbronn; Rahmen: Werner Wormuth, Berlin

Albrecht in der Rittertracht des Deutschen Ordens; er trägt die Kette des von Kurfürst Friedrich II. von Brandenburg gestifteten Schwanenordens.
Die Inschrift lautet: ETATIS SVE 32. 1522
Ob Hans Hennenberger oder der „Fürstenmaler" Hans Krel das Bildnis geschaffen hat, ist umstritten.

G 33 a Hochmeister Albrecht von Brandenburg-Ansbach

Darstellung von Veit Hirschvogel 1514 auf dem sogenannten Markgrafenfenster in der St. Sebald-Kirche zu Nürnberg
Photographie Dr. Gottfried Frenzel, Nürnberg

GStA PK

Albrecht von Brandenburg-Ansbach war der letzte Hochmeister des Deutschen Ordens in Preußen. Der Orden hielt an der Politik fest, Söhne deutscher Fürstengeschlechter, hier aus dem Haus Hohenzollern, an seine Spitze zu wählen, um die Verklammerung mit dem Reich zu retten und sich aus den Fesseln des Thorner Vertrags zu befreien.
Als im Februar 1511 der 1490 geborene Sohn des Markgrafen Friedrich von Brandenburg-Ansbach und der Sophia, Tochter des polnischen Königs Kasimir, in den Orden aufgenommen und zum Hochmeister gewählt wurde, schienen Hoffnungen auf eine gute Zukunft berechtigt. Das Erbe, das der Hochmeister übernahm, war zunächst der Konflikt mit Polen. Kaiser Maximilian, der mit dem polnischen König im Interessenkonflikt lag und bemüht war, ein Bündnis gegen ihn im Reich und in Moskau zusammenzubringen, schien hier der geeignete Rückhalt zu sein. Albrecht erinnerte an die Lage Preußens gegenüber dem mächtigen Nachbarn, „das doch einem jeden deutscher Zunge billig zu Herzen gehen soll", und der Kaiser betrachtete den Zweiten Thorner Frieden als „Uns und dem heiligen Reich und Teutscher Nation an unserer Obrigkeit und ererbten Gerechtigkeiten, als unser und aller Teutschen Vaterland und Ehr, so unsere Vordern mit strenger Arbeit und Blutvergießen aus der Heidenschaft zu unserem heiligen Christenglauben erobert haben, nachteilig, wider und abbrüchig". Auf dem Reichstag zu Trier nannten die Ordensabgesandten Preußen „Nova Germania, das ist Neu Teutschland". Dahinter stand auch der Gedanke, daß der Orden „ein Spital des teutschen

Adels" sei, wie Albrecht formulierte, eine Einrichtung zur Versorgung jüngerer Adelssöhne. Die alte Missionsidee, noch nicht ganz erloschen, trat hier hinter dem Bekenntnis zum Reich und zur „Nation" zurück, in des Wortes frühneuzeitlicher Bedeutung. Von einem Huldigungseid gegenüber dem polnischen König konnte unter diesen Umständen keine Rede sein.

G 34 Wolter von Plettenberg, Meister des Deutschen Ordens in Livland, berichtet dem Hochmeister über die Lage nach seinem Sieg über die Russen

1502 Oktober 23, Rujen
Ausfertigung auf Papier mit briefschließendem Siegel

GStA PK, OBA 18 709

Für Livland wurde im ausgehenden 15. Jahrhundert das erstarkende Großfürstentum Moskau zu einer immer größeren Bedrohung. Besonders als der Großfürst 1471 Novgorod unterworfen hatte und 1494 das dortige Hansekontor schloß, standen die „Moskowiter", wie man sie damals nannte, unmittelbar an der livländischen Grenze. Moskaus Streben zielte auf den Gewinn der baltischen Ostseehäfen. Als es zum Kriege kam, schlug Plettenberg am 13. September 1502 ein weit überlegenes russisches Heer am See Smolina bei Pleskau. Mit diesem Sieg bewahrte er Livland für 56 Jahre vor dem Zusammenbruch. Nach dem erhalten gebliebenen brieflichen Bericht eines Deutschordensbruders standen in der Schlacht auf deutscher Seite 2500 Reiter und 2500 Landsknechte in drei Heerhaufen 18 000 Russen und Tataren gegenüber. Der Meister führte das erste Treffen an. In dem schweren Kampf wurden bei geringen eigenen Verlusten rund 8000 Russen und Tataren erschlagen. Nach dem Bericht des Chronisten Renner sprach Plettenberg vor der

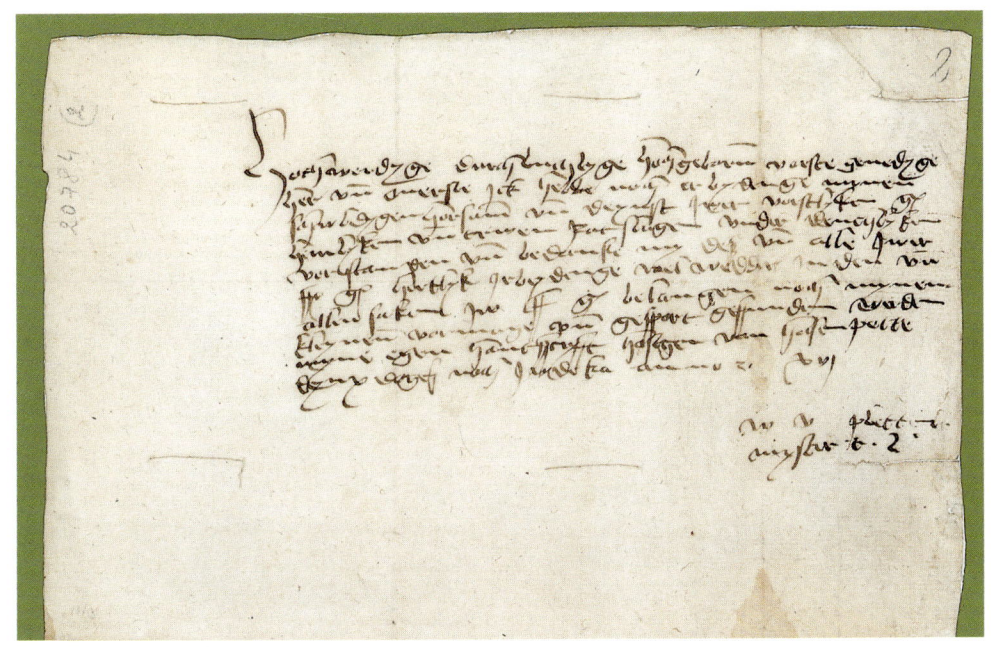

G 35

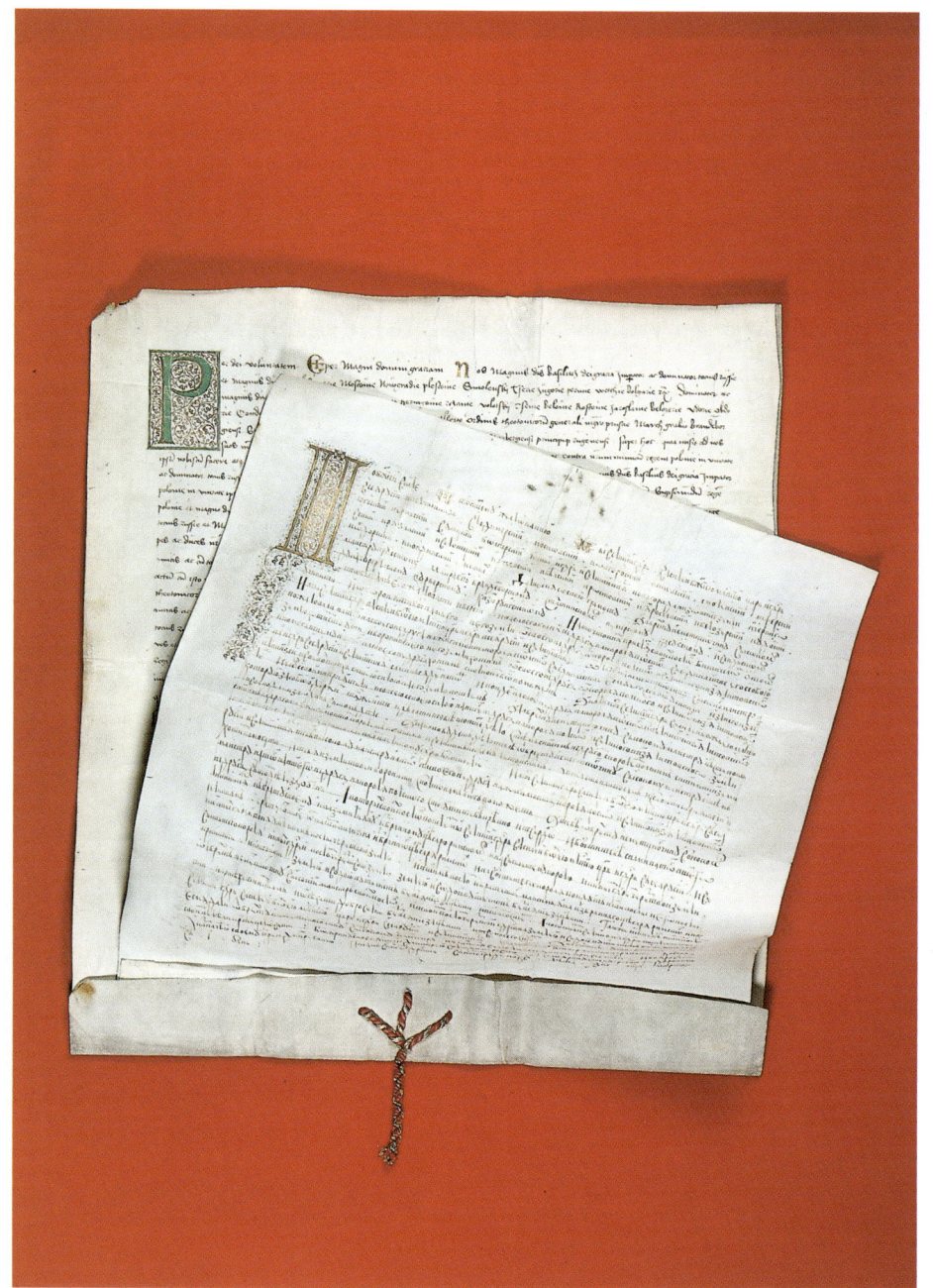

G 36

Eröffnung des Kampfes, als er die Menge der Gegner sah, nachdenklich die Worte: „Vele volckes, vele folckes!" Als er aus dem Staub und der Hitze der Schlacht zurückkehrte und den Helm öffnete, fiel ihm ein Klumpen geronnenes Blut heraus. Mit diesen skizzenhaften Zügen gibt Renner wohl treffend die nüchterne westfälische Art des Meisters wieder, der mehr ein Mann überlegten Handelns, nicht vieler Worte war.

Im vorliegenden Brief dankt Plettenberg dem Hochmeister Friedrich von Sachsen für seine Hilfe und berichtet über die gegenwärtig entspannte militärische Lage. Eingangs erwähnt er die Meldung der „gelucksaligen ouerwynnynge vnser viande" (der glückseligen Überwindung unserer Feinde).

G 35 Eigenhändiger Brief des livländischen Meisters Wolter von Plettenberg an Hochmeister Albrecht mit Dank für Ratschläge

1516 März 11, Hasenpoth
Ausfertigung auf Papier
GStA PK XX. HA OBA 20 784

In der Regel ließen die Meister ausgehende Briefe von ihren Schreibern oder Sekretären schreiben und die eingehende Post vorlesen. Eigenhändige Briefe sind daher, wie auch im heutigen Amtsbriefwechsel, selten erhalten. Insofern stellt das vorliegende Stück eine Rarität dar, ein ganz persönliches Zeugnis Plettenbergs. Umgangs- und Kanzleisprache war in Livland zu dieser Zeit noch das Niederdeutsche, erst nach der Reformation setzte sich um die Mitte des 16. Jahrhunderts die hochdeutsche Sprache als Schriftsprache durch. In dem Brief dankt Plettenberg Hochmeister Albrecht für dessen Ratschläge.

G 36 Schutz- und Trutzbündnis des Großfürsten Vasilij III. von Moskau mit Hochmeister Albrecht

Moskau, 1517 März 10
Ausfertigung in lateinischer und russischer Sprache auf Pergament mit farbigen Initialen, das goldene Siegel des Großfürsten 1945 verloren
GStA PK XX. HA Schiebl. 81 n. 6

1515 einigte sich Kaiser Maximilian mit dem polnischen König auf der Grundlage einer Doppelehe der Enkel des Kaisers mit den Kindern König Wladislaws von Ungarn und Böhmen.

In Fortführung der kaiserlichen Verhandlungen und nunmehr ohne kaiserliche Hilfe schloß der Hochmeister zum Schutz des Ordenslandes gegen Polen mit dem Großfürsten von Moskau ein Schutz- und Trutzbündnis. Es war zugleich das erste Bündnis zwischen einem Fürsten aus dem Haus Hohenzollern und einem russischen Herrscher. Der livländische und der preußische Ordensstaat gingen nun getrennte Wege. Während Preußen zum erstenmal in Rußland einen natürlichen Verbündeten erblickte, sah das bedrohte Livland einen möglichen Rückhalt nur an Litauen.

G 37 Kriegserklärung des Hochmeisters Albrecht an den polnischen König

1520 (um Januar 1)
Konzept auf Papier, mit Umschlag
GStA PK XX. HA OBA 22 979

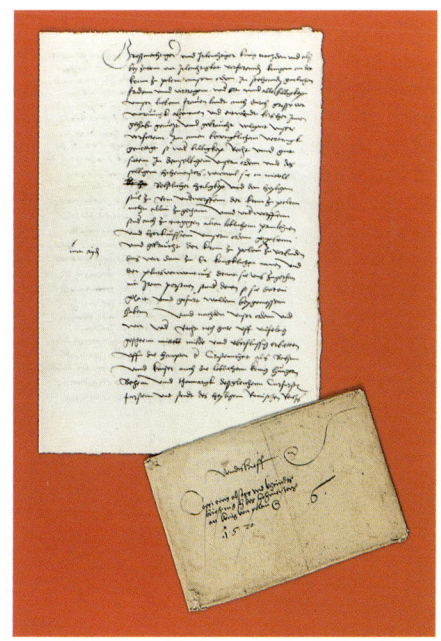

G 37

Hochmeister Albrecht unternahm in der Hoffnung auf Hilfe aus dem Reich und sein Bündnis mit Moskau 1520 nach umfangreichen Rüstungen den letzten kriegerischen Versuch des Ordens, die Abhängigkeit von der Krone Polens abzustreifen. Doch weder aus Moskau noch aus dem Reich kam Unterstützung. Hilfe von dritter Seite blieb aus, der „Reiterkrieg" blieb trotz einiger Anfangserfolge ein Fehlschlag. Die Geldmittel erschöpften sich rasch. Der Umschlag der Fehdeansage trägt die Überschrift „Veindtsbrieff".

Schon 1521 mußte Albrecht einen Waffenstillstand auf vier Jahre schließen. Er nutzte ihn, um im Reich für seine Sache persönlich zu werben, jedoch ohne greifbares Ergebnis. Damit waren alle friedlichen und kriegerischen Mittel erschöpft, die den Ordensstaat in Preußen aus der Umklammerung des Thorner Friedens hätten retten können.

G 38 Aufmarsch zweier Heere zur Schlacht

16. Jahrhundert
Photographie eines Kupferstichs aus Leonhardt F. Fronsperger, Kriegsbuch, 1596

SBPK 2° Gy 17514

Die Schlachtordnung der Heere hatte sich seit dem 15. Jahrhundert durch das Aufkommen zu Fuß dienender Söldner in Gevierthaufen, der beweglichen Feldgeschütze auf Lafetten mit Rädern und einer neuen Form der gepanzerten Reiterei sehr gewandelt. Das Heer Plettenbergs am Smolina-See bestand schon zur Hälfte aus Fußvolk in eigenen Formationen. Neben Spieß und Schwert traten als Waffen der Einzelkämpfer Arkebusen, Musketen und Faustrohre. Eine wesentliche Vermehrung der Mannschaftszahlen gegenüber dem 15. Jahrhundert trat in Livland und Preußen nicht ein.

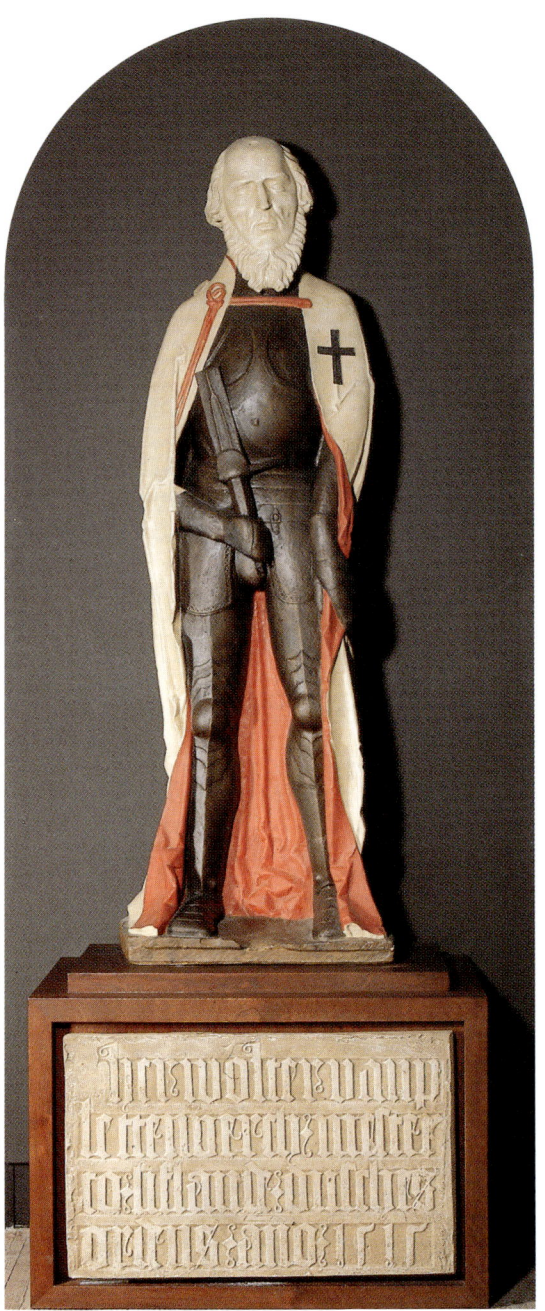

G 38

G 39 Wolter von Plettenberg
Meister des Deutschen Ordens in Livland
1494—1535

Standbild am Schloß in Riga 1515
Abguß vom Abguß des Originals, bemalt

SMPK Gipsformerei nach der Vorlage im Burghofmuseum, Soest

Plettenberg, geboren in Westfalen um 1450, gestorben in Wenden in Livland am 28. 2. 1535, regierte 41 Jahre lang. Sein Wesen war von Schlichtheit und Energie geprägt. Die Lage Livlands bei seinem Regierungsantritt war vor allem durch das russische Streben bestimmt, den Zugang zur Ostsee zu gewinnen. Daher waren Rüstungsmaßnahmen und ein Bündnis mit Litauen 1501 die ersten Ziele des Meisters. Nach dem Präventivkrieg und Sieg über die Russen 1502 (G 34) folgte kein endgültiger Friedensvertrag, sondern nur ein immer wieder verlängerter Beifriede auf Zeit in der Form einer „Begnadigung" durch den Großfürsten; die russischen Ansprüche blieben. Jedoch durch Auseinandersetzungen der Russen mit ihren übrigen Nachbarn, eine livländische Neutralitätspolitik und den Eindruck des Sieges von 1502 konnte Plettenberg den Frieden aufrechterhalten.
Die Einführung der Reformation in Livland ließ er geschehen, blieb aber selbst dem katholischen Glauben treu und lehnte die Umwandlung des livländischen Staates in ein weltliches Fürstentum nach preußischem Vorbild ab, die ihm die Städte Riga und Reval nahegelegt hatten. 1526 wurde er Reichsfürst des Heiligen Römischen Reiches Deutscher Nation.
Seine Umsicht, Festigkeit, ausgleichende Geduld und seine Erfolge lassen ihn als den bedeutendsten Meister in Livland erscheinen.

G 40 a

G 40 a Martin Luther (1483—1546)

Lucas Cranach d. Ä.: Martin Luther
Holzschnitt um 1540

GStA PK, I. HA Rep. 92 Slg. Stein
Mappe 7 n. 254

Mißstände und Reformbedürftigkeit der alten Kirche bildeten die Voraussetzung für Luthers Besinnung auf das Evangelium und seine Lehre von der Erlösung und Gnade allein aus dem Glauben. Die mit dem Anschlag seiner Thesen an die Wittenberger Schloßkirche 1517 ausgelöste Reformation ergriff rasch weite Teile Deutschlands und Europas und führte zur dauernden konfessionellen Spaltung der Kirche. In Livland und Preußen faßte sie 1522 und 1523 Fuß. Dort entzog sie dem Deutschen Orden die geistigen Grundlagen, da sie mit Zölibat und mönchischem Gedanken brach.

G 40 b

In die Amtszeit dieses Papstes fällt der Durchbruch der Reformation in Preußen und Livland. Clemens war, obwohl diplomatisch befähigt, der großen Anforderung der Zeit nicht gewachsen. So geriet er durch seine Hinwendung zu Frankreich in den Konflikt mit Karl V. gerade in der Zeit, als der Ordensstaat in Preußen sein Ende fand. Auch den Bruch Englands mit der Römischen Kirche konnte er nicht verhindern.

G 41 Martin Luther an den Deutschen Orden

Martinus Luther,
An die Herrn Deutschs Ordens, das sie falsche Keuscheyt meyden vnd zur rechten ehlichen keuscheyt greyffen Ermanung
Erster Druck
Wittenberg 1523

Druck auf Papier
DOM Bad Mergentheim Inv.Nr. 3905

Mit dieser am 28. März 1523 gedruckten Schrift wandte sich Luther in erster Linie an die Konvente in Deutschland mit ihrem klosterähnlichen Leben. Im Juni 1523 ließ Hochmeister Albrecht Luther unter Geheimhaltung um Rat fragen, am 28. November suchte er den Reformator selbst in Wittenberg auf, nachdem er schon Ende 1522 Schriften Luthers angefordert hatte. Luthers Antworten auf Albrechts schriftliche Fragen und seine Ratschläge führten zur Einführung der Reformation in Preußen und zur Auflösung des dortigen Ordenszweiges.

G 40 b Papst Clemens VII. (1523–1534)

Clemens der Sibent
Kupferstich von Daniel Hopfer, um 1530
Photographie: Jörg Anders

SMPK Kupferstichkabinett

G 42 Paul Speratus

Von dem hohen gelübd der Tauff/sampt andern ein Sermon czu Wienn ynn Osterreych geprediget
Konigszberg yn Preussen 1524
Photographie des Titelblattes

Aus: GStA PK XX. HA StUB Königsberg Nr. 57

Im September 1523 sandte Luther den Franziskaner Johannes Briesmann aus Kottbus nach Königsberg, um dort auf den samländischen Bischof Polentz einzuwirken. Polentz

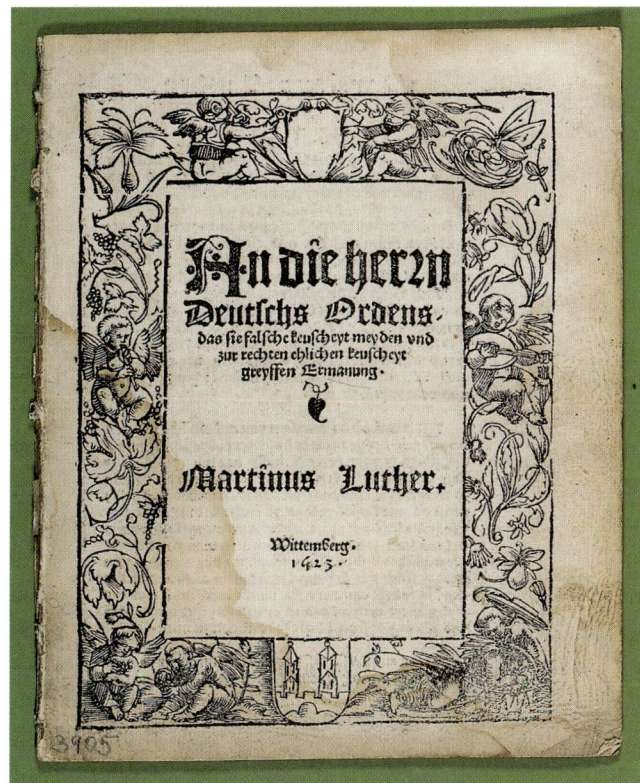

G 41

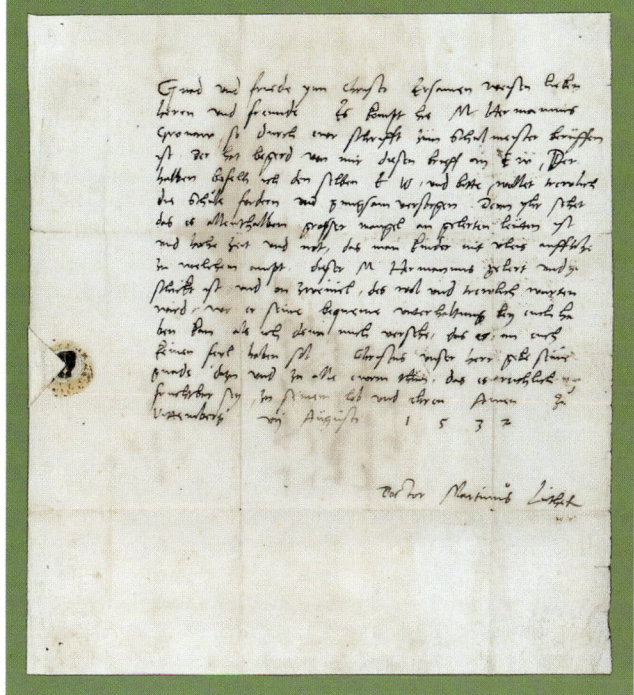

G 43

hielt noch 1523 im Dom die erste evangelische Predigt. Neben diesen beiden Reformatoren berief Hochmeister Albrecht 1524 Paul Speratus (1484—1551) als Prediger an seine Schloßkirche. Speratus aus Rötlen bei Ellwangen hatte schon 1520 im Stift Würzburg evangelisch gepredigt, danach in Wien eine theologische Disputation ausgetragen, worauf er exkommuniziert wurde. In Iglau entging er knapp dem Feuertode und kam dann über Wittenberg nach Königsberg. Seine Schrift gehört zu den ersten theologisch-reformatorischen Schriften, die im Ordensland Preußen gedruckt wurden.

G 43 Martin Luther empfiehlt der Stadt Reval den Magister Hermann Gronau als Schulmeister

1532 August 7, Wittenberg
Ausfertigung auf Papier, eigenhändig mit Unterschrift

BA Koblenz, Revaler StA. Urk. Nr. 1016a

In Livland hielt die Reformation schon 1522 durch eine Predigt und Disputation des Reformators Andreas Knopken in der Petrikirche zu Riga ihren Einzug. Er wurde von der livländischen Vasallenritterschaft unterstützt, und auch die Bürger wandten sich der neuen Lehre zu. Luther hatte früh briefliche Verbindung zu den baltischen Städten. Auch im Deutschen Orden fand die Reformation Anhänger. Meister Wolter von Plettenberg hielt unter den Ordensbrüdern durch Disziplinarstrafen die alte Lehre aufrecht, ließ die Fortschritte der lutherischen Lehre aber im übrigen geschehen, weil er das Land nicht noch durch Glaubenskämpfe zusätzlich schwächen wollte. Der Orden verlor aber ideell in Livland an Boden. Es entstand auch die seltsame Situation, daß die Konvente auf den Schlössern nun katholisch blieben, die Ordensdiener auf den gleichen Schlössern, da es für sie keinen Ersatz gab, evangelisch werden konnten, so wie auch die Ordensvasallen und die Einwohner der Ordensstädte und -flecken vor den Burgen sich der neuen Lehre zuwandten.

1528 wurde die Schule an St. Olai in Reval im humanistischen Sinne einer Reform unterzogen. Als der Rektor der Schule, der an ihr mit zwei Gehilfen unterrichtete, 1532 zum Prediger an St. Nikolai aufrückte, sollte seine Stelle neu besetzt werden. Wie auch in anderen personellen Fragen wurde Luther um Rat gebeten und empfahl den aus Göttingen stammenden Hermann Gronau, der 1529 bis 1532 in Wittenberg studiert hatte. Gronau leitete die Schule bis 1543/44 und wurde dann Prediger.

G 44 Bildnis des evangelischen Danziger Bürgers Hans Klur (geb. 1499)

Hans Schenck, gen. Scheutzlich, 1546
Doppelseitiges Relief aus sogenanntem Solnhofener Stein
Wahrscheinlich Modell für eine Medaille
SMPK Skulpturengalerie Inv. Nr. 821
Abguß, bemalt, nach dem Original
SMPK Gipsformerei Inv. Nr. 4827/4828

Auch in Danzig hielt seit 1520 mit zwei Schriften, seit 1522 mit der ersten Predigt durch Jakob Hegge die Reformation ihren Einzug. Bemühungen der Bischöfe zusammen mit dem Rat und dem polnischen König 1526 vermochten ihren Siegeslauf nicht aufzuhalten. Dem Danziger Bürger Hans Klur, der auf der Karte Preußens von Heinrich Zell 1542 (Nr. 47a) als Mäzen der Wissenschaften gewürdigt wird, ist ein Relief gewidmet, das ihn auf einer Seite mit dem Tod zeigt, den er in entschlossener Glaubenshaltung nicht fürchtet. Auf der anderen Seite zeigt eine Szene mit drastischer Verhöhnung des Papstes, daß Klur dem evangelischen Glauben anhing und die Papstkirche ablehnte. Die Umschrift lautet in deutscher Übersetzung: „Meine Hilfe kommt vom Herrn, der Himmel und Erde gemacht hat. Hans Klur, in seinem 47. Lebensjahr, im Jahre des Heils 1546". Auf der Rückseite wird aus dem 2. Brief des Paulus an die Thessalonicher zitiert. Der Bildhauer Hans Schenck war 1528 bei Herzog Albrecht in Preußen, dem vormaligen Hochmeister, tätig, in den dreißiger Jahren in Berlin, 1545 für Herzog Barnim XI. von Pommern-Stettin. Er stammte aus Schneeberg in Sachsen.

G 44 b

G 45 **Brustbild Kaiser Karls V. (1500—1558)**

Thomas (Doman) Hering, 1535
Relief Karls V. aus Jurakalkstein, sog. Solnhofener Stein
Abguß, bemalt, nach dem Original
SMPK Skulpturengalerie Inv.Nr. 827
SMPK Gipsformerei Inv.Nr. 4808

Karl V., dessen Kaiserwahl 1519 auf große Hoffnungen in Deutschland, u. a. auch bei Luther, stieß, wurde Herrscher über das damals größte Reich in Deutschland, Spanien, Italien und den neuentdeckten Ländern Amerikas. Seine Ziele, die Wiederherstellung des mittelalterlichen Imperiums und die Wahrung der Einheit der alten Kirche, erreichte er nicht. Im Kampf mit dem vor der habsburgischen Umklammerung besorgten französischen König Franz I. verzehrte er seine Kraft, mußte an die evangelischen Fürsten des Reiches viele Zugeständnisse machen und dankte 1556 resigniert ab. Dem Deutschordensstaat wirksam zu helfen, vermochte er wegen seiner vielfältigen Inanspruchnahme gegen Franzosen und Türken nicht, erhob aber den Meister von Livland zum Reichsfürsten und bereitete dies auch für den Hochmeister in Preußen vor. Wegen des Ausbleibens materieller Hilfe aus dem Reich ging Preußen dem Orden jedoch verloren.

G 46 **Der Krakauer Vertrag**

König Sigismund I. von Polen belehnt den Markgrafen Albrecht von Brandenburg-Ansbach mit dem Herzogtum Preußen unter Einschluß der Mitbelehnung der Brüder Albrechts, Georg, Kasimir und Johann
1525 April 10, Krakau
Ausfertigung auf Pergament mit gemalter Initiale und Majestätssiegel an goldener Schnur
Größe ohne Siegel: 55 × 79 cm
GStA PK XX. HA Schiebl. LXV n. 2

Nachdem Hochmeister Albrecht Hilfe beim Reich nicht finden konnte, löste er den Orden in Preußen auf und nahm das Land vom polnischen König nach Abschluß eines Friedensvertrages zu Lehen. Das Lehen bestand bis in die Zeit des Großen Kurfürsten 1657 weiter und wurde von der kurbrandenburgischen Linie der Hohenzollern, die später in die Erbfolge eingetreten war, vertraglich gelöst. Der Herzog regierte das Herzogtum Preußen mit eigener Wehr-, Münz-, Kirchen- und Steuerhoheit als Landesfürst. Auch betrieb er eine eigene Außenpolitik. Die Einführung der Reformation verschaffte Preußen eine besondere Stellung gegenüber Polen, ebenso die Bindung an ein deutsches Fürstenhaus, die Hohenzollern.

G 47 **Ältere Karten des vormaligen Ordenslandes Preußen**

a) Prvssiae Descriptio ante aliquot annos ab Henrico Zellio edita, ab eoq: D. Ioanni Clur, civi Gedanensi Ded.
Preußenkarte von Heinrich Zell († 1564)
Kupferstich in Rollwerkkartusche, um 1590
DOM Bad Mergentheim Inv.Nr. 2182

b) Von dem Preussen Landt so etwan vnder dem Teutschen Orden gewesen / jetzt aber ist es zu einem Herzogthumb gemacht
Holzschnitt aus der Cosmographia des Sebastian Münster, 1550
DOM Bad Mergentheim Inv.Nr. 2183

Die Karte von Zell (die früheste Ausgabe von 1542) ist die älteste von Preußen. Zell, der seine Karte in Danzig entwarf und sie Johann Klur widmete, faßte das westliche Preußen mit Danzig und das östliche mit Königsberg trotz ihrer staatlichen Trennung zu seiner Zeit noch ganz als Einheit auf, wie sie sich zur Ordenszeit gebildet hatte und auch von den Bewohnern im 16. Jahrhundert so empfunden wurde. Der Zeitgenosse Nicolaus Copernicus sprach von „Preußen, unserem Vaterland (patria)" und meinte damit ebenfalls das Land zwischen Lauenburg und Memel.
Das Landesbewußtsein hatte den untergegangenen Ordensstaat als bleibendes Ergebnis überdauert.

G 48   Schloß Wenden in Livland
        Sitz des Meisters des Deutschen Ordens

Batterieturm aus der Zeit Plettenbergs
Photographie

J. G. Herder-Institut, Marburg, Nr. 2a 385a

1480 wurde Wenden Residenz des Meisters von Livland. Unter Plettenbergs Anleitung wurde das Schloß bis in die dreißiger Jahre des 16. Jahrhunderts stark ausgebaut und erhielt drei runde Türme, die dem flankierenden Gebrauch der Feuerwaffen dienten.
Hier befand sich nun die Zentrale des dem Orden nach 1525 verbliebenen Staatswesens.

G 49   Bitte des livländischen Meisters Plettenberg
        an den Kaiser um Unterstützung des nach dem
        Abfall Hochmeister Albrechts vom Orden
        allseitig bedrohten Livland

Ohne Datum (1526)
Abschrift auf Papier

GStA PK XX. HA HBA D, K. 563 als Beilage eines Schreibens vom Livländischen Meister von 1526 Juli 17

G 48

Nach dem Ende des preußischen Ordensstaates stand der Orden in seinem livländischen Staatswesen geographisch auf isoliertem Posten. Im Osten erhob das mächtig gewordene Moskauer Großfürstentum seine Ansprüche auf Livland. Im Norden lag das mächtige Reich Schweden (mit Finnland), im Süden Polen-Litauen. Nach Deutschland führte ins Reich nur der Seeweg. Auch der Herzog in Preußen gehörte nun zu den möglichen Gegnern des alten Ordens. Aus dieser Lage ist Plettenbergs Bitte zu verstehen.
Die Abschrift der Supplik wurde dem Herzog in Preußen offenbar geheim zugespielt. Der Meister klagt, daß Albrecht das Land Preußen dem Orden, dem Kaiser und dem ganzen Römischen Reich entzogen habe. Livland sei nun von Feinden umgeben, die sich nicht mehr fürchteten und trachteten, es mit Gewalt zu nehmen, „alzo das sich Leifflandt bey sein selbst Macht nicht kan enthalten. Das Landt ist allenthalben beslossen und mit Vienden zcu allen Seiten zcu Wasser und Lande belegert, und hot keynen Trost uff Erden mehr dan zcu key(serlicher) May(estät), deme wir immediate und ane Mittel (ohne Zwischeninstanz) underworfen sein." Der Meister bittet um 3000 Mann Truppen und ein Vorgehen des Kaisers gegen den Herzog.

G 50   Livland in der Darstellung der Carta Marina

Olaus Magnus: Carta Marina
Venedig 1539
Photographischer Ausschnitt, vergrößert

SBPK Karte 9624

Die farbige Darstellung des schwedischen Klerikers Olaus Magnus zeigt Livland am Ende der Ordenszeit, 19 Jahre vor dem Zusammenbruch der mittelalterlichen Staatenkonföderation. Von maßstabsgerechter Wiedergabe kann noch nicht die Rede sein, doch hat der Zeichner schon recht gute Vorstellungen über äußere Gestalt, Flüsse und Orte. So sind

G 51

G 51 Zar Ivan IV., der Schreckliche (1530—1584)

Porträtikone eines Malers der Moskauer (?) Schule
16. Jahrhundert
Photographie des Originals

Nationalmuseet, Kopenhagen

Ivan IV., mit drei Jahren zur Thronfolge gelangt und, teils auf Grund böser Erfahrungen, bedenkenlos und mißtrauisch geworden, reformierte seit 1549 das Moskauer Großfürstentum, schuf sich eine eigene Truppe, stärkte den Kleinadel und begann eine neue Expansionspolitik. 1552 eroberte er Kasan, 1556 Astrachan. Unter ihm begann die Eroberung Sibiriens für Rußland. 1547 nahm er den Zarentitel an. 1554 verlängerte er noch einmal den Waffenstillstand mit Livland um 15 Jahre gegen drückende Tributzahlungen sowie freien Durchzug deutscher Rüstungsfachleute nach Moskau und die Bedingung, Livland dürfe kein Bündnis mit Polen-Litauen schließen. Als jedoch in der Koadjutorfehde zwischen Erzbischof Wilhelm, dem Bruder Herzog Albrechts in Preußen, und dem Orden Polen sich auf Wilhelms Seite stellte und vom Orden 1557 das Bündnis gegen Rußland erzwang, hatte der Zar den Anlaß, Livland 1558 anzugreifen. So führte die innerlivländische Zersplitterung auch den Zusammenbruch des mittelalterlichen Staatswesens herbei.

G 52 Gotthard Kettler, letzter Meister des Deutschen Ordens in Livland (1517—1587, Meister 1559—1561)

Photographie nach einem Porträt des 16. Jahrhunderts in Privatbesitz

Westfälisches Amt für Denkmalspflege, Münster

Der letzte Meister des Deutschen Ordens in Livland war beim Ausbruch des Krieges mit Rußland Komtur von Dünaburg. Er stammte von Eggeringhausen bei Mellrich in Westfalen. Kettler galt als Anhänger der im Orden entstandenen Partei für eine Anlehnung an Polen. Als solcher stand er im Gegensatz zum Ordensmeister Wilhelm von Fürstenberg, dem ihn die „polnische" Partei nach den ersten russischen Kriegserfolgen als Koadjutor (Helfer und designierten Nachfolger) aufzwang. Die Ergebnisse dieser Politik

Peipussee, Düna, Treider Aa, Embach, Windaufluß und die meisten Orte verhältnismäßig richtig eingetragen, auch die große Grenzwildnis gegenüber den russischen Fürstentümern und bis zur Düna nordwestlich von Dünaburg. Gewappnete Reiter und Feldschlangen auf livländischer, berittene Krieger auf russischer Seite kennzeichnen den dauernden Spannungszustand, von dem der Zeichner wußte. In seltsamem Kontrast dazu standen wirtschaftlicher Wohlstand und Reichtum vor allem der Oberschicht. Aber eine Reform des zersplitterten Staatswesens und der Wehrkraft blieb unmöglich. Seit Plettenbergs Tod wurde das System der Waffenstillstände mit Moskau fortgesetzt, doch wuchs der russische Druck und führte zu demütigenden Formeln der Vertragstexte. Ganz im Norden sieht man die Inschrift „LIVONIA AQVILONARIS...", die auf deutsch lautet: „Nordlivland, Vormauer der katholischen Kirche".

G 53

retteten den Orden nicht. Polen ließ sich von dem schwachen Nachbarn die geringen Hilfeleistungen mit der Abtretung immer weiterer Burgen und Rechte bezahlen. Am Ende stand der Zusammenbruch des Ordens. Kettler dankte ab und nahm nach dem Muster Preußens Kurland als Herzogtum vom polnischen König als Lehen.

G 53 Russische Reiter

> Aus: Sigismund Freiherr zu Herberstain, Moscovia, hrsg. v. Hans Kauders, Erlangen 1926
>
> Vorlage J. G. Herder-Institut

Im Januar 1558 ließ Ivan der Schreckliche sein Heer aus russischen, tatarischen, mordwinischen und tscherkessischen Truppen ins Stift Dorpat einrücken, anfangs mehr um die Erfüllung seiner Forderungen zu erzwingen, später, als die Schwäche der militärischen Verteidigung offenkundig wurde, zur Eroberung des Landes. Die Ordensritter waren überaltert, die Wehrkraft infolge der veralteten Verfassung nicht ausgeschöpft und zersplittert, der Widerstandswille zum Teil sehr schwach, die Verheerungstechnik der fremden Völker von bis dahin kaum gekannter Grausamkeit. Dorpat ergab sich fast kampflos. Narwa fiel. 1559 drangen die Scharen des Zaren zeitweise bis Kurland vor. Einzelne tapfere Gegenstöße Kettlers konnten an der allgemeinen Lage wenig ändern.

G 54 Die Schlacht von Ermes

> Titelbild aus: „Sehr grewliche/ erschröckliche / vor vnerhörte/ warhafftige Newe zeyttung ... Gedruckt zu Augspurg durch Valentin Othmar". Ohne Jahr (1561)
> Photographische Vergrößerung
>
> Zentralbibliothek Zürich

Auch im Livländischen Krieg wurden keine großen Schlachten geschlagen. Außer Verheerungen und Belagerungen kam es zu einigen kleineren Treffen. Das Jahr 1560 brachte die Entscheidung. Im Februar fiel fast kampflos das Schloß Marienburg in Lettgallen in russische Hand. Die polnisch-litauischen Verbündeten warteten ruhig zu und ließen sich von Kettler eine Burg nach der anderen einräumen. Sie standen unweit von Ermes, ohne einzugreifen, als das schwache Ordensaufgebot unter dem Landmarschall Philipp Schall von Bell am 2. August 1560 die letzte Feldschlacht des Ordens in Livland schlug. Tapfer kämpfend ging das fehlerhaft geführte Heer gegen die Übermacht unter, viele Ordensritter und Vasallen fielen, andere gerieten in Gefangenschaft.

Die Abbildung der in Deutschland verbreiteten Zeitung darf nicht die Zuverlässigkeit eines Augenzeugenberichts beanspruchen, sie gibt das typische Bild eines Landsknechtskampfes im 16. Jahrhundert wieder.

G 55 Plattenharnisch eines Ritters

> Süddeutsch, um 1560
> Eisen, z. T. geschwärzt
> Inneres der Handschuhe Leder
> Nachbildung nach erhaltener Vorlage
>
> Herstellung: Ewald Tanzer, Mautern
> GStA PK

Im 15. Jahrhundert hatte sich die volle Plattenrüstung herausgebildet. Ordensritter in Livland zogen nun auch mit dieser in den Kampf, ebenso die geworbenen Reiter. Als Fußvolk dienten nur noch Landsknechte. Das altlivländische Aufgebot einheimischer estnischer und lettischer Bauern trat zurück. Auch die Ordensbrüder auf den Burgen waren oft mehr Verwalter als Kämpfer in der Schlacht. Ihre Zahl ging im 16. Jahrhundert wie in Preußen und im Reich stark zurück.

G 56 Reiterschwert

Um 1500
L. 113 cm, Klinge Eisen, Holzgriff

Bayerisches Armeemuseum, Ingolstadt, Inv.Nr. A 286
Ab 1991: Nachbildung: Feldon, München

GStA PK

**G 57 Deutsches Landsknechtsschwert
Sogenannter „Katzbalger"**

Anfang 16. Jahrhundert
Eisen
Klinge mit zwei Zügen, 8-förmige Parierstange aus gedrehtem Rundstab mit Kugelknäufen, am eisernen Griff Zwischenstück aus Holz
Nachbildung: Johann Schmidberger, Molln

GStA PK

Die geworbenen deutschen Landsknechte spielen seit der Zeit Plettenbergs auch in Livland als Söldner die Hauptrolle in den Heeren. Wegen der hohen Kosten kam es darauf an, sie kurz vor dem Einsatz zu werben, über See heranzubringen, die Operationen durchzuführen und die Truppen dann wieder über See heimzuschaffen und aufzulösen. Neben dem Spieß war der „Katzbalger" eine bevorzugte Nahkampfwaffe dieser Söldner.

so sich dem Großfürsten gutwilligk ohne noth undergeben
haben, Als das Burgkgericht, die Leramt Felberwaldt, das Herren
meisters gewesenes Schloß, der nun des Großfürsten Stadt ist
und hatt schier 300 Heüsern, Item Alles bauß zu Schloß Witsten-
stein Kummelhaw, Harrigkhamer und Zabaln Tharkann, die
hatt die Ritter und Schlösser, da sie dem ihenigen zcu sein Abren-
bereitt, und zeigt demselbigen offentlich an, Sie wollts des Stift
Lendere ennicht pieden, und hatt dem Großfürsten Iohan
Stadt zcuwissen geben, So soll sein Volgk, das itherauser teil küfft
Veld und Garten Großfürst pschlahen, Darüber solts[?] es die Reus-
garetore, und Heyleberen, zcu nosten Alls zum Stift Thabatan, da zce
die Deutschen sich gesetzt hatt, welchs das den Thomer von nützen und
frumen, So sollen die Reüsen pross, auff die heüser der Deutschen
fallen, und ihnen ein schlacht liefern, Gewinnen sie die
schlacht, so were des Großfürsten das gantze Landt, Verlieren
sie die schlacht, So were[?] er, das der Deutschen land nicht desto weniger
sein bleiben, Ia hette er, den Naufzaunoch der besten bis ins Glid,
wol zuvokommen, das sich der konning Ludwig des Landes anzunehmen,
und sich selbsten hervorzagen möchte, so sprachen sie doch das wol,
So möchts so sauern die sachen Alls sie wolten, So wolten die Thomer ein
stuttarang gütter welchts haben, Alsso ist gewißt, war es das die
Thomer dan die zum Großfals wol nachmer ein [?] bei der Dachen
thetten, Aber die Stifthaüer würden kainen Zug thaten,
Sie dann wolten, So nun Estlandt auffsagen, es würde sein Ke-
sen Standt Alls eins kurtzsell, welchs sein gantz Stift[?] der Thumb-
herr nit wis der erlangen, Zum Summer, Diese leichte
buffen, zschet Alles duß Zcunzebarung, Niemar der Komher und
der Thumpste, da züg einziehe, so ist der der preuißer[?] anflöttig-
zu große Tastanen[?] Welcho Schlahn nur ein Stadt schaden
möchts, so Thomer von Dreschen Erhalten bezehen, Wolts der Thom
nach Ihmen[?] pforben, Ih volgt den Lande, und das der Wordes
stimb thalt, Ivnd selbste nit gloufen wollts, so Ir dazcu ist
mit Walt viecht, wol etzwas geschafen, Dann das ist
gewiß, Der Lotter liegt minder Ziffe noner von Casson,

G 58 Bericht eines Gefangenen aus Dorpat an den Sekretär des Erzbischofs über die bedrohliche Lage und den Verrat „von schelmischen Deutschen"

1560 Mai 27, Dorpat
Als Beilage von Erhard von Kunheim aus Wilna an Herzog Albrecht in Preußen versandt
1560 August 1
Abschrift auf Papier

GStA PK XX. HA HBA Hb K. 882

Der heimlich aus Dorpat nach Wilna gelangte Bericht beschreibt die Stärke der Russen in und um Dorpat, die trostlose militärische Lage, die Siegeszuversicht der Russen, die nur noch vor der polnischen Macht Sorge haben, und den Opportunismus und Verrat von Deutschen, darunter besonders des ehemaligen Rats des Meisters, Elberweldt, der sich dem Großfürsten „ohne nott vndtergeben" habe. Er reite in kostbarer Kleidung täglich aufs Schloß, habe Zeichnungen der schwachen Stellen der Schlösser und Städte angefertigt und dem Großfürsten einen schriftlichen Feldzugsplan unterbreitet, der zum Angriff auf Fellin und zur Niederlage der Deutschen in einer Schlacht führen soll. „In Summa: dieser leutte Hoffen stehet alles auff Verreterey". Und der Gefangene fährt fort: „Woltte Gott, ich nur ein Schlacht sehen sollte, so ihme von deutschem Geblutt beschehe, woltt ich darnach gerne sterben". — Der Plan wurde vom Zaren übrigens ausgeführt, auch der Rat befolgt, zur Erntezeit zu verheeren. Das Ergebnis war für den Orden die Niederlage von Ermes und der Fall Fellins.

G 59 Bericht des Rats Erhard von Kunheim an Herzog Albrecht über den Tod des Landmarschalls Philipp Schall von Bell

1560 Oktober 24, Wilna
Ausfertigung auf Papier mit papiergedecktem Siegel
GStA PK XX. HA HBA Hb K. 882

Kunheim erhielt in Wilna mehrfach Nachrichten aus dem russisch besetzten Dorpat zugespielt. Im vorliegenden Brief wird berichtet, daß der Landmarschall mit seinem Bruder Werner, dem Komtur von Goldingen und zwei anderen verwundet gefangen, nackt nach Dorpat gebracht, dort von Deutschen neu eingekleidet und später außerhalb von Moskau nach Peinigung und Auspeitschung zum Begräbnisplatz der Deutschen gebracht worden sei. „Da hatt man sie mitt einem Beil vor den Kopff geschlagen und haben also Ihre Selen dem lieben Gott am tage Decollationis Baptistae geopffertt". Der Bischof von Dorpat habe sie beerdigen lassen.

G 60 Sehr grewliche erschröckliche/ vor vnerhörte/ warhafftige Newe zeyttung/ was für grausame Tyranney der Moscouiter an den Gefangenen hinweggefürten Christen auß Lyfland … begehet …
Allen Christen zur warnung und besserung ihres Sündtlichen lebens/ auß Lyfland geschriben/ vnd in Druck verfertiget."

Zu Nürnberg bey Georg Kreydlein M.D. LXI (1561)
Photographie nach dem Original

Zentralbibliothek Zürich

G 60

Infolge der Langsamkeit des Verkehrs verbreiteten in Deutschland die Zeitungen, ein im 16. Jahrhundert neu aufgekommenes Nachrichtenmittel, die Kunde vom Geschehen erst 1561. Es wurde hiermit nicht nur das Sensationsbedürfnis der Leser angesprochen, sondern man wollte auch zur Hilfe für Livland anregen. Zu wirksamer Hilfe des konfessionell gespaltenen und in viele Fürstentümer zersplitterten Reiches für den Orden und die Livländer kam es jedoch nicht. Ganz im Sinne der glaubenserfüllten Zeit ruft die Schreckensnachricht zugleich zur eigenen Einkehr und Bußfertigkeit auf.

G 61 Meister Gotthard Kettler ersucht den Revaler Rat um Aufnahme einer polnischen Besatzung in die Stadt

1560 Dezember 30, Riga
Ausfertigung auf Pergament mit anhängendem Sekretsiegel
BA Koblenz, Revaler StA. Urk. n. 1160

Nach dem Verlust Fellins und der Niederlage der Truppen im Felde sah Kettler keinen anderen Weg mehr, als sich ganz auf die polnische Hilfe zu verlassen. In der Hoffnung, die Polen würden ihn wie einst den Hochmeister in Preußen nun zum Herzog von ganz Livland unter polnischer Lehnshoheit werden lassen, war er willens, polnischen Truppen auch Reval einzuräumen. Die harrisch-wierländische Ritterschaft stellte die Bedingung der Anerkennung ihrer Privilegien und, wie Kettler ebenfalls schreibt, der Erhaltung ihres evangelischen Glaubens. Die Ohnmacht des Ordens wird aus diesem Schreiben vollends sichtbar. Reval hatte sich unterdessen schon anders besonnen und wandte sich der Krone Schwedens zu.

G 62 a

G 62 Rigas Haltung nach dem Ende des Ordensstaates

a) Älteste Ansicht der Stadt Riga
Aus der Cosmographia des Sebastian Münster, 1550
Photographie
SBPK

b) Antwort der Ratsherren zu Riga auf die Frage der Unterstellung der Stadt unmittelbar unter den König von Polen
Enthalten in einem Bericht des Sekretärs des mecklenburgischen Herzogs, Johannes Molinus, an Herzog Albrecht in Preußen über seine Gesandtschaft nach Livland
1564 Juni 30, Riga
Ausfertigung mit Registraturvermerk
GStA PK XX. HA HBA D K. 646

Während Livland geteilt wurde und sich den Nachbarn unterwarf, konnte Riga sich ohne Unterwerfung noch zwanzig Jahre lang in einer Art Reichsfreiheit behaupten. Die Stadt sagte 1561 von sich, daß sie „des Romischen reichs, Teutschlands ihres gemeinen vaterlands, genossen und noch teglich geneust". Noch 1576 verlieh Kaiser Maximilian II. der Stadt das Recht der freien Reichsstädte, mit rotem Wachs zu siegeln. So antwortete der Rat dem preußischen Abgesandten 1564:
„es werde ein Rath vnnd die gantze stadt sich nicht lieber wissen vnnd wünschen, als bei einem Teutschen Furstenn, sintemal der Polen Regiment Jederman in Lifflandt nuhmehr kunt vnnd zum höchsten verdrißlich." Erst 1581 mußte Riga seinen Widerstand aufgeben und der polnischen Krone huldigen.

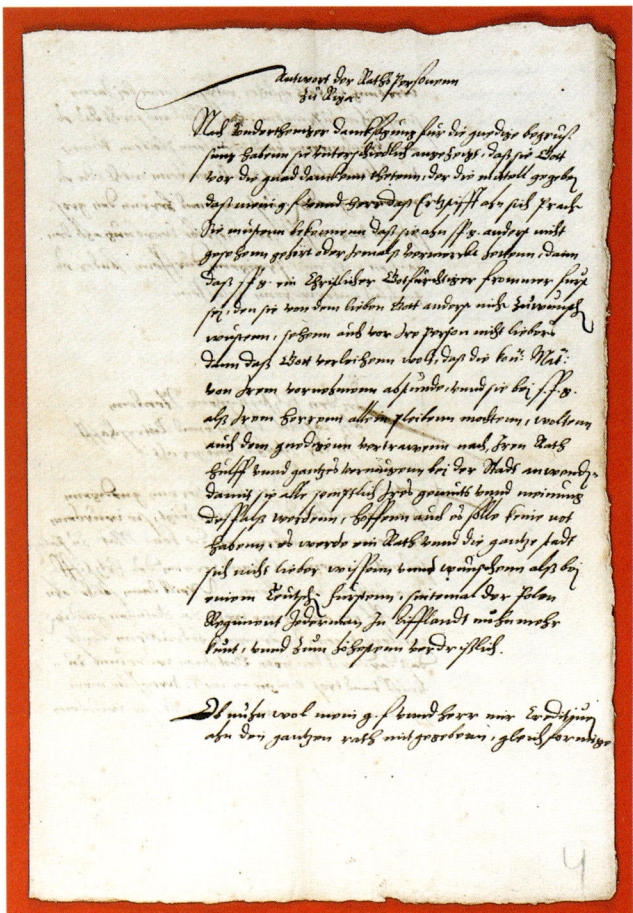

G 62 b

G 63 a

G 63 Schloß Weißenstein in Estland

a) Ruine der Burg Weißenstein mit achteckigem Hauptturm von Westen
Photographie
Bildarchiv Foto Marburg 152 496

b) Durchschnitt des Wartthurms zu Weissenstein Körber ad. vid. pt. Fr. German p. 1806
Riga, Stadtbibliothek
Photographie
Bildarchiv Foto Marburg La 494/33

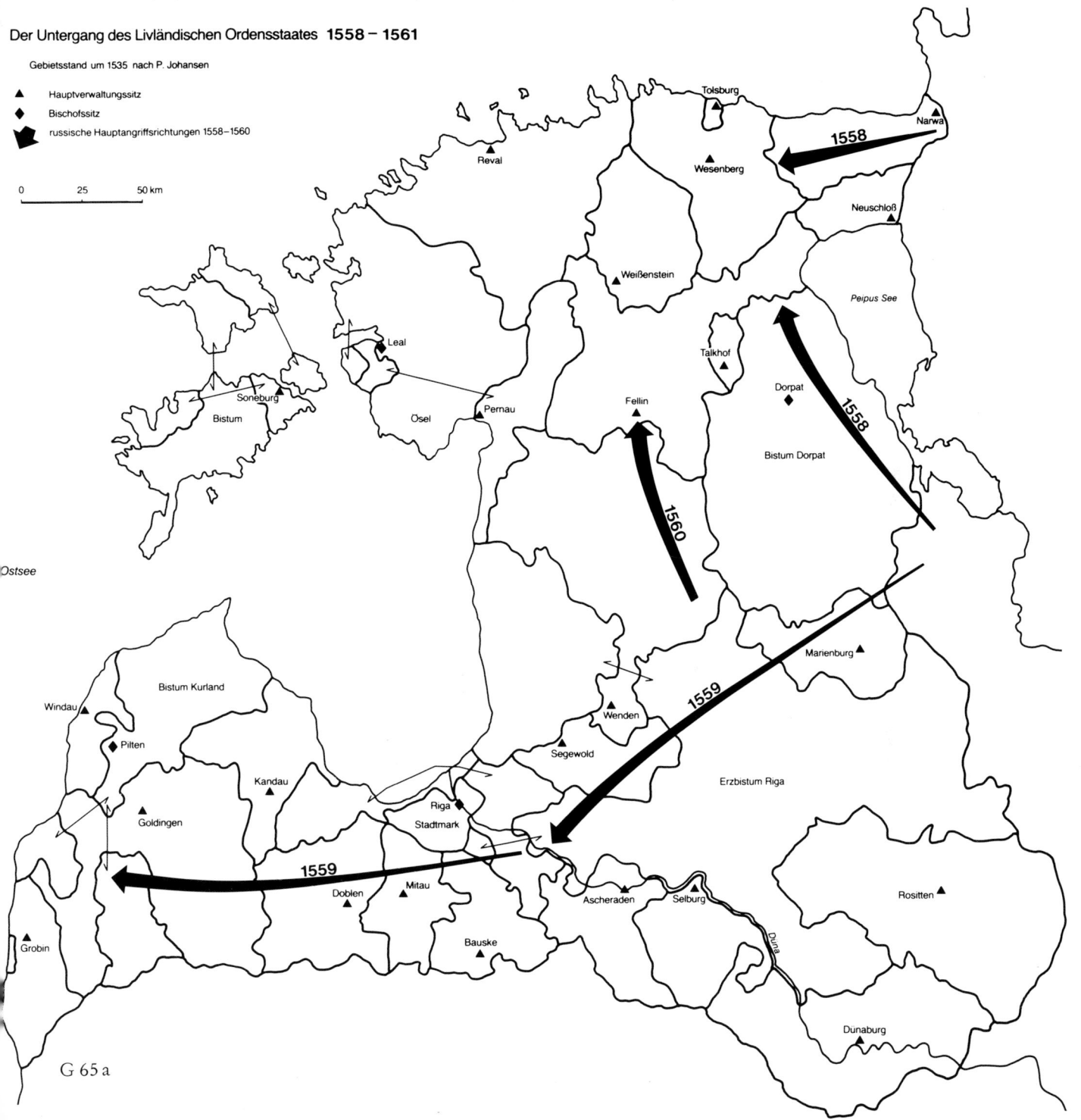

Außer den großen Städten hielten sich nur einige Burgen. Tapfer verteidigt gegen russische Übermacht, die schließlich abziehen mußte, wurde 1560 die Burg Weißenstein in Estland durch den 25jährigen Jasper (Caspar) von Oldenbokkum aus Westfalen, der in Weißenstein bis 1562 Statthalter blieb und seit September 1560 auch Statthalter des Schlosses in Reval war. Er fiel 1565 durch eine schwedische Geschützkugel bei Lode.

G 64 Ruine der Ordensburg Wenden in Livland

Südostfront des Konventshauses mit dem Batterieturm „Langer Hermann"
Photographie
J. G. Herder-Institut, Marburg, Nr. 2a 385

Schloß Wenden war auch nach dem Zusammenbruch des livländischen Deutschordensstaates ein Zentrum der Verteidigung im zwischen Russen, Schweden und Polen fortdauernden Livländischen Krieg (bis 1582). Hier sprengte sich bei der russischen Belagerung 1577 ein Teil der Besatzung mit Frauen und Kindern in aussichtsloser Lage selbst in die Luft, um nicht in die Hände des Feindes zu fallen.

G 65 Livlands Zusammenbruch

a) Der Untergang des livländischen Ordensstaates 1558–1561
Historische Karte
Entwurf: Friedrich Benninghoven
Kartographie: Stefan Mielke

Der Gebietsstand ist der von 1535 (nach P. Johansen). Die Pfeile zeigen die Hauptstoßrichtungen der russischen Einfälle von 1558, 1559 und 1560.

b) Aufteilung des livländischen Ordensstaates nach dem Zusammenbruch (Stand 1617)
Historische Karte nach R. Wittram, Baltische Geschichte 1180–1918, München 1954
Kartographie: Stefan Mielke

Schweden, Dänemark, vor allem aber Polen, waren die Erben der untergegangenen mittelalterlichen livländischen Staatenkonföderation. In blauer Farbe das unter polnischer Lehnshoheit stehende Herzogtum Kurland unter dem ehemaligen letzten Meister Kettler.

G 66 Ruine des Ordensschlosses Tolsburg in Estland

Um 1860
Stahlstich nach einer Zeichnung von W. Stavenhagen
Photographie
J. G. Herder-Institut, Marburg Nr. 84695

Geblieben sind vom Deutschen Orden in Livland außer schriftlichen Zeugnissen und dem Fortwirken in der Landesstruktur nur seine Bauten und deren Ruinen. Sie sind Mahnzeichen der Erinnerung an eine dreihundertfünfzigjährige Geschichte, wie hier das von Meister Johann Wolthus von Herse erbaute Schloß Tolsburg, ein Bau zum Schutz eines kleinen estländischen Hafens gegen die Freibeuter der Ostsee.

G 67 Der Livländische Totengesang

Das Lüfländische Todten-Gesang
Warhafftige Zeitung/ wie zu Rosiden in Liffland Todten Aufferstanden/ in einer Zerstörten Kirchen/ Geistliche Lieder vnnd Lobgesang gesungen/ Auch was sie von der Zukunfft deß Herrn für Antwort geben haben.
Bamberg 1584
Photographie des Originals
Zentralbibliothek Zürich

Das Land lag in Trümmern. Nach einem Vierteljahrhundert des Grauens, des Schreckens und der Leiden wuchs die Erlösungssehnsucht nach dem Kommen des Herrn. In Rositten in Ostlivland wollte man in einer von den Moskowitern zerstörten Kirche den Gesang der Toten vernommen haben, die das Nahen Christi verkündeten. Der Text, mit gelegentlichen Anlehnungen an „Ein feste Burg ist unser Gott", wurde von Bamberg aus durch den Druck verbreitet.

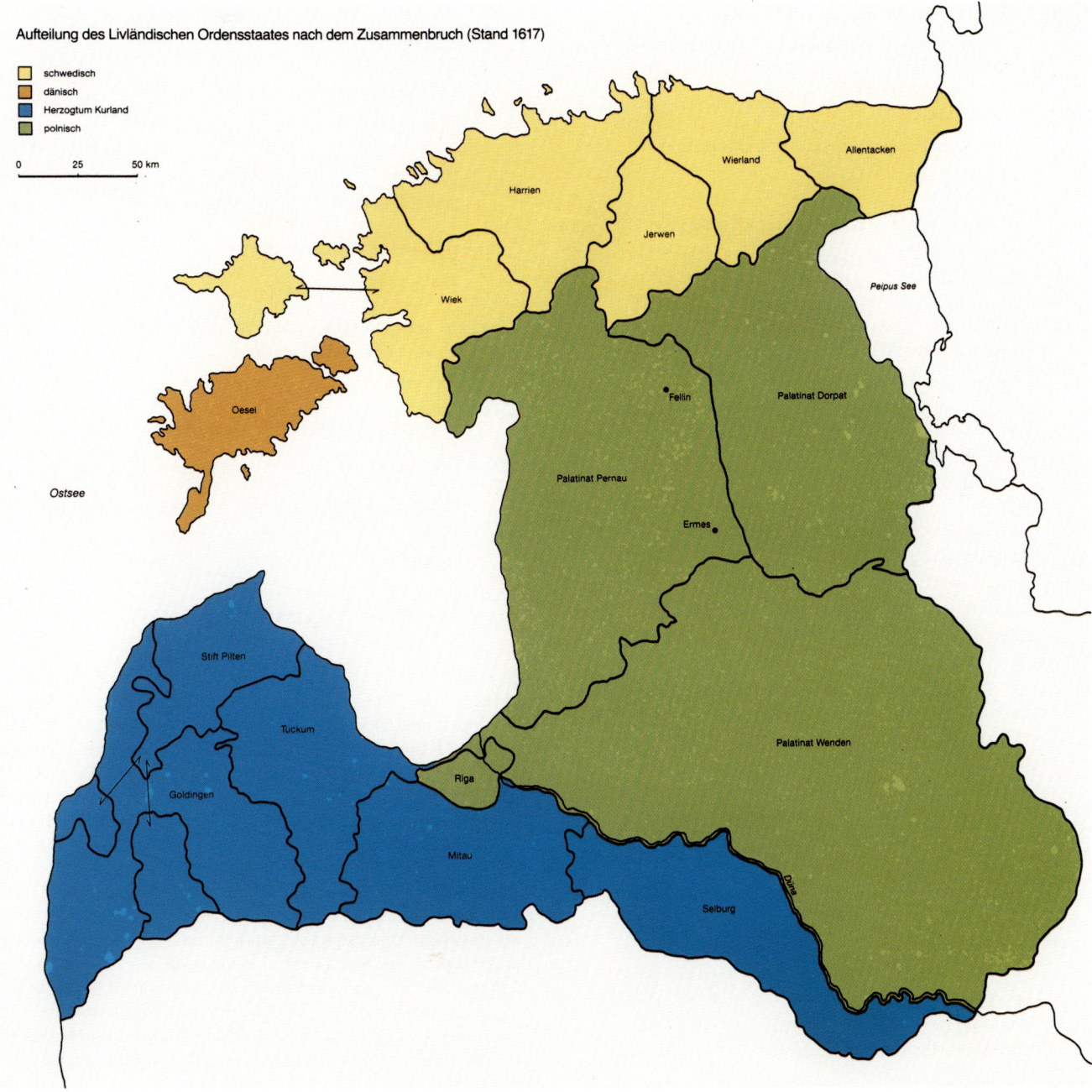

G 68 Banner des Deutschen Ordens

Vorlagen bei: Sven Ekdahl, Die „Banderia Prutenorum" des Jan Dlugosz — eine Quelle zur Schlacht bei Tannenberg 1410, Göttingen 1976

a) Banner (Gonfanon) des Hochmeisters
Ekdahl Abb. 1

b) Banner des Großkomturs, Kuno (Konrad) von Lichtenstein
Ekdahl Abb. 16

c) Banner (Gonfanon) des Obersten Marschalls Friedrich von Wallenrodt
Ekdahl Abb. 3

d) Banner des Obersten Trappiers und Komturs von Christburg, Graf Albrecht von Schwarzburg
Ekdahl Abb. 34

e) Banner der Komturei und Stadt Elbing
Ekdahl Abb. 28

f) Banner der Komturei und Stadt Danzig
Ekdahl Abb. 44

g) Banner des Komturs von Brandenburg, Marquard von Salzbach
Ekdahl Abb. 41

h) Banner des Kulmerlandes, geführt vom Komtur von Thorn, Graf Johannes von Sayn
Ekdahl Abb. 43

i) Banner des Bistums Samland
Ekdahl Abb. 23

k) Banner des Bistums Ermland
Ekdahl Abb. 46

l) Banner der Stadt Thorn
Ekdahl Abb. 48

m) Banner der Altstadt Königsberg
Ekdahl Abb. 36

n) Banner der Stadt Braunsberg
Ekdahl Abb. 25

o) Banner der Stadt Mehlsack
Ekdahl Abb. 39

p) Banner der Stadt Bartenstein
Ekdahl Abb. 32

q) Banner (Gonfanon in abgewandelter Form) des Komturs von Ascheraden
Ekdahl Abb. 54

r) Banner des Herzogs Kasimir von Stettin
Ekdahl Abb. 42

s) Banner des Herzogs Konrad des Weißen von Oels
Ekdahl Abb. 4

GStA PK
Herstellung: Horst Bratke, Berlin

Im Jahre 1411 wurden nach der Überlieferung 51 in der Schlacht von Tannenberg von den Polen erbeutete Banner des Deutschen Ordens in der Stanislauskapelle der Kathedrale der Königsburg Wawel in Krakau als Siegestrophäen aufgehängt. Noch 1603 waren sie dort zu sehen, ihr weiteres Schicksal ist ungeklärt. Es waren noch weitere fünf Fahnen aus den Schlachten von Polnisch Krone 1410 und Nakel 1431 hinzugekommen. In einer Handschrift von 1448 hat der Maler Stanislaus Durink die 56 Banner abgebildet, so daß ihre Form, Größe und Farben uns überliefert sind. Eine Anzahl von ihnen wurde für diese Ausstellung ausgewählt und in Originalgröße nachgebildet. Im Kampf waren diese Banner taktische Zeichen und Führungsmittel zugleich. Sie dienten dazu, einem Truppenteil den sichtbaren Mittelpunkt zu geben, um den er sich zu scharen hatte. Nur so waren im Getümmel der Schlacht die Abteilungen zum geschlossenen Einsatz beieinander zu halten und als Truppenkörper taktisch zu verwenden.

Auswahl aus der wissenschaftlichen Literatur

Grundlegende Darstellungen

Schumacher, B.: Geschichte Ost- und Westpreußens, 6., durchgesehene Aufl., Würzburg 1977.
  Materialreiche, umfassende Darstellung des preußischen Deutschordensstaates.

Wittram, R.: Baltische Geschichte. Die Ostseelande Livland, Estland, Kurland 1180—1918. München 1954.
  Darin Gesamtdarstellung Livlands im Mittelalter mit großer Auswahlbibliographie.

Arbusow, L.: Grundriß der Geschichte Liv-, Est- und Kurlands. 4. verbesserte und ergänzte Aufl. Riga 1918.
  Materialreich und noch nicht ersetzt.

Forstreuter, K.: Der Deutsche Orden am Mittelmeer. Bonn-Bad Godesberg 1967. (Quellen und Studien zur Geschichte des Deutschen Ordens, Bd. 2)

Militzer, K.: Die Entstehung der Deutschordensballeien im Deutschen Reich. Bonn-Bad Godesberg 1970. (Quellen und Studien zur Geschichte des Deutschen Ordens, Bd. 16.)

Voigt, J.: Geschichte des Deutschen Ritterordens in seinen zwölf Balleien in Deutschland. 2 Bände. Berlin 1857—1859.
  Als Gesamtdarstellung durch seinen Materialreichtum immer noch unentbehrlich; in Einzelheiten überholt.

Tumler, M.: Der Deutsche Orden im Werden, Wachsen und Wirken bis 1400, mit einem Abriß der Geschichte des Ordens von 1400 bis zur neuesten Zeit. Wien 1955.
  Einziger deutscher Versuch einer Gesamtdarstellung, in den Ergebnissen vielfach überarbeitungsfähig.

Tumler, M. unter Mitarbeit von Arnold, U.: Der Deutsche Orden. Von seinem Ursprung bis zur Gegenwart. 3., veränderte Aufl. Bad Münstereifel 1981.
  Knappe Überblicksskizze.

Boockmann, H.: Der Deutsche Orden. Zwölf Kapitel aus seiner Geschichte. 2. Aufl. München 1982.
  Keine Gesamtdarstellung, mehr Betrachtungen über ausgewählte Themen, aber anregend. Livland fehlt.

Eine Zusammenfassung der polnischen Sicht, aber nur auf den preußischen Deutschordensstaat bis 1525 gerichtet, mit breiter Schilderung auch der prußischen Zeit vom 6.—12. Jahrhundert bietet:

Biskup, M., Labuda, G.: Dzieje Zakonu Krzyżackiego w Prusach. Gospodarka-Społeczeństwo-Państwo-Ideologia. Danzig 1986. (Geschichte des Kreuzritterordens in Preußen. Wirtschaft, Gesellschaft, Herrschaft, Ideologie.)
  Da für polnische Leser bestimmt, ist das umfangreiche Buch zum Kennenlernen der dortigen Gesamtauffassung empfehlenswerter als übersetzte Aufsätze polnischer Fachgelehrter.

Bibliographien

Bibliographie der Geschichte von Ost- und Westpreußen. Bearb. von Ernst Wermke. 4 Bde. für die Jahre bis 1974. Königsberg, Aalen, Bad Godesberg, Marburg/Lahn 1933—1978.

Auswahlbibliographie zur Geschichte von Ost- und Westpreußen. 1975—1978. Zusammengestellt von B. Jähnig. In: Zeitschrift für Ostforschung Jg. 26—29. Marburg/Lahn 1977—1980.

Winkelmann, E.: Bibliotheca Livoniae historica. Berlin 1878. Nachdruck Hildesheim 1969.

Blumfeldt, E. und Loone, N.: Bibliotheca Estoniae Historica 1877—1917. Tartu/Dorpat 1933—1939. Nachdruck Köln Wien 1987. (Quellen und Studien zur Baltischen Geschichte, Bd. 10.)

Baltische Bibliographie. Bearb. v. H. Weiss, seit 1978 zusammengestellt von P. Kaegbein. Für die Jahre seit 1945 bis 1989. In: Zeitschrift für Ostforschung, Jg. 3, 5—39. 1954. 1956—1990. (Auswahlbibliographie, wird fortgesetzt.)

Bücherkunde Ostdeutschlands und des Deutschtums in Ostmitteleuropa. Bearb. von H. Jilek, H. Rister und H. Weiss. Köln Graz 1963. (Ostmitteleuropa in Vergangenheit und Gegenwart, Bd. 8.)

Lampe, Karl H.: Bibliographie des Deutschen Ordens bis 1959. Bearb. v. K. Wieser. Bonn-Bad Godesberg 1975. (Quellen und Studien zur Geschichte des Deutschen Ordens, Bd. 3.)

Quellen

Regesta historico-diplomatica Ordinis S. Mariae Theutonicorum 1198—1525. Pars I: Regesten zum Ordensbriefarchiv. 3 Bde. Pars II: Regesten der Pergament-Urkunden aus der Zeit des Deutschen Ordens. Bearb. v. E. Joachim, hrsg. v. W. Hubatsch. Göttingen 1948—1973. — Register zu Pars I und Pars II, bearb. v. E. Joachim, hrsg. v. W. Hubatsch, Göttingen 1965.

Preußisches Urkundenbuch. Bd. 1. Hrsg. v. Philippi, Woelky, A. Seraphim. Königsberg 1882—1909. Bd. 2—3, 1. Hrsg. v. M. Hein u. E. Maschke. Königsberg 1932—1944. Bd. 3, 2 u. Nachträge. Hrsg. v. H. Koeppen. Register. Bearb. v. A. Triller. Marburg 1958—1961. Bd. 4. Hrsg. v. H. Koeppen. Register. Bearb. v. B. Poschmann. Marburg 1960—1964. Bd. 5—6, 1. Hrsg. v. K. Conrad. Marburg 1969—1986.

Liv-, Est- und Kurländisches Urkundenbuch nebst Regesten. Hrsg. von F. G. v. Bunge, H. Hildebrandt, L. Arbusow u. a., Bd. 1—4. Reval. Bd. 5—12. II. Abt. Bd. 1—3. Riga Moskau. 1853—1914.

Scriptores rerum Prussicarum. Die Geschichtsquellen der preußischen Vorzeit bis zum Untergang der Ordensherrschaft. Bd. 1—5. Hrsg. v. Th. Hirsch, M. Töppen u. E. Strehlke. Leipzig 1861—1874. Bd. 6. Hrsg. von W. Hubatsch, bearb. von U. Arnold, mit einer Einleitung von E. Maschke. Frankfurt a. M. 1968.

Die Berichte der Generalprokuratoren des Deutschen Ordens an der Kurie. Bd. 1—4. Bearb. v. K. Forstreuter und H. Koeppen. Göttingen 1961—1976. (Veröffentlichungen der Niedersächsischen Archivverwaltung, Heft 12, 13, 21, 29, 32 und 37.)

Weise, E.: Die Staatsverträge des Deutschen Ordens im 15. Jahrhundert. Bd. 1—3. Königsberg 1939. Marburg 1955—1966.

Die Statuten des Deutschen Ordens nach den ältesten Handschriften. Hrsg. von M. Perlbach. Halle 1890.

Hemmerle, J.: Die Deutschordensballei Böhmen in ihren Rechnungsbüchern 1382—1411. Bonn 1967. (Quellen und Studien zur Geschichte des Deutschen Ordens, Bd. 22.)

Das Große Ämterbuch des Deutschen Ordens. Hrsg. v. W. Ziesemer. Danzig 1921.

Das Große Zinsbuch des Deutschen Ritterordens (1414—1438). Hrsg. von P. G. Thielen. Marburg 1958.

Das Marienburger Tresslerbuch der Jahre 1399—1409. Hrsg. von E. Joachim. Königsberg 1896.

Das Pfennigschuldbuch der Komturei Christburg. Hrsg. u. bearb. von H. Wunder. Köln u. Berlin 1965. (Veröffentlichungen aus den Archiven Preußischer Kulturbesitz, Bd. 2.)

Sattler, C.: Handelsrechnungen des Deutschen Ordens. Leipzig 1887.

Das Soldbuch des Deutschen Ordens 1410/1411. Die Abrechnungen für die Soldtruppen. Mit ergänzenden Quellen bearb. u. ed. von S. Ekdahl. Teil I: Text mit Anhang und Erläuterungen. Köln Wien 1988. (Veröffentlichungen aus den Archiven Preußischer Kulturbesitz, Bd. 23/I.)

Das Zeugenverhör des Franciscus de Moliano. Quellen zur Geschichte des Deutschen Ordens. Bearb. von A. Seraphim. Königsberg 1912.

Literatur

Wolter von Plettenberg. Der größte Ordensmeister Livlands. Beiträge von N. Angermann, U. Arnold, M. Hellmann, E. Wimmer, H. Bosse, M. Garleff, L. Spelge. Hrsg. von N. Angermann. Lüneburg 1985. (Schriftenreihe Nordost-Archiv, Heft 21.)

Anzelewsky, F.: Der Hochmeisterpalast der Marienburg. In: Burgen und Schlösser 26. 1985. S. 65—74.

Arbusow, L.: Die Einführung der Reformation in Liv-, Est- und Kurland. Leipzig 1921. (Forschungen zur Reformationsgeschichte, Bd. III.)

Arbusow, L.: Livland, eine Mark des Reiches 1207—1561. Riga 1944. (Ostlandreihe I.)

Die Kunstdenkmäler des Regierungsbezirks Bromberg. Bearb. v. J. Kohte. Berlin 1897.

Arnold, U.: Enstehung und Frühzeit des Deutschen Ordens. Zu Gründung und innerer Struktur des Deutschen Hospitals von Akkon und des Ritterordens in der ersten Hälfte des 13. Jahrhunderts. In: Die geistlichen Ritterorden Europas. Hrsg. von J. Fleckenstein und M. Hellmann. Sigmaringen 1980. S. 81—107. (Vorträge und Forschungen 26.)

Arbusow, L. (d. Ält.): Die im Deutschen Orden in Livland vertretenen Geschlechter. In: Jahrbuch für Genealogie, Heraldik und Sphragistik 1899, 1907 und 1908. Mitau 1901—1910.

Benninghoven, F.: Rigas Entstehung und der frühhansische Kaufmann. Hamburg 1961. (Nord- und osteuropäische Geschichtsstudien, Bd. 3.)

Benninghoven, F.: Der Orden der Schwertbrüder. Fratres Milicie Christi de Livonia. Köln Graz 1965. (Ostmitteleuropa in Vergangenheit und Gegenwart, Bd. 9.)

Benninghoven, F.: Probleme der Zahl und Standortverteilung der livländischen Streitkräfte im ausgehenden Mittelalter. In: Zeitschrift für Ostforschung 12. 1963, S. 601—622.

Benninghoven, F.: Die Gotlandfeldzüge des Deutschen Ordens 1398—1408. In: Zeitschrift für Ostforschung 13. 1964, S. 421—477.

Benninghoven, F.: Zur Technik spätmittelalterlicher Feldzüge im Ostbaltikum. In: Zeitschrift für Ostforschung 19. 1970, S. 631—651.

Benninghoven, F.: Die Burgen als Grundpfeiler des spätmittelalterlichen Wehrwesens im preußisch-livländischen Deutschordensstaat. In: Die Burgen im deutschen Sprachraum. Bd. 1. Sigmaringen 1976, S. 565—601. (Vorträge und Forschungen 19.)

Benninghoven, F.: Zur Zahl und Standortverteilung der Brüder des Deutschen Ordens in den Balleien um 1400. In: Preußenland 26, Marburg 1988, S. 1—20.

Benvenisti, M.: The Crusaders in the Holy Land. Jerusalem 1976.

Bertram, H., La Baume, W. und Kloeppel, O.: Das Weichsel-Nogat-Delta. Beiträge zu seiner landschaftlichen Entwickelung, vorgeschichtlichen Besiedelung und bäuerlichen Haus- und Hofanlage. Danzig 1924.

Altpreußische Biographie. Hrsg. von Ch. Krollmann, K. Forstreuter, F. Gause, E. Bahr und G. Brausch. Band 1—4. Königsberg 1941—1944. Ab Bd. 2 Marburg 1961—1989.

Boeheim, W.: Handbuch der Waffenkunde. Leipzig 1890.

Clasen, K. H.: Die mittelalterliche Kunst im Gebiete des Deutschordensstaates Preußen. Band 1: Die Burgbauten. Königsberg 1927. (Ostpreußische Landeskunde in Einzeldarstellungen, hrsg. v. O. Schlicht.)

Deutschordensland Preußen. Bearb. unter Mitwirkung von B. Schmid und G. Tiemann. München Berlin 1952. (G. Dehio, Handbuch der Deutschen Kunstdenkmäler, neu bearb. von E. Gall.)

Delius, G.: Geschichte der Marienverehrung. München Basel 1963.

Dichter, B.: The Maps of Acre. An Historical Cartography. Acre 1973.

Drost, W.: Danziger Malerei vom Mittelalter bis zum Ende des Barock. Berlin 1938.

Dudik, B.: Des Hohen Deutschen Ritterordens Münz-Sammlung in Wien. Wien 1858.

Ekdahl, S.: Die Schlacht bei Tannenberg 1410. Quellenkritische Untersuchungen, Bd. 1: Einführung und Quellenlage. (Berliner Historische Studien Bd. 8.)

Ekdahl, S.: Über die Kriegsdienste der Freien im Kulmerland zu Anfang des 15. Jahrhunderts. In: Preußenland 2. 1964, S. 1—14.

Erdmann, C.: Die Entstehung des Kreuzzugsgedankens. Stuttgart 1955.

Forstreuter, K.: Die Hofordnungen der letzten Hochmeister in Preußen. In: Prussia 29. 1931, S. 223—231.

Forstreuter, K.: Vom Ordensstaat zum Fürstentum. Geistige und politische Wandlungen im Deutschordensstaate Preußen unter den Hochmeistern Friedrich und Albrecht (1498—1525). Kitzingen/Main o. J. (1951).

Gause, F.: Die Geschichte der Stadt Königsberg. 3 Bände. Köln Graz 1965—1971. (Ostmitteleuropa in Vergangenheit und Gegenwart Bd. 10/I—III.)

Handbuch der historischen Stätten Deutschlands.
 Band 4: Hessen. Hrsg. v. G. W. Sante. 3., überarb. Aufl. Stuttgart 1976. (Kröners Taschenausgabe, Bd. 274.)
 Band 6: Baden-Württemberg. Hrsg. v. M. Miller und G. Taddey. 2., verbesserte u. erweiterte Aufl. Stuttgart 1980. (Kröners Taschenausgabe Bd. 276.)
 Band 7: Bayern. Hrsg. von K. Bosl. 3. Aufl. Stuttgart 1981. (Kröners Taschenausgabe Bd. 277.)

Handbuch der historischen Stätten: Ost- und Westpreußen. Hrsg. von E. Weise. Unveränderter Neudruck der Aufl. 1966. Stuttgart 1981. (Kröners Taschenausgabe, Bd. 317.)

Handwörterbuch des Grenz- und Auslandsdeutschtums. Hrsg. von C. Petersen u. a.. Band II. Breslau 1936.

Harmjanz, H.: Siedlungsgeschichte und Volkskunde Altpreußens. 2., erw. Aufl. Berlin 1942.

Die heilige Elisabeth in Hessen. Ausstellung für die Philipps-Universität Marburg. Bearb. v. W. Heinemeyer unter Mitarbeit v. W. Houck und U. Hussong. Marburg 1983. (700 Jahre Elisabethkirche in Marburg 1283—1983, Katalog 4.)

Heinsius, P.: Das Schiff der hansischen Frühzeit. 2. Aufl. Köln Wien 1986.

Helm, K. und Ziesemer, W.: Die Literatur des Deutschen Ritterordens. Gießen 1951. (Gießener Beiträge für die Philologie, Bd. 94.)

Holst, N. v.: Der Deutsche Ritterorden und seine Bauten: Von Jerusalem bis Sevilla, von Thorn bis Narwa. Berlin 1981.

Hubatsch, W.: Der Deutsche Orden und die Reichslehnschaft über Cypern. In: Nachrichten der Akademie d. Wiss. in Göttingen. I. Philolog.-Histor. Klasse. Jg. 1955 Nr. 8, S. 261—275.

Hubatsch, W.: Albrecht von Brandenburg-Ansbach, Deutschordens-Hochmeister und Herzog in Preußen. Neuausg. Köln 1965. (Studien zur Geschichte Preußens, Bd. 8.)

Hubatsch, W.: Montfort und die Bildung des Deutschordensstaates im Heiligen Lande. In: Nachrichten der Akademie d. Wiss. in Göttingen. I. Philologisch-Histor. Klasse. Jg. 1966, Heft 5.

Albrecht von Brandenburg-Ansbach und die Kultur seiner Zeit. Ausstellung im Rheinischen Landesmuseum Bonn 16. Juni—25. August 1968. (Zusammenstellung u. wiss. Bearb.: W. Hubatsch; Bearb. des Katalogs: I. Gundermann). Düsseldorf 1968.

Luther und die Reformation im Herzogtum Preußen. Ausstellung des Geheimen Staatsarchivs Preußischer Kulturbesitz zum Luther-Jahr 1983. Katalogbearbeitung: W. Hubatsch und I. Gundermann. Berlin 1983.

Kasiske, K.: Die Siedlungstätigkeit des Deutschen Ordens im östlichen Preußen bis zum Jahre 1410. Königsberg 1934. (Einzelschriften der Historischen Kommission für ost- und westpreußische Landesforschung 5).

Keyser, E.: Die Legende von der Zerstörung Danzigs im Jahre 1308. In: Zeitschrift des Westpreußischen Geschichtsvereins 59. 1919. S. 163—182.

Keyser, E.: Die Baugeschichte der Stadt Danzig. Hrsg. von E. Bahr. Köln Wien 1972. (Ostmitteleuropa in Vergangenheit und Gegenwart, Bd. 14.)

Kisch, G.: Die Kulmer Handfeste. Rechtshistorische und textkritische Untersuchungen nebst Texten. Stuttgart 1931. (Deutschrechtliche Forschungen 1.)

Klocke, F. v.: Gotthard Kettler. In: Westfälische Lebensbilder 2. 1931. S. 411—438.

Klocke, F. v.: Walter von Plettenberg. In: Westfälische Lebensbilder 1. 1930. S. 358—383.

Knabe, G.: Preußische Falken im Dienste der Politik des Deutschen Ordens. In: Preußenland 7. Marburg 1969. S. 17—21.

Der Deutsche Orden in Hessen. Ausstellung des Hessischen Staatsarchivs Marburg. Bearb. v. H. P. Lachmann u. H. Langkabel. Marburg 1983. (700 Jahre Elisabethkirche in Marburg 1283—1983. Katalog 5.)

Maschke, E.: Polen und die Berufung des Deutschen Ordens nach Preußen. Danzig 1934. (Ostland-Forschungen 4.)

Maschke, E.: Domus Hospitalis Theutonicorum. Europäische Verbindungslinien der Deutschordensgeschichte. Gesammelte Aufsätze aus den Jahren 1931—1963. Bonn-Bad Godesberg 1970. (Quellen und Studien zur Geschichte des Deutschen Ordens, Bd. 10.)

Matison, I.: Die Lehnsexemtion des Deutschen Ordens und dessen staatsrechtliche Stellung in Preußen. In: Deutsches Archiv für Erforschung des Mittelalters 21. 1965. H. 1, S. 194—248.

Mannowsky, W.: Der Danziger Paramentenschatz. Kirchliche Gewänder und Stickereien aus der Marienkirche. Halbband 1—4. Berlin 1931—1934. Ergänzungsband Leipzig 1938.

Das Hospital im späten Mittelalter. Ausstellung des Hessischen Staatsarchivs Marburg. Marburg 1983. Bearb. v. W. Moritz. (700 Jahre Elisabethkirche in Marburg 1283—1983. Katalog 6.)

Mortensen, H. und G.: Die Besiedlung des nordöstlichen Ostpreußens bis zum Beginn des 17. Jahrhunderts. 2 Bände. Leipzig 1937—1938. (Deutschland und der Osten, Bd. 7 und 8.)

Mortensen, G.: Beiträge zur Kenntnis des nordöstlichen Mitteleuropa um 1400. Mit 3 Karten: In: Zeitschrift für Ostforschung 9. 1960. S. 333—361.

Müller-Blattau, J.: Musik zur Zeit des Deutschen Ordens. In: Deutsche Staatenbildung und deutsche Kultur im Preußenlande. Hrsg. vom Landeshauptmann der Provinz Ostpreußen. Königsberg 1931. S. 151—164.

Murawski, K. E.: Zwischen Tannenberg und Thorn. Die Geschichte des Deutschen Ordens unter dem Hochmeister Konrad von Erlichshausen 1441—1449. Göttingen 1953. (Göttinger Bausteine zur Geschichtswissenschaft Band 10/11.)

Neitmann, K.: Die Staatsverträge des Deutschen Ordens in Preußen 1230—1449. Köln Wien 1986. (Neue Forschungen zur Brandenburg-Preußischen Geschichte, Bd. 6.)

Nickel, H.: Some Heraldic Fragments Found at Castle Montfort/Starkenberg in 1926, and the Arms of the Grand Master of the Teutonic Knights. In: Metropolitan Museum Journal 24. 1989. S. 35—46.

Nowak, Z. H. und Tomczak, A.: Georg Friedrich Wilhelm Rüdiger und seine Stadtpläne von Thorn und Kulm aus der zweiten Hälfte des 18. Jahrhunderts. In: Nordost-Archiv 21. 1988. H. 89, S. 1—14.

Oelsnitz, U. B. E. v. d.: Herkunft und Wappen der Hochmeister des Deutschen Ordens 1198—1525. Königsberg 1926. (Einzelschriften der Historischen Kommission für ost- und westpreußische Landesforschung 1.)

Paravicini, W.: Die Preußenreisen des europäischen Adels. Bd. 1. Sigmaringen 1989. (Beihefte der Francia, Bd. 17/1.)

Penners, Th.: Untersuchungen über die Herkunft der Stadtbewohner im Deutschordensland Preußen bis in die Zeit um 1400. Leipzig 1942. (Deutschland und der Osten, Bd. 16.)

Perlbach, M.: Preußisch-polnische Studien zur Geschichte des Mittelalters. 2 Bände. Halle 1886.

Rathgen, B.: Das Geschütz im Mittelalter. 1928.

Renken, F.: Der Handel der Königsberger Großschäfferei des Deutschen Ordens mit Flandern um 1400. Weimar 1937. (Abhandlungen zur Handels- und Seegeschichte Bd. 5.)

Schlicht, O.: Das westliche Samland. Ein Heimatbuch des Kreises Fischhausen. 2 Bände. Dresden 1922.

Schlumberger, G.: Numismatique de l'Orient Latin. Avec 19 Planches gravées par L. Dardel. Nachdruck Graz 1954.

Schmid, B.: Das Kriegs-Kapitäl in der Marienburg. In: Alt-Preussen. Vierteljahresschrift für Vorgeschichte und Volkskunde 7. 1942. S. 14—15.

Schmid, B.: Die Marienburg. Ihre Baugeschichte. Aus dem Nachlaß hrsg., ergänzt u. m. Abbildungen versehen von K. Hauke. Würzburg 1955. (Deutsche Baukunst im Osten, Bd. 1.)

Schmid, B.: Die Siegel des Deutschen Ordens in Preußen. In: Altpreußische Forschungen 14. 1937. S. 179—186.

Siegel und Münzen der weltlichen und geistlichen Gebietiger über Liv-, Est- und Curland bis zum Jahre 1561 nebst Siegeln einheimischer Geschlechter. Aus dem Nachlasse von Baron R. v. Toll hrsg. v. J. Sachssendahl. Reval 1887. (Est- und Livländische Brieflade, 4. Teil.)

Simson, P.: Geschichte der Stadt Danzig bis 1626. 3 Bände. Danzig 1913—1918. Nachdruck Aalen 1967.

Deutsches Städtebuch, hrsg. von E. Keyser. Band 1: Norddeutschland. Stuttgart Berlin 1939.

Steinbrecht, C.: Preussen zur Zeit der Landmeister. Berlin 1888. (Die Baukunst des Deutschen Ritterordens in Preussen II.)

Steinbrecht, C.: Thorn im Mittelalter. Ein Beitrag zur Baukunst des Deutschen Ritterordens. Berlin 1885. (Die Baukunst des Deutschen Ritterordens in Preussen. I. Die Stadt Thorn.)

Steinbrecht, C.: Schloß Lochstedt und seine Malereien. Ein Denkmal aus des Deutschen Ritterordens Blütezeit. Berlin 1910. (Die Baukunst des Deutschen Ritterordens in Preussen III.)

Thielen, P. G.: Die Verwaltung des Ordensstaates Preußen vornehmlich im 15. Jahrhundert. Köln Graz 1965. (Ostmitteleuropa in Vergangenheit und Gegenwart Bd. 11.)

Acht Jahrhunderte Deutscher Orden in Einzeldarstellungen. Hrsg. v. Pater K. Wieser O. T. Festschrift zu Ehren Sr. Exzellenz P. Dr. M. Tumler O. T. anl. seines 80. Geburtstages. Bad Godesberg 1967. (Quellen und Studien zur Geschichte des Deutschen Ordens, Bd. 1.)

Von Akkon bis Wien. Studien zur Deutschordensgeschichte vom 13. bis zum 20. Jahrhundert. Festschrift zum 90. Geburtstag von Althochmeister P. Dr. M. Tumler O. T. am 21. Okt. 1977. Hrsg. v. U. Arnold. Marburg 1978. (Quellen und Studien zur Geschichte des Deutschen Ordens, Bd. 20.)

Tuulse, A.: Die Burgen in Estland und Lettland. Dorpat 1942.

Das Elbinger Deutsch-Preussische Vokabular. Hrsg. v. A. Bezzenberger und W. Simon. Königsberg 1897.

Voßberg, F. A.: Münzen und Siegel der preußischen Städte Danzig, Elbing, Thorn sowie der Herzöge von Pommerellen im Mittelalter. Berlin 1841.

Voßberg, F. A.: Geschichte der Preußischen Münzen und Siegel von frühester Zeit bis zum Ende der Herrschaft des Deutschen Ordens. Berlin 1843. Nachdruck Leipzig 1973.

Waas, A.: Geschichte der Kreuzzüge. 2 Bde. Freiburg i. Br. 1956.

Waschinski, E.: Die Münz- und Währungspolitik des Deutschen Ordens in Preußen. Ihre historischen Probleme und seltenen Gepräge. (Göttingen.) Der Göttinger Arbeitskreis 1952. (Der Göttinger Arbeitskreis. Veröffentl. 60.)

Weise, E.: Das Widerstandsrecht im Ordenslande Preußen und das mittelalterliche Europa. Göttingen 1955. (Veröffentlichungen der Niedersächsischen Archivverwaltung, Heft 6.)

Wenskus, R.: Der Deutsche Orden und die nichtdeutsche Bevölkerung des Preußenlandes mit besonderer Berücksichtigung der Siedlung. In: Die deutsche Ostsiedlung des Mittelalters als Problem der europäischen Geschichte. Hrsg. v. W. Schlesinger. Sigmaringen 1974, S. 417—438. (Vorträge und Forschungen 18.)

Zimmermann, H.: Der Deutsche Ritterorden in Siebenbürgen. In: Die geistlichen Ritterorden Europas. Hrsg. v. J. Fleckenstein und M. Hellmann. Sigmaringen 1980. S. 265—298. (Vorträge und Forschungen 26.)

Berichtigung:
Seite 53 statt „pommerisch" „pommerellisch"